강병욱의 **전략적 주식투자**

강병욱의

전략적 주식투자

강병욱 | 지음

추 · 천 · 사

주식투자의 기초체력을 키워주는 아주 유용한 주식책!

　많은 투자자들이 주식시장을 복마전에 비유하곤 한다. 투자자들에게 그만큼 주식시장은 복잡하고 어려운 시장으로 여겨지는 모양이다. 어쩌면 그렇게 복잡하고 어렵기에 주식투자에 대한 공부는 더욱 절실한지도 모른다. 하지만 이전까지 출간한 많은 책들은 대체로 공부보다는 "얼마를 투자해서 얼마를 벌었네"라는 식의 단순히 투기성을 부추기는 책이 대부분이었다. 이제 우리 주식시장에도 투자자들에게 투자에 대한 정석과 지침을 주는 책이 필요한 시점이다.

　이 책의 저자인 강병욱 박사는 방송과 언론에서 자주 볼 수 있으면서도 개인적으로 오랜 친분을 지닌 분이시다. 그는 동종업계에 종사하면서도 투자에 대한 자신의 일관된 뜻을 가지고 많은 활동을 통해 투자자들에게 참된 투자의 길을 안내하고 있다.

　이번에 출간한 『강병욱의 전략적 주식투자』는 이전까지 그의 활동에 대한 결정판이자 새로운 출발점이라고 할 수 있다. 이 책은 지금까지 투자자들이 궁금해 하던 주제들을 주식 전문가답게 서른 가지로 나누었다. 그리고 각각에 대해 자세한 설명을 덧붙여 투자자들에게 아주 실체적이고도 합리적인 투자지침을 제시한다.

특히 경제와 주식, 그리고 재무지표와 주식, 대가들의 투자방법과 같이 일반인들이 미처 알지 못했거나 간과해버렸던 부분이 주식시장에서 얼마나 중요한 요소로 작용하는지 짚어내고 있다. 이 부분은 앞으로 투자자들에게 실제적인 투자를 하는 데 있어 시장을 보는 새로운 시각을 제시해 줄 것으로 기대된다.

이제 주식은 참된 투자의 대상으로 자리매김해야 할 시점이다.

지난 기간 동안 우리의 주식시장은 수많은 부침을 거쳐 온 것이 사실이다. 때로는 시장경제의 핵심으로서 그 위상을 충분히 표출해 국가경제와 기업경제, 국민경제에 커다란 역할을 한 점은 절대 부인할 수 없다. 그러나 때로는 투기꾼으로 인해 수많은 투자자들이 상처를 입고 이로 인해 국가적 폐해로까지 작용했던 적도 있었다.

이렇듯 주식시장의 명암 속에서 새로운 시대의 흐름은 이제 투자자에게 좀 더 새로운 눈, 좀 더 새로운 주식공부를 요구하고 있다. 특히 경제와 주식시장, 그리고 새로운 지표를 통한 과학적 평가방법은 이제 투자자들이라면 반드시 숙지하지 않으면 안 될 것이다.

마침 이러한 시점에 발간된 이 책은 투자자들에게 주식시장에 대한 많은 지식과 앞으로의 투자방법에 대한 천리안을 제시한다. 그리고 저자가 활동하면서 지속적으로 피력해왔던 가치투자와 정석투자의 실체적인 형상을 확인시켜 줄 것이다.

부디 많은 투자자들이 그와 함께 가치투자와 정석투자의 길에 함께 동참하기를 바란다. 아울러 이 책이 우리나라의 많은 주식투자자들에게 투자의 기초체력을 키우는 데 도움을 줘서 재미있고 행복한 투자를 하는 데 일조해주길 바란다.

동부증권 부사장   류 근 성(柳根星)

주식투자는 행복한 삶을 누리기 위한
수단이어야 한다.

　　최근 우리사회는 저금리 시대를 맞
아 재테크에 대한 관심이 날로 높아지
고 있다. 그러나 금리가 바닥을 친 뒤
상승한다고 해도 지금과 같은 저금리 상황 아래서 저축 중심의 재테
크는 한계를 가질 수밖에 없다. 따라서 이제 저축 중심의 재테크를
벗어나 투자의 개념이 도입되어야 하는 것은 현실이 된 것이다.

　　이러한 현실에서 투자의 대상으로서 주식의 존재 가치는 새로운
자리매김이 필요한 시점이 되었다.

　　그러나 주가가 1000포인트를 돌파하고 새로운 지평이 열리고 있
다고는 하지만 여전히 주식시장의 투자자들은 제대로 교육되지 않
은 아마추어들이 대부분이다.

　　이처럼 주식시장은 첨단화 되어가고 있는데 투자자들이 제대로 된

증권교육을 받지 못했다면 그 결과는 쉽게 짐작할 수 있을 것이다.

사실 대가들이 말하는 주식투자는 그리 어려운 것이 아니다. 주식투자의 대가들은 좋은 주식을 사서 장기적으로 보유하면 주식투자에서 성공이라고 말한다. 여기서 문제는 어떤 주식이 좋은 주식이고 또 그것을 어떻게 발견하느냐는 것이다.

지금까지 투자자들이 봐왔던 주식 책들은 대개 단편적이고 말초적인 내용이 많았다. 물론 투자를 하다보면 차트를 보면서 투자를 해야 할 때도 있고, 데이트레이딩과 같이 단기적인 관점에서 주식시장을 바라봐야 하는 경우도 있다. 여기서 우리는 그것을 주식투자의 한 단면으로 바라봐야지 주식투자의 핵심으로 바라봐서는 안 된다.

주식투자는 시장의 원리와 주식의 개념을 명확히 이해하고 그 안에서 사용되는 적절한 지표들을 익히는 과정에서 좋은 주식, 알짜 주식을 찾아내는 것이다.

이 책은 필자가 시장내부에서 경험했던 것, 그리고 시장을 대상으로 연구했던 내용을 일반투자자들의 눈높이에서 쓴 것이다. 필자 생각에는 이 책에 나오는 개념 정도는 알고 있어야 시장에 적절히 대응이 가능할 것이라고 판단된다. 그리고 이 책의 내용들을 이해하고 있는 사람이라면 성공적인 주식투자에 한걸음은 더 다가간 사람일 것이다.

주식투자는 결코 멋으로 하는 것도 아니고 시험 삼아 하는 것도 아니다. 주식투자는 실제 돈을 투자하는 행위로서 반드시 승리해야 하는 전쟁과 같은 것이다. 그런데 전쟁에 나서는 사람이 전략을 세우지 않고 무기도 정비하지 않는다면 어떻게 될 것인가?

부디 이 책이 투자자들이 투자라는 전쟁을 치르는 데 있어 전략을 구체화시키고 무기를 다듬는 데 조금이라도 보탬이 되었으면 하는 바람이다.

주식투자는 행복한 삶을 누리기 위한 수단이어야 한다. 이 책이 무엇보다 독자 여러분들이 행복한 투자를 하는 데 도움이 되기를 바란다.

2006년 9월

청람재에서 경영학박사 강 병 욱

Contents

강병욱의 전략적 주식투자

신이 모르는 것이 세 가지 있다

> *Markets are never wrong, opinions often are.*
> *(시장이 자신의 의도대로 움직이지 않는다고 시장에 오류가 있을 것이라고 생각하지*
> *말라. 가격은 이미 모든 것을 반영하고 있다. 손실을 보았다면 자신의 오류로 받아들여라.)*

증시 속설에 신이 모르는 것이 세 가지 있다고 한다.

첫 번째는 여자의 마음이요, 두 번째는 개구리 뛰는 방향이요, 마지막 세 번째는 주가의 향방이라는 것이다.

우리가 신이 아닌 다음에야 이런 세 가지 사실을 신이 아는지 모르는지 확인할 길은 없다. 하지만 여자의 마음을 모른다는 것은 여자의 마음이 변화무쌍함을 말하는 것일 테고, 개구리 뛰는 방향을 모른다는 것은 개구리의 행동 자체가 너무나 돌발적이어서 예측이 불가능하다고 말하는 것일 게다.

그렇다면 주가의 향방을 신이 모른다는 것은 무슨 뜻일까? 혹시 주가의 움직임이란 것이 여자의 마음과 같이 변화무쌍하고 개구리의 행동과 같이 돌발적이어서 그런 것이 아닐까?

그래서인지 모르지만 증권업계 관계자라면 누구나 "주가는 이미 신의 영역에 있기 때문에 그 향방을 예측하기 어렵다"는 말에 공감한다. 오죽하면 세계적인 경제학자 케인즈조차도 주식을 미인투표라고 했겠는가?

경제학의 대가(大家)인 그조차도 주식을 말할 때 경제학적인 용어로 설명하지 않고 미인투표라고 한 것을 보면 어떠한 경제학적 용어나 분석기법을 사용해도 좀처럼 주가의 움직임을 설명하기가 어렵다는 것을 의미하는 것이 아니겠는가!

케인즈에 대한 유명한 일화가 하나 있는데, 초기에 이 사람도 주식투자를 해서 큰 손실을 보았다고 한다. 그러니 케인즈의 아내가 집에서 싫은 소리를 한 것은 당연했다. 그리고 더 나아가 "당신처럼 이름만 대도 남들이 다 알아주는 경제학자가 어떻게 주식만 했다 하면 손해를 봐요! 앞으로는 당신이 알고 있는 것의 반대로 해보세요!"라고 훈수까지 두었다고 한다. 그래서 그녀의 말대로 해봤더니 큰 돈을 벌었다고 한다. 정말 기가 막힐 노릇이 아닌가?

그렇다면 주식시장에서는 과연 누가 돈을 벌까?

우선 간단히 말하면 정보를 많이 가지고 있는 사람이 돈을 많이 벌게 된다. 주식시장에는 정보를 많이 가진 사람과 정보를 적게 가진 사람이 있게 마련이다. 이러한 경우를 가리켜 "정보가 비대칭현상을 보이고 있다"라고 한다.

우리는 일반적으로 정보가 모든 사람에게 골고루 전달되는 것을 "정보가 균등하게 퍼져 있다"고 말한다. 하지만 예를 들어 회사의 내부자나 경영자는 회사의 정보를 많이 가지고 있고 일반인들은 정보를 적게 가지고 있다면, 주식시장이 정보의 비대칭 현상을 나타내는 것으로 볼 수 있다. 이렇게 정보가 비대칭 현상을 보이게 되면 당연히 정보를 많이 가진 사람이 돈을 벌게 된다.

그럼, 정보의 비대칭 현상을 중고차 매매를 예로 들어 한번 살펴보도록 하자. 한 초보운전자가 중고차 시장에서 차를 구입한다고 가정해보자.

이 사람은 현재 300만 원 정도의 예산으로 중고차를 구입하려고 하는데 A, B, C라고 하는 3대의 매물이 시장에 나와 있다.

A라고 하는 차는 주인이 정비를 잘해서 300만 원어치의 가치가 있는 차이고, B라는 차는 차주가 차를 조금 험하게 사용해서 원래는 200만 원어치의 가치가 있지만 포장을 잘해서 300만 원에 매물로 내놓았다. 그리고 C는 주인의 운전이 난폭해서 앞차를 들이받기도 했고, 정면충돌도 해서 100만 원의 가치도 안 되는데 포장을 잘해서 300만 원에 내놓았다고 하자.

이런 상태가 되면 초보운전자가 이 세 가지 차 중에서 하나를 고르는 것은 어려운 일이 될 것이다. 대체로 차주들은 자신의 차의 상태를 잘 알고 있고, 초보운전자는 그 차의 상태를 잘 모르는 것이 일반적이다. 그래서 누구든 중고차를 사면 거의 속는다고 생각하는 것이 아닐까?

이러한 상황에서 A의 차주는 가만히 생각해보면 기가 막힐 것이다. 그리고 '저런 똥차들이 300만 원이라면 내 차는 더 비싼 값에 팔 수 있지 않을까?'라는 생각에 300만 원짜리 시장으로부터 퇴장할 것이다.

마찬가지로 B의 차주도 '나도 양심이 없지만 더 양심 없는 사람이 있네'라고 하면서 좀 더 비싼 값에 팔기 위해 300만 원짜리 시장에서 퇴장할 것이다. 그러면 300만 원짜리 시장에는 결국 C만이 남게 되어 초보운전자는 선택의 여지도 없이 100만 원의 가치도 안 되는 차를 300만 원에 주고 살 수밖에 없다.

이러한 현상을 바로 '역선택'이라고 한다. 이렇게 시장에서 정보가 비대칭 현상을 보이면 소비자나 투자자들은 낮은 가격에 좋은 것을 사는 것이 아니라 나쁜 것을 높은 가격에 사게 된다.

이렇게 해서 정보를 많이 가진 사람들이 정보를 적게 가진 사람들을 속일 수 있게 되는데, 이것이 바로 우리가 외환위기 이후 줄기차게 들어온 모럴해저드(moral hazard), 즉 도덕적 해이라는 것이다.

이런 정보의 비대칭 현상은 주식시장에서도 나타나는데, 이런 경우 일반적으로 정보를 많이 가진 사람은 돈을 벌게 되고 정보를 적게 가진 사람은 돈을 잃게 된다. 그런데 다행히도 모든 사람들은 조금만 주식을 하게 되면 정보의 중요성을 깨닫게 된다. 그래서 초보 주식투자자들도 "정보 좀 줘!!"라거나 "종목 하나 찍어줘!!"라는 말을 서슴없이 하는 것이다. 하지만 이렇게 전달된 정보가 정말 돈이 되는지는 알 수 없다.

최근 보도에 의하면 우리나라 위탁계좌수가 약 1900만 계좌이고, 주식투자 인구는 350만 명가량 된다고 한다. 그리고 전 세계적으로 보면 주식투자 인구는 그 수를 헤아릴 수 없을 정도로 많다. 그 많은 사람들이 오래전부터 투자를 해왔고 모두가 정보의 중요성을 깨닫고 정보를 수집하느라 동분서주했을 것이다. 그리고 지금도 그렇게 하고 있는 것은 물론이다.

어떤 이는 심지어 밤잠을 자지 않고 정보를 수집한다고 하니 그 정성이 놀라울 따름이다. 하지만 투자를 더욱 어렵게 하는 것은 정보를 소수의 사람이 알고 있으면 돈이 되지만, 많은 사람들이 알게 되면 정보는 정보로서의 가치를 잃게 된다는 것이다.

아주 오래전부터 사람들은 돈을 벌기 위해 수만 가지 방법을 동원해서 투자분석을 해왔다고 한다. 하지만 대다수가 투자원금을 털리는 것을 보면 주식투자는 정말 어렵고도 어려운 일이다.

그렇다면 왜 이러한 일이 발생하는 것일까?

우리는 바로 여기서 효율적 시장이론에 대해 알아볼 필요가 있다.

효율적 시장이론이란 주가는 기업의 가치를 반영하는 것이고 시장의 가격은 이용 가능한 정보를 충분히 반영하고 있다는 것이다. 이것은 주가가 어떤 정보를 얼마나 효율적으로 반영하는가에 따라 시장을 약형효율적시장, 준강형효율적시장, 강형효율적시장으로 구분하고 있다.

첫째, 약형효율적시장은 주가가 기업의 과거정보를 즉각적으로 충분히 그리고 정확하게 반영한다는 것이다. 여기서 과거의 정보라는 것은 그 회사의 주가수익률자료, 거래량자료와 같은 것을 말한다. 따라서 약형효율적시장에서는 누구든지 과거의 주가수익률자료, 거래량자료를 동원해서는 시장으로부터 초과이익을 얻을 수 없는 상황이 된다. 여기서 초과수익이란 쉽게 예를 들면 종합주가지수가 오른 폭보다 더 많이 올라가거나 아니면 종합주가지수가 떨어진 폭보다 덜 떨어진 상태로 보면 될 것이다. 이를 좀 더 세련되게 말해보면 내가 부담한 위험만큼의 수익보다 더 좋은 성과가 나오는 것을 말한다.

둘째, 준강형효율적시장에서는 주가가 과거의 정보는 물론이고 현재 공표된 정보를 즉각적으로 충분히 그리고 정확하게 반영한다는 것이다. 여기서 현재 공표된 정보라는 것은 흔히 우리가 신문이나 매체, 그리고 인터넷을 통해서 수집할 수 있는 정보를 말한다. 이러한 것들 모두가 시장에 그대로 반영되기 때문에 공표한 정보를 이용해서는 초과수익을 얻을 수 없는 상태를 준강형효율적시장이 성립되었다고 말한다.

셋째, 강형효율적시장이라는 것은 주가가 모든 정보를 즉각적으로 충분히 그리고 정확하게 반영한다는 것이다. 여기서 모든 정보라는 것은 미공개정보나 내부자정보를 포함하는 것으로 이러한 정보를 이용해서는 시장에서 초과수익을 낼 수 없는 상태를 강형효율적시장이라고 한다. 만약 이처럼 강형효율적시장이 성립되면 투자자들은 정보를 이용해서는 돈을 벌 수 없고, 이때 주가는 개구리 뛰는 방향을 알 수 없는 것처럼 신의 영역에 속하게 된다.

우리나라 시장은 약형시장은 분명하고 최근에는 준강형시장으로 접근하는 것으로 알려지고 있는데, 그렇다면 우리 모두가 알고 있는 웬만한 정보를 이용해서는 돈을 벌 수 없게 되는 것이다.

하지만 앞서 살펴본 바와 같이 정보란 비대칭현상을 보이므로 일반적으로 내부자정보나 남들이 알지 못하는 정보를 가지고 있는 사람이 매매를 한다면 돈을 벌게 된다. 그리고 이러한 예를 우리는 가끔 신문을 통하여 접하고 한다.

이런 이유로 재경부나 금감원에 있는 주식시장의 관리자들은 미공개 투자정보나 내부자정보를 사용해서 돈버는 것을 공정하지 못한 게임으로 지목해서 그런 정보로는 매매를 하지 못하도록 규제하고 있다.

그렇다면 우리가 현실적으로 도달 가능한 시장은 준강형효율적시장 정도일 것이다. 시장이 준강형의 효율성만 가져도 소위 돈을 버는 것이 어렵다고 하니 주위 사람들에게서 받은 정보를 사용하거나 술을 받아주고 종목을 하나 받는다고 해도 왜 좀처럼 돈을 벌 수 없는지 그 이유가 설명되는 셈이다.

그렇다면 주식투자를 하지 말라는 것이냐고 반문하는 투자자들이 있을지도 모른다. 그러나 작은 장사를 하는데도 많은 노력이 들어가지 않는가? 그리고 한 달에 100~200만 원의 월급을 받기 위해 새벽에 일어나 출근하고 밤늦게까지 일하지 않는가? 그런데 많은 사람들이 주식투자를 하는 데 있어 돈만 집어넣으면 저절로 이익이 나는 것으로 생각하고 아무런 준비 없이 투자에 뛰어들어 손해를 보는 일을 계속 되풀이하고 있다.

"과연 준비들은 하고 시장에 참여하셨나요?"

"준비를 하셨다면 얼마나 하셨나요?"

최근 효율적 시장을 말하는 사람들은 시장이 효율적이기는 하지만 일정부분 비효율적인 면이 있기 때문에 열심히 시장, 기업, 주가를 분석해야만 돈을 벌 수 있다고 말한다.

주식시장에서 많은 사람들이 당했던 것처럼 손해를 보지 않기 위해서는 우선 열심히 공부해야 한다. 하지만 무조건 공부만 열심히 한다고 해서 돈을 벌 수 있는 것은 아니다. 공부 열심히 하는 사람순으로 한다면 밤새워 공부한 사람이나 애널리스트가 으뜸일 것이다. 하지만 현실에서는 공부를 많이 했건 적게 했건 돈을 잃기는 마찬가지다.

자! 그렇다면 우리는 이렇게 생각할 필요가 있다.

'공부를 하는 것은 기본이고 시장에 대한 정확한 이해와 올바른 투자습관을 갖추는 것만이 좋은 성과를 가져올 수 있는 밑거름이 될 수 있다.'

증시격언 중 이런 말이 있다.

"가장 현명한 것은 시장이다. 현명한 시장을 따라잡는 것이 투자에서 성공하는 비결이다."

【 증권용어 】
* Bull & Bears

Bull & Bears는 증권시장에서 모든 증권인들의 소망을 담은 조형물을 말한다.
여기서 Bear는 곰을 뜻하는 것으로 약세장을 말한다. 이 말이 나오게 된 기원을 살펴보면 '곰을 잡기도 전에 곰가죽을 판다(To sell bear's skin before one has caught the bear)'라는 속담에서 비롯된 것으로 약세장에서 주가하락을 예상하고 공매도를 하는 투기꾼을 뜻한다. 여기서 공매도라고 하는 것은 주식을 증권사에서 빌려다 파는 것으로 주가가 떨어지면 싸게 사서 갚아주면 되지만 주가가 올라가면 오히려 손해를 보게 되는 것을 말한다.
그리고 Bull은 황소를 말하는 것으로 '강세'라는 뜻을 가진 독일어 büllen에서 유래된 것으로 알려지고 있다. Bull의 초기 의미는 '투기적 매수나 다른 방법을 동원해서 주가를 끌어올리려고 하는 사람들'이라는 뜻이었다고 전해진다.
Bull & Bears는 하나의 조형물로 황소가 곰을 머리로 받아서 쓰러뜨리는 형상이다. 즉 항상 강세장이 약세장을 이기라는 모든 증권인의 소망을 담은 것이다.

오리지널 묻지마 투자

> *본질은 주식이 아니고 회사다!*

우리는 의외로 금융상품들에 대해 잘 모르는 경우가 많다.

필자가 언젠가 한번 은행에 갔었는데 창구 여직원이 "어떤 통장으로 해드릴까요?"라고 묻는데 도대체 상품명을 알아야 선택을 할 것 아닌가?

그래서 점잖게 한마디 했다.

"예쁜 걸로 해주세요."

지금 와서 생각해보면 얼굴이 화끈거리는 일이다. 하지만 실제 주변을 돌아보니 필자만 그런 것이 아니었다. 증권회사 객장에 가면 필자만큼 엉뚱한 행동을 하는 사람들을 많이 만날 수 있다.

계좌를 개설하고 나면 대개 영업직원들은 자연스럽게 "어떻게 투자를 해드릴까요?"라고 물어온다. 그러면 계좌를 개설한 사람 중 십중팔구는 "알아서 잘해주세요"라고 말한다. 알아서 잘해달라니! 만약 알아서 잘 안 되면 어떻게 하려고 그러는지 참 위험한 발상이 아닐 수 없다.

예를 들어 어떤 사람이 200만 원짜리 모피코트를 산다고 가정해 보자. 그 사람은 여기저기 백화점을 돌아다니며 시장조사를 하고 상표별·디자인별로 옷을 입어본 후 색상이 어떠하다느니, 바느질이 어떠하다느니 하면서 점원들이 짜증을 낼 정도로 고르고 또 고를 것이다. 그런데 자신의 소중한 돈 1~2천만 원을 투자하는 사람이 그저 알아서 해달라니 기가 막히지 않겠는가?

지금 우리 시장에는 여전히 '묻지마 투자'가 하나의 투자방법처럼 여겨지고 있다. '묻지마 투자'란 회사의 내용이나 종목의 이름, 심지어 그 가격까지도 묻지 않고 옆집 순이 엄마가, 직장동료인 박 과장이, 또 객장에서 만난 사모님이 좋다고 해서 그 귀중한 돈을 아무런 의심없이 몰아넣는 투자를 말한다.

하지만 시장은 냉정한 머니게임의 현장이다. 그리고 머니게임은 다수의 사람이 소수의 사람들에게 돈을 몰아주고서야 끝나는 비정한 게임이다. 많이 잃었다고 해서 누구도 개평을 주지 않을 뿐더러 심지어는 무참히 짓밟아 깡통을 차게 하는 곳이 바로 이 주식시장인 것이다.

또 이런 경우도 있었다.

말쑥하게 차려입은 한 사모님이 오셔서는 "삼성전자 우량주를 사고 싶은데요"라고 말하는 것이었다. 순간 십 년이 훨씬 넘는 증권사 경력을 가진 필자로서는 당황스럽기 그지없었다.

삼성전자가 우량주라서 사려는 것인지, 아니면 요즘 워낙 많은 종류의 신종증권들이 생겨나는 판이니 필자가 모르는 사이에 삼성전자 우량주라는 것이 나왔는지 모를 일이었다.

그래서 "죄송합니다. 삼성전자 우량주는 뭔지 잘 모르겠는데요?"

라고 말했더니 오히려 어이가 없다는 표정으로 신문의 증권시세표를 가리키는 것이었다.

"보세요. 여기 삼성전자 우량주."

그 순간 필자는 뒤로 넘어질 뻔 했다. 그건 삼성전자(우), 즉 삼성전자 우선주를 삼성전자 우량주라고 한 것이다. 이 또한 '묻지마 투자'의 전형이라 아니 할 수 없다. 정말 주식에 주자도 모르는 상태의 심각한 '묻지마 투자'인 셈이다.

그럼, 우선 증권이란 무엇인가부터 살펴보기로 하자.

증권이란 채권자 또는 소유자의 재산권을 나타내는 채권이나 소유권을 법적으로 명시한 증서를 말한다. 즉, 증권은 그 자체가 바로 재산권을 나타내므로 이를 양도할 때에는 재산권을 양도하는 것이 된다.

그리고 증권을 경제적인 측면에서 보면 다음과 같이 분류할 수 있다.

① 선하증권, 화물상환증, 창고증권 등과 같이 일정의 상품 및 서비스에 대한 청구권을 나타내는 상품증권
② 어음, 수표, 지폐 등과 같이 일정액의 화폐에 대한 청구권을 나타내는 화폐증권
③ 차용증, 보험증권 등의 증거증권
④ 주식, 사채와 같이 자본의 일정부분의 소유와 자본의 과실인 배당 혹은 이자에 대한 청구권을 나타내는 자본증권

또한 증권거래법에서 규정하고 있는 유가증권은 다음과 같다.

① 국채증권

② 지방채증권

③ 특별한 법률에 의하여 설립된 법인이 발행한 채권

④ 사채권

⑤ 특별한 법률에 의하여 설립된 법인이 발행한 출자증권

⑥ 주권 또는 신주인수권을 표시하는 증서

그럼 주식이란 무엇일까?

우선 주식은 주식회사만이 발행할 수 있다. 그리고 주식은 주주총회에서 의결권을 행사할 수 있는 주주권을 나타내는 증서이기도 하고 대차대조표에 나타나는 자본금의 구성요소, 즉 자본의 구성단위이기도 하다.

그리고 주식에는 크게 3가지 유형이 존재하는데, 우리가 흔히 아는 보통주와 우선주 그리고 또 하나는 일반적이지는 않지만 후배주라는 것이 그것이다.

보통주는 특별한 기준을 가지고 있는 것은 아니다. 즉, 회사가 발행한 주식 중 기준이 되는 주식을 말한다. 그리고 보통주에 비해서 우선하는 권리를 갖는 주식을 우선주라 하고 보통주에 비해 열위의 권리를 갖는 것을 후배주라고 한다.

최근에는 너무나도 많은 종류의 증권들이 발행되고 있어 이를 파악해서 제대로 공부하는 것이 쉽지만은 않다.

하여튼 주식투자를 하려는 사람들이 주식에 대해서 제대로 알지 못하고 투자를 한다면 이는 정말 낭패가 아닐 수 없다. 적어도 우선주를 우량주라 부르는 일은 절대 없어야 하지 않겠는가?

* **주식예탁증서 (DR : Depository Receipt)**

상법을 보면 주식회사는 한 종류의 주권만을 발행할 수 있게 되어 있다. 즉 우리나라 말로 발행된 주식이 있다면 추가적으로 외국인들에게 판매하기 위해 영어로 인쇄된 주권을 발행할 수 없는 것이다. 최근처럼 외국으로부터 자금조달이 빈발하는 시기에는 외국인에게 우리나라 말로 발행된 주식을 주고 자금을 조달하는 것은 어려운 일이 될 것이다. 따라서 기업은 주식의 일부분을 예탁기관에 예탁해놓고 그것을 증명하는 증서를 발행하는데, 이는 영어로 발행되던지 일본말로 발행되던지 상관이 없다.

이것을 바로 주식예탁증서라고 하고 만약 이것이 미국에서 발행된다면 이를 ADR(American DR), 미국 이외의 지역에서 발행되는 것을 GDR(Global DR)이라고 부른다. 우리나라 기업이 외국에서 주식을 발행하여 자금을 조달하였다면 이는 일반적으로 주식을 주고 자금을 조달한 것이라기보다는 DR을 발행한 것으로 보면 틀림없다.

주식은 회사의
일부를 나타내는 것이다

> 주식투자를 하는 데 있어 가장 위험한 달은 아마도 10월일 것이다.
> 그밖에도 1월과 5월, 6월과 7월이 위험하고
> 2월과 3월, 4월과 8월, 9월, 11월, 12월이 위험하다.

위의 말이 의미하는 것은 주식투자는 매우 위험하다는 것이다.

그렇다면 주식의 기원은 어디에서 비롯된 것일까?

거스 히딩크의 나라인 네덜란드는 정말 재미있는 나라이다. 오래전 그 나라에는 동인도회사가 있었다. 모두가 아는 바와 같이 동인도회사는 해상무역을 하는 회사였다. 그런데 당시 해상무역은 대단히 위험했다고 한다. 당시의 배라고 하는 것은 기본적으로 범선이었고 한번에 많은 물건을 싣고 바다로 나가게 마련이었다. 그런데 그배가 가령 풍랑을 만난다든지, 아니면 해적을 만나서 모두 도적질을 당하는 경우 해상무역을 주도하는 사람은 큰 손해를 볼 수밖에 없었다. 심지어 선장이 배를 강탈해 다른 나라에서 큰 부자로 행세를 하는 경우도 있었다고 하니 해상무역이 얼마나 어려웠을지는 실로 짐작이 간다.

그 당시 해상무역을 주로 주도했던 사람들은 가장 부자들이었던 황실 사람들이었다. 그들은 해상무역을 한번 성공시키면 막대한 부를 획득할 수 있었다. 사촌이 땅을 사면 배가 아프다는 말이 있듯이 아마 이러한 황실의 독주에 네덜란드의 귀족들이나 재력가들도 배가 아팠을 것이다. 하지만 자체적인 재정능력이 안 되니 단독으로 해상무역을 할 수는 없었다. 그래서 결국 선택한 것이 동업이었다. 그리고 동업을 할 때 각자가 출자한 출자비중을 문서로 남긴 것이 주식의 기원이 된 셈이다. 이렇게 모인 자금으로 위험을 무릅쓰고 해상무역을 해서 큰 돈을 벌면 그 출자비중대로 배당을 해서 동업을 했던 사람들이 돈을 벌었던 것이다.

이런 의미에서 보자면 주식은 바로 회사의 일부를 나타내는 것이라고 볼 수 있다. 이런 기본내용을 알고 주식투자를 한다면 결국 '장사를 잘하는 회사의 주식을 사기만 하면 되는구나' 하는 간단한 원리를 알 수 있다.

그렇다면 이제 주식을 좀 더 꼼꼼히 살펴보기로 하자.

주식은 기본적으로 주식회사의 물적 기반을 이루는 자기자본에 대한 지분권을 나타내는 증서로 주주의 권리형태, 의결권의 유무, 주주명부에의 기재여부, 액면기재여부, 보증상환의 형태, 발행방법 등에 따라서 다양하게 분류된다.

〈 주식의 종류 〉

1) 보통주, 우선주, 후배주, 혼합주

주주는 주주평등의 원칙에 따라 그가 가지고 있는 주식 수에 비례하여 배당과 잔여재산의 분배에 평등하게 참여할 수 있다. 그러나 경우에 따라서는 정관에 의하여 배당이나 잔여재산의 분배에 있어 보통주에 비해 우선하는 권리의 지위를 가질 수도 있고 또 열세적인 지위를 가질 수도 있다.

(1) 보통주

보통주는 주주평등의 원칙에 의거하여 지분에 따라 평등하게 배당이나 잔여재산의 분배를 받을 수 있는 주식으로 회사가 발행한 주식 중 기준이 되는 주식을 말한다. 보통주는 일반적으로 다음과 같은 특징을 갖는다.

① 우선주가 배당을 받은 다음 그 잔여이익의 배당에 참여한다.
② 회사가 해산할 때에는 우선주에게 잔여재산의 분배가 이루어진 후 분배에 참여한다.
③ 다른 주식에 의결권이 없는 경우 회사경영에 대한 지배권을 갖는다.

(2) 우선주

우선주는 보통주에 비하여 배당이나 잔여재산의 분배에 우선적으로 참여할 수 있는 주식을 말한다. 우선주는 보통주보다 앞서 배당을 받을 비율, 즉 우선배당률이 주권에 명시되어 있다는 점에서 사채와 유사하다.

예를 들어 우선주의 주권에 명시된 배당률이 7%라고 한다면 배당가능이익 중 우선주에 대하여 7%의 배당을 우선적으로 실시하고 나머지를 보통주에 배당하는 형태를 가지는 것이다. 이런 점에서 본다면 배당가능이익에 따라서 보통주는 우선주에 비해 적은 배당을 받을 수도 있고 더 많은 배당을 받을 수도 있다.

우선주는 회사이익에 참여여부와 배당의 소급 등의 기준에 의하여 다음과 같이 분류된다.

① 참가적 우선주 / 비참가적 우선주

참가적 우선주는 보통주보다 먼저 배당금을 지급받고 보통주에게도 적정한 배당(일반적으로 우선주와 동일한 배당)을 한 후 추가배당을 할 때 보통주와 함께 배당에 참여할 권리가 부여된 우선주를 말한다. 참가적 우선주는 배당참여 범위에 따라 보통주와 동일한 배당률까지 참여할 수 있는 완전참가적 우선주와 일정한 수준까지만 가능한 부분참가적 우선주가 있다. 예를 들어 확정배당률이 8%인 우선주에 8%의 우선배당을 하고 보통주에도 적절한 배당을 한 후 보통주에 5%의 추가배당을 하는 경우, 완전참가적 우선주는 5%의 추가배당을 받게 되지만 부분참가적 우선주는 약정에 따라 그 미만의 추가배당을 받을 수 있다.

이에 비해 비참가적 우선주는 추가배당에 참여할 수 없는 주식을 말한다.

② 누적적 우선주 / 비누적적 우선주

우선주도 주주의 지분일 뿐이므로 배당금의 지급여부는 기업이 결정한다. 이익이 없거나 다른 이유로 배당이 선언되지 않아 누적적 우선주에 약정된 배당을 일부 또는 전부 받지 못하기도 하는데, 이 부분을 연체배당금이라 한다. 여기서 누적적 우선주란 보통주에게 배당하기 전에 연체배당금을 소급 받을 수 있는 권리가 부여된 주식을 말하고, 비누적적 우선주는 연체배당금을 소급 받을 수 있는 권리가 없는 주식을 말한다.

(3) 후배주

후배주는 보통주에 비해서 이익배당과 잔여재산의 분배 참가순위가 보통주보다 뒤에 있는 주식이다. 이 후배주는 보통 발기인이 갖기때문에 영국이나 미국에서는 발기인주 또는 경영자주라고 한다. 발기인이 창업자 이익을 획득하는 수단으로 흔히 후배주를 이용한다.

(4) 혼합주

어떤 권리, 예를 들어 배당청구권에 대해서는 우선적 지위가 부여되고 다른 권리 즉, 잔여재산 분배청구권에 대해서는 후순위의 지위가 부여된 주식을 말한다.

2) 의결권주/무의결권주

주식은 주주총회에서 의결권이 있느냐 없느냐에 따라 의결권주와무의결권주로 구분된다.

(1) 의결권주

의결권주는 의결권이 부여된 주식이다. 의결권은 회사의 경영에참가하고 그 지배권을 획득·유지할 수 있는 기본적 권리를 말한다.주식은 보통 한 주에 하나의 의결권이 부여된다. 그러나 외국에서는한 주에 대해 다수의 의결권이 부여되는 다수의결권주나, 하나 미만의 의결권이 부여되는 소수의결권주도 있다.

(2) 무의결권주

의결권주를 많이 소유하고 있는 지배적 대주주가 기업에 대한 자기들의 경영지배권을 유지·강화하기 위하여 발행하는 것으로 의결권이 부여되지 않거나 의결권행사에 제한이 있는 주식을 말한다. 무의결권주는 회사의 발기인이나 경영자가 배당만을 목적으로 하는 투자자에게 우선주를 발행하여 자금을 조달할 때 활용된다.

우리나라 상법에서는 의결권을 가지고 있는 소수주주에 의해 주주총회가 지배되는 것을 방지하기 위해 무의결권주의 발행을 총발행주식의 1/4을 초과하지 못하도록 제한하고 있다.

3) 기명주식/무기명주식

(1) 기명주식

주주의 이름이 주권 및 주주명부에 기재된 주식으로 기명주식의 양도에는 주권의 이면에 취득자의 성명을 기명날인하는 배서양도와 양수자에게 주식의 양도를 증명하는 서면교부를 통한 증서양도의 두 가지 방법이 있다.

기명주식은 회사의 입장에서는 그때그때의 자본적 배경을 알 수 있기 때문에 경영상 편리하고, 주주의 입장에서는 회사로부터 주주총회, 배당금 지급, 증자배정 등 각종의 통지나 최고를 받기 편리한데다 주주명부에 기재한 것만으로도 권리행사의 자격이 인정된다는 장점이 있다. 따라서 상법은 기명주식의 발행을 원칙으로 하고 있다.

(2) 무기명주식

주주의 이름이 주권이나 주주명부에 기재되지 아니하고 주권을 소유함으로써 주주의 자격을 인정받는 주식을 말한다.

우리나라에서는 회사 정관에 그 발행을 예정하고 있을 때에만 발행이 가능하고 또 발행되었을 경우에도 그 권리를 행사하는 사람을 확정짓기 위해 주권을 회사에 공탁시키도록 규정하고 있다. 회사가 주주에게 최고통지를 하는 경우 회사는 주주가 누구인지 알 수 없으므로 개별적으로 통지 또는 최고를 할 수 없고 공고를 통해 이를 알릴 수밖에 없다. 우리나라에서 무기명주식은 실제 거의 발행되고 있지 않다.

4) 액면주식/무액면주식

자본형성의 방법상의 차이에 따라 액면주식과 무액면주식으로 구분하고 있으나 우리나라에서는 액면주식제도만을 채택하고 있다.

(1) 액면주식

액면주식은 주권에 그 주식의 액면가액이 기재되어 있는 주식을 말하는데, 우리나라에서는 액면주식만을 인정하고 있다. 우리나라 주식의 액면가는 상법상 1주당 100원 이상으로 되어 있다.[1]

주식의 액면은 자본금에 계상되며 액면을 초과하는 금액으로 발행한 경우 액면초과액은 주식발행 초과금으로 자본잉여금에 적립된다.

(2) 무액면주식

무액면주식은 미국에서 보편화되어 있는 주식으로 주권에 액면가

---

1) 주식을 주식시장에 상장하는 경우, 우리나라는 액면가액을 100원, 200원, 500원, 1,000원, 2,500원, 5,000원으로 한정하고 있다.

액이 기재되지 않은 주식을 말한다. 무액면주식은 발행할 때마다 주식의 발행가액이 통상 시가에 의해 정해지며 기준금액이 없다. 따라서 발행가액은 그 금액을 자본에 기록하는 것을 원칙으로 하지만 일부는 자본잉여금으로 처리할 수도 있다.

그리고 채권들 중에서도 주식과 관련된 것이 있는데, 대표적으로 전환사채(CB), 신주인수권부사채(BW), 교환사채(EB) 등을 들 수 있다.

전환사채(CB : Convertible Bond)는 사채로서 발행되었지만 일정기간 경과 후 소유자의 청구에 의하여 주식으로 전환할 수 있는 것으로, 채권에 표시된 전환가격을 기준으로 주식의 가격이 전환가격 이상이면 전환권을 행사하여 채권을 그 회사의 주식으로 전환하고 그렇지 않으면 채권을 만기까지 보유함으로써 원금을 상환 받을 수 있는 것을 말한다.

가령, A라는 회사가 전환사채를 발행하여 전환가격이 10,000원이라고 하자. 그런데 주식으로 전환할 수 있는 시기가 되었을 때 그 회사의 주가가 15,000원이라면 전환권을 행사하여 주식을 10,000원에 사는 것이 좋을 것이다. 그러나 주가가 8,000원이라면 그 권리를 포기하고 채권으로 보유하면 될 것이다. 이를 그림으로 살펴보면 다음과 같다.

〈 전환사채의 전환권 행사여부의 예시 〉

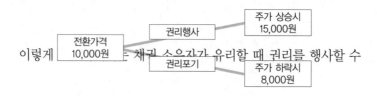

이렇게 ~~는 채권 소으갔가 유리할 때 권리를 행사할 수~~

있는 옵션이 내재되어 있으므로 그 권리금, 즉 옵션의 프리미엄만큼 표면이자율이 낮아지게 된다.

신주인수권부사채(BW : Bond with Warrant)는 사채에 신주인수권, 즉 유상증자에 참여할 수 있는 권리가 있는 것을 말한다. 이 신주인수권에도 인수 금액이 정해져 있어 그 가격보다 주가가 높으면 유상증자에 참여하고 주가가 정해진 가격보다 낮으면 권리를 포기하면 된다. 하지만 이때 신주인수권은 따로 돈을 주고 사는 것이라서 신주인수권부사채의 표면금리는 일반사채에 비해 결코 낮은 것이 아니다. 이 신주인수권을 우표를 떼듯이 따로 떼어 내서 거래할 수 있다면 분리형, 떼어 낼 수 없다면 일체형이라고 한다.

교환사채(EB : Exchange Bond)는 한 기업이 채권 보유자에게 자사가 보유하고 있는 다른 회사의 주식으로 교환해 줄 것을 약속한 채권을 말한다. 전환사채는 사채를 발행한 회사의 주식으로 전환해 주는데 비해 교환사채는 발행회사가 아닌 다른 회사의 주식으로 교환해주는 것이 다른 점이다.

이러한 주식관련 채권들을 통틀어 우리는 신종채권이라고도 한다.

최근에 유행하는 것들 중 자산담보부증권(ABS), 부동산담보부증권(MBS)이 있는데, 이러한 증권들도 회사의 자산을 담보로 해서 새롭게 만들어낸 파생증권의 일종이다.

자산담보부증권(ABS : Asset Backed Securities)이란 회사가 보유하고 있는 부동산이나 증권 등을 시장에 일시에 매각해서 현금화하기가 어려울 때 그 자산들을 따로 떼어 내서 이를 바탕으로 증권을 발행하는 것을 말한다. 그 증권은 대체로 그 기초자산을 매각하거나, 기초자산을 활용하여 발생하는 이익을 배당하는 방식을 취하고 있다.

그리고 부동산담보부증권(MBS : Mortgage Backed Securities)이란 부동산 담보대출을 해주는 은행들이 대출의 조기상환을 통한 추가적인 대출자금을 마련하기 위해서 대출시 담보로 들어온 부동산담보권을 기초로 해서 증권을 발행한 것을 말한다. 이 증권은 담보대출이 나간 부동산으로부터 이자 등이 발생하게 되면 이를 배당으로 주는 형식을 취하고 있다.

현대 자본시장의 큰 흐름 중 하나가 바로 증권화(Securitization)라는 말이다. 그만큼 증권화는 일반적이고, 종류도 다양하며, 그 구조도 복잡해지고 있다.

우리가 투자를 잘하기 위해서는 이런 기본적인 증권의 이름이나 증권의 구조적 특성들에 대해서 올바른 이해가 바탕이 되어야 함은 물론이다.

* 주식워런트증권(ELW : Equity Linked Warrant)

특정 주권의 가격 또는 주가지수의 변동과 연계해, 일정한 기간이 지나면 미리 약정된 방법에 따라 해당 주식 또는 현금을 사고 팔 수 있는 권리가 주어진 증권을 말한다. 다시 말해 특정 종목의 주가 상승이 예상될 경우, 해당 종목의 주식을 모두 사지 않더라도 일부 자금만 투자해 주식으로 바꿀 수 있는 권리만 산 뒤, 차익을 올릴 수 있는 증권인 것이다.

투자자들의 다양한 투자 수요를 충족하고, 증권 산업의 경쟁력을 높일 수 있는 제도로, 2005년 현재 전 세계 21개 증권거래소가 채택하고 있다. 유럽에서 가장 활발하게 거래되고 있는데, 한국에서도 2005년 4/4분기부터 도입하였다.

투자 방식은 다음과 같다. 예를 들어 A사의 현재 주가가 5만 원인 상황에서 어떤 사람이 A사의 주식을 1년 뒤에 5만 5000원에 살 수 있는 ELW를 2,000원에 샀다고 하자. 1년이 지났을 때 주가가 6만 원까지 오를 경우, 주식을 산 사람은 ELW의 권리를 행사해 5만 5000에 주식을 사서, 현재의 시세인 6만 원에 팔 수 있다. 이때 투자자는 1년 전에 ELW를 산 가격 2,000원을 빼더라도 3,000원의 투자 수익을 올릴 수 있다.

반대로 주가가 5만 3,000원 이하라면, 권리 행사를 포기해 자신이 투자한 2,000원만큼만 손해를 보면 된다. 만기 전이라도 자신이 투자한 2,000원보다 올랐을 경우, 즉 주가가 5만 7000원 이상 오른다면 언제든지 팔아서 시세 차익을 올릴 수 있다.

발행 주체는 증권거래법상 파생금융상품 영업을 인가받은 증권사에만 한정되고, 대상종목은 유동성이 풍부한 KOSPI 100 구성 종목과 주식 바스켓, KOSPI 200 지수 등이다. 만기는 최소 3개월 이상 3년 이내이다.

남의 패를 보면 돈이 보인다

> 숲을 먼저 보고 나무를 보아라.

  우리나라는 가족 간에 즐길 수 있는 놀이문화가 그다지 발달되어 있지 않다. 그렇다면 우리나라 사람들이 가장 많이 하는 놀이를 꼽는다면 무엇일까? 아마도 고스톱이 첫 손에 꼽히지 않을까 싶다. 필자도 가끔 안사람과 같이 고스톱을 치는 경우가 있다. 지금은 자주 못 치지만 그전에는 밥내기 혹은 누가 설거지를 할지 결정하기 위해 종종 고스톱을 쳤던 기억이 있다.

  이때 안사람은 내가 어떤 것을 먹는지는 관심이 없고 오직 자신의 패에만 열중하곤 했다. 하긴 이것저것 생각하는 것이 안사람에게는 꽤 복잡하게 생각되었는지도 모른다. 하지만 필자는 대체로 안사람의 패를 곁눈질로 다 보고 있었고 안사람은 필자가 자기 패를 보고 있다는 걸 몰랐다.

  그러면 웬만해서는(뒤 패가 정말 맞아주지 않는 경우를 제외하고는) 내가 거의 이기게 된다. 사실 모든 게임의 원리가 다 그런 것 아닌가?

바둑이나 장기, 그 외에 상대가 있는 어떤 게임에서든 남의 패를 읽게 되면 그 게임에서 승산은 매우 높아지게 된다. 옛말에 지피지기(知彼知己)면 백전백승(百戰百勝)이라 하지 않았던가!

필자가 증권업계에 처음 발을 디디고 나서 있었던 일인데 한번은 이런 꿈을 꾸었다. 길을 가다가 신문을 한 장 주워서 버릇처럼 증권 시세표를 펼쳤는데 좀 이상했다.

주식의 가격들이 내가 알고 있는 가격이 아니었던 것이다. 그래서 신문의 발행일을 살펴봤더니, '아니 이럴 수가!' 그 신문은 바로 내일 날짜의 신문인데다 주식시세표도 내일의 시세가 아닌가! 웬 떡이냐 하는 마음으로 아무 생각 없이 주문을 마구 넣으면서 화들짝 잠에서 깬 적이 있다.

대체 왜 그런 꿈을 꾸게 되었던 것일까? 아마 투자를 하는 데 있어 그 시세를 미리 볼 수 있다면 하는 생각이 너무나 절실했기 때문일 것이다. 그렇다면 정말 시세를 미리 볼 수 있는 방법은 없을까? 물론 시세를 미리 볼 수 있는 방법은 존재하지 않는다. 하지만 시세가 형성되는 원리를 안다면 어느 정도는 유추해 볼 수도 있다. 그리고 그 시세를 움직이는 주체는 다름 아닌 시장 참가자들이다. 그들이 바로 시세를 움직이는 원동력이기 때문에 그들의 움직임을 미리 점칠 수 있다면, 고스톱에서 남의 패를 보고 치듯이 정말 쉬울 것이다.

증권시장은 시장의 참가자들이 서로서로 자신의 목적을 이루기 위해서 게임을 하는 머니게임(money game)의 장이다. 정부는 경제의 원활한 운영을 목표로, 기업은 기업의 자금조달을 목표로, 또 큰손과 개미들은 자신의 투자목표인 수익의 극대화를 목표로 서로 경쟁하면서 게임에 임하고 있는 것이다.

이때 증권시장에서 일반인들, 즉 개미투자자들은 서로의 패를 보기 위해 노력한다. 그래서 옆 사람이 어떤 종목에 주문을 냈는지 또 어느 종목을 언제 팔았는지에 관심을 기울이게 된다. 하지만 실제 개미들의 경쟁상대는 다름아닌 정부, 기업, 그리고 큰손들이다.

머니게임에서 중요한 요소 중 하나는 스마트머니(Smart money)의 움직임이다. 따라서 옆 사람이 무엇을 샀는지, 또 무엇을 팔았는지 알았다고 해서 그게 무슨 돈이 되겠는가?

사실 주식시장에서 중요하게 살펴봐야 하는 존재는 개인투자자가 아니라 정부, 기업, 그리고 기관투자자와 같이 큰 물동량을 일으키는 사람들이다. 따라서 일반투자자들은 이들의 패를 잘 읽을 수 있는 능력을 길러야 한다. 그런 주체들의 움직임을 우리가 잘 파악할 수 있다면 적어도 주식투자에 있어 큰 낭패를 보는 일은 없을 것이다.

자! 그럼 정부의 패는 무엇이고 그 패는 어떻게 읽을 수 있을까?

정부의 패는 기본적으로 거시경제를 운용하는 정책수단을 통해 나타나는데, 우리는 그것을 언론이나 실생활을 통해서 들여다 볼 수 있다.

간단히 말해서 정부는 경기가 침체되면 경기를 부양시키기 위해서 노력하고 경기가 과열되면 경기를 진정시키기 위해서 노력한다. 왜냐하면 경기가 침체되면 국민생활의 투자와 고용이 줄어들고 경기가 과열되면 인플레이션이 발생해서 물가가 상승해 국민들을 어렵게 하는 요인이 되기 때문이다. 이때 우리는 경기가 좋아지면 주가가 올라가고 경기가 나빠지면 주가가 내려간다는 간단한 잣대로 투자를 하면 된다.

그럼, 우리는 경기 동향을 어떻게 알 수 있을까?

일단 언론을 통해서 발표되는 경기와 관련된 경제기사들을 챙겨 보도록 하자. 그렇게 하면 현재의 경기 동향을 파악하는 것은 그리 어렵지 않을 것이다. 그러나 사실 금리나 물가, 수출입에 대한 내용 등 너무 다양하고 방대한 양의 기사들을 분석하고 이를 통해 정부의 패를 정확하게 읽어 나가는 것은 그리 간단치 않다. 예를 들어 나뿐만 아니라 주변 사람들도 생활이 다 어렵다고 하는데 경기가 좋아지고 있다는 기사가 나오면 혼란이 생기지 않겠는가? 그리고 경기가 좀처럼 좋아지지 않을 때 가끔씩 정부는 심리적인 요법을 쓰는 경우도 있다.

의학용어 중에 플라시보 효과(Placebo Effect)라는 것이 있다. 이는 가짜 약을 환자에게 투여하면서 치료에 대한 믿음을 심어주면 병이 낫는다는 것이다. 이처럼 정부도 경기를 진작하기 위해 플라시보 효과를 기대하는 언론플레이를 하기도 한다.

이런 경우 우리는 생각을 조금 달리해서 일상 속에서 실제로 경기가 살아나는지를 확인해볼 필요가 있다. 오히려 자신의 삶을 충실히 살아가고 처한 상황을 면밀히 파악하다 보면 실물경제의 흐름을 누구보다 정확하게 이해할 수 있기 때문이다.

이렇듯 정부의 패는 그것을 어떻게 느끼고 분석하는가에 따라 복잡할 수도 있고 또 간단할 수도 있다. 어쨌든 우리가 생활 속에서 실물경제의 움직임을 잘 알기 위해서는 우선 자신이 속한 곳에서 열심히 생활하고 또 그와 관련된 언론기사들을 살펴보면 된다. 그러면 향후 경기의 동향을 미리 예측하는 것은 그리 어려운 일이 아니다. 왜냐하면 실제로 내가 속한 업종이나 생활속에서 부딪히는 일들은 내가 가장 잘 알 수 있는 일들이기 때문이다.

두 번째로 우리가 관심을 기울이고 패를 들여다봐야 하는 것은 기업이다.

기업은 주식시장으로부터 기업운영에 필요한 자금을 조달해간다. 기업은 자금조달의 수단으로 채권을 발행하기도 하고 주식을 발행하기도 한다.

이때 기업이 채권을 발행한다는 것은 채권 만기 이전에는 빌려온 돈에 대해 이자를 지급하고 만기가 돌아오면 원금을 갚는다는 것을 의미한다. 반면에 기업이 주식을 발행한다는 것은 그 돈을 영구히 사용하기 위함인데, 그 반대급부로 기업은 경영에 참여할 수 있는 권리와 함께 정기적인 배당을 한다.

그럼 왜 기업은 주식으로 자금을 조달할 때가 있고 채권으로 자금을 조달할 때가 있을까? 그 이유는 기업의 입장에서 자본을 조달하는 비용, 즉 자본조달비용을 최소화하기 위해서이다. 기본적으로 채권 발행 시 소요되는 비용은 채권의 보유자에게 제공하는 이자 등이고, 주식발행 시 소요되는 비용은 배당 등이 된다. 기업경영이나 장사에서 비용을 최소화하고 수익을 최대화하는 것은 기본적인 논리가 아니던가? 따라서 기업 입장에서는 자금 조달비용이 어떤 것이 적은지, 그리고 어느 것이 더 효율적인지 판단해 채권을 발행할지 혹은 주식을 발행할지 결정하게 된다. 이는 이후에 기업가치 평가 시에 그 비용에 따라 기업가치가 변화하는 것을 보면 더욱 명확해진다.

또 한편으로는 이런 생각을 해볼 수 있다.

당신이 한 기업의 경영자라고 가정해보자.

만약 당신 기업의 주식이 생각보다 저평가되어 있다면 당신은 아마도 채권으로 자금을 조달하려고 할 것이다. 왜냐하면 주식으로 자금을 조달하면 회사 주식을 제값 받고 팔수 없는데다 자금을 원하는 만큼 조달할 수 없는 상황에 처할 수도 있기 때문이다. 반면에 당신 기업의 주식이 생각한 것보다 고평가되어 있다면 아마도 채권보다는 주식으로 자금을 조달하려고 할 것이다. 이것도 앞의 논리와 마찬가지로 기업의 주식이 생각보다 고평가되어 있다면 주식을 통해 같은 비용에 보다 많은 자금을 조달할 수 있기 때문이다.

이렇게 봤을 때 한 기업이 유상증자를 통해 자금을 조달했다면 내부자들이 자사 주식을 고평가된 것으로 판단한 것이고 채권을 통해 자금을 조달한다면 자사 주식을 저평가된 것으로 판단한 것을 이해할 수 있다.

그래서 주식시장이 상승세를 보이면 기업들은 증자를 서두르게 된다. 그런데 문제는 그때 사람들이 주식을 사려고 해도 주식이 없다는 것이다.

이처럼 주가가 상당 폭 올라 있는 장에서 기업의 증자물량이 쏟아져 나온다면 일단 경계할 필요가 있다.

그리고 기업의 실적이 좋아지는지 나빠지는지 관심을 기울여야 한다. 어떻게 우리가 일일이 그것을 점검할 수 있느냐고 항변할지 모르지만, 사실 일상적인 관심만 기울인다면 우리는 그것을 쉽게 눈치챌 수 있다.

미국의 전설적인 펀드매니저인 피터린치는 부인의 일상적인 삶을 통해 주식종목을 고르는 법을 말했다. 그는 부인이 슈퍼에 다녀오면 어떤 제품이 진열대의 가장 앞자리에 있는지, 그리고 어떤 제품이 잘 팔리는 것 같은지 물어서 투자할 주식종목을 골랐다.

우리나라에서 1990년대 초반 빙과류 회사인 빙그레가 신제품을 만들어서 출시한 적이 있었다. 메론 맛의 아이스크림이었는데, 그때 정말 많은 사람들이 사먹은 기억이 난다. 그러니 자연스레 길거리에는 그 아이스크림의 포장지가 굴러다니게 되었다. 그런데 그것을 보고 사람들은 두 가지 반응을 보였다.

한 부류는 '사람들이 아이스크림을 먹었으면 휴지통에 봉지를 버려야지 이게 뭐야!!' 하면서 그냥 지나갔고, 또 다른 부류는 '어느 회사제품이야? 이렇게 잘 팔리면 실적이 좋아지는 것 아니야?' 라고 생각해서 그 회사의 주식을 샀다.

당시 빙그레는 액면가 5,000원보다 싼 3,000원대에 머물러 있었다. 주식을 산 부류는 그때 주식을 사서 그해 여름이 지나 15,000원에 매도할 수 있었다. 실로 간단한 관심으로 큰 수익을 올린 예이다.

이와 비슷한 예로 여름철 비가 많이 오면 하늘에 구멍이 났다며 하늘을 원망하는 사람들이 있는 반면, 해충이 많이 생길 테니 농약 관련주를 사야지 하는 사람들도 있다. 이런 두 부류의 사람들 중 과연 주식시장에서 돈을 버는 쪽은 어느 쪽일까? 물어보지 않아도 자명한 일이다.

남의 패를 본다는 것은 정보를 잘 이용하는 것이다. 그것은 그리 멀리 있거나 구하기 어려운 것도 아니다. 흔히 투자라고 하면 마치 우주복을 입고 우주여행을 떠나는 것처럼 생각하는 사람들이 많다. 그러나 투자란 결코 그렇지 않다. 투자란 평상복을 입고 슈퍼에 물건을 사러 가듯 해야 한다. 투자를 먼 곳에 있는 것이 아닌, 우리의 일상으로 끌어내려고 노력하는 것이 중요하다.

마지막으로 우리가 관심을 기울여야 하는 것은 큰손들의 움직임이다.

우리는 일반적으로 큰손들이 굴리는 돈을 스마트 머니(smart money)라고 부른다. 이 말은 곧 투자경험이 풍부한 자금운용주체들의 투자자금을 말하는 것이다. 우리는 큰손이라 하면 돈이 많은 슈퍼개미들을 떠올리지만 사실 여기엔 외국인이나 기관투자자들까지 포함된다.

정부나 기업들이 대체로 시장의 전체적인 방향을 설정하거나 주식의 고·저평가 여부에 대한 정보를 알려주는 반면, 큰손들은 시장의 미시적인 동향을 알려준다. 물론 이들도 큰 그림을 가지고 움직이기 때문에 경제동향이나 기업의 큰 움직임을 알려주기도 한다. 하지만 이들의 움직임은 시장의 내부적 동향을 파악하는 데 훨씬 유용하다.

주가는 기업의 가치를 나타내는 중요한 지표이다. 하지만 주가도 하나의 가격이다. 가격은 사는 사람이 많으면 올라가고 파는 사람이 많으면 떨어진다. 그리고 아무도 그 주식에 관심을 기울이지 않으면 주가는 좀처럼 움직이지 않는다.

이때 만약 큰손들이 한 종목의 주식을 많이 산다면 그 주식은 유통주식수가 줄어들게 되어 상대적으로 매물압박이 심해질 것이다. 이처럼 시장에서 외국인이나 기관투자자에게 잠겨 있는 주식이 많으면 공급이 줄어들어 조금만 매수해도 주가가 쉽게 올라가게 된다. 반면 큰손들이 보유주식을 매도해 시장에 유통주식수가 늘어나면 그 주식을 웬만큼 사지 않고서는 주가를 올리기 어렵다. 이처럼 외국인이나 기관투자자를 비롯한 큰손들은 주식시장에서 주식물량의 수급을 조절해 주는 역할을 한다. 그래서 외국인 또는 기관투자자들의 동향을 파악하는 것이 중요하다는 것이다. 이것은 매일매일 발표되는 투자 주체별 매매동향을 파악한다면 충분히 알 수 있다.

　주식투자는 불특정다수와 함께 하는 게임이다. 이 말은 같은 게임을 하는 사람들이 어떻게 움직이는가를 잘 살펴야 승산이 있다는 것을 의미한다. 그 중에서 시장에 가장 큰 영향력을 미치는 집단이 바로 정부, 기업, 큰손들이다.

　주식투자란 지금 투자한 주식이 미래의 어느 시점에 그 성과로 나타나는 것이다. 그러나 그 미래라는 것은 누구도 알 수 없다. 아무것도 없이 눈을 가리고 길을 걷는다면 도랑에 빠지기도 하고 돌부리에 채여서 넘어지는 것은 당연하다. 하지만 이때 하나의 지팡이만 있어도 우리는 그것을 이용해 주위를 짚어보면서 장애물을 피해 보다 안전하게 목적지에 도달할 수 있게 된다.

　그 지팡이 역할을 해주는 것은 과연 무엇일까? 그것은 바로 시장에 참여하고 있는 각 주체들의 동향이다. 앞에서 말한 것과 같이 이 주체들의 움직임을 잘 살펴본 후 전략을 세워간다면 보다 성공확률이 높은 투자를 할 수 있을 것이다.

＊ 블루칩(Blue Chips) ⑦

주식시장에서 재무구조가 건실하고 경기변동에 강한 대형 우량주를 말한다. 오랜 기간 안정적인 이익창출과 배당지급을 실행해 온 수익성·성장성·안정성이 높은 종목으로 비교적 고가(高價)이며 시장점유율이 높은 업종 대표주이다.

블루칩의 기원에 대해서는 두 가지 설이 유력하다. 그 첫 번째는 카지노에서 포커게임에 돈 대신 사용되는 흰색·붉은색·파란색 칩 가운데 파란색이 가장 고가로 사용된 데서 유래되었다는 설이다. 두 번째는 미국의 소시장에서 유래되었다는 설이다. 원래 세계 금융의 중심지인 미국 뉴욕의 월가(Wall Street)는 유명한 소시장이었다고 한다. 정기적으로 열리는 황소품평회에서 가장 좋은 품종으로 뽑힌 소에게 파란색 천을 둘러주었는데, 이후 황소는 월가의 강세장을 상징하는 심벌로서 우량주를 의미하게 되었다고 한다.

이와 관련된 용어들로 옐로우칩, 레드칩, 블랙칩 등이 있다.

▶ 옐로우칩(Yellow Chips) : 블루칩에 비해서는 기업 내용이 미치지 못한 것들로 일반적으로 중저가대의 우량주를 말한다.

▶ 레드칩(Red Chips) : 홍콩시장에 상장되어 있는 중국기업들을 말하는 것이다.

▶ 블랙칩(Black Chips) : 원유를 생산하는 기업들을 말하는 것으로 원유의 색이 검다는 것에서 비롯되었다.

인간의 심리가 시장을 움직인다

> *주식은 냉철한 이성을 지닌 자의 것이다.*

　어떤 사람이 주식을 사면 잘 올라가던 주식도 상승세가 꺾여 하락하고 그 사람이 주식을 팔면 끝없이 하락할 것 같던 주식이 반등세를 나타내는 것을 우리는 흔히 경험한다. 그리고 우리는 그 사람을 일컬어 인간지표(human index)라고 한다.

　많은 사람들이 무수히 많은 기술적 지표나 기본적 지표, 자신만의 비밀 지표들을 가지고 주식투자에 임한다. 어떤 사람은 심지어 별자리의 움직임을 보고 투자를 하기도 하고 어떤 사람은 사주(四柱)에 따라 주식을 사고팔기도 한다. 그러나 어떤 지표를 써봐도 주식시장에서 돈버는 것은 쉽지 않다.

　그런데 경험적으로 보면 인간지표 만큼 잘 맞는 지표도 없는 것 같다. 주식시장에서는 이렇게 항상 주가 흐름과 반대로 투자하는 사람이 있는가 하면 주가 흐름에 따라 투자하는 사람도 존재한다. 하지만 단기적으로는 주가 흐름에 따라 투자하지만 장기적으로는 주가 흐름과 반대로 투자하는 사람이 많은 것은 참 이상한 일이다.

만약 우리가 주변에서 이런 인간지표를 찾아낼 수 있다면 그것도 성공투자를 하는 데 아주 좋은 밑거름이 될 수 있을 것이다. 하지만 주식으로 돈을 벌었다고 그 사람에게 고맙다는 인사를 해서는 안 된다. 고맙다는 인사를 하는 순간 두 사람은 원수지간이 될 것이기 때문이다.

그럼, 우선 주가가 어떻게 정의되고 있는지 살펴보도록 하자.

주가는 그 기업의 가치를 잘 반영하는 하나의 지표를 말한다. 그런데 기업의 가치는 시시각각으로 변하게 마련이고 우리는 그것을 정보의 형태로 받아들이게 된다. 그리고 우리는 주식시장을 이야기할 때 정보를 얼마나 정확하고 신속하게 받아들이는가에 따라, 즉 시장의 효율성에 따라 약형효율적시장, 준강형효율적시장, 강형효율적시장으로 나눌 수 있다. 먼저 약형효율적시장이라는 것은 기업의 가치를 나타내는 정보 중 과거의 정보를 반영하는 시장을 말한다. 또한 준강형효율적시장은 현재 공표되어 이용 가능한 정보를 반영하는 시장을 말하며 강형효율적시장이란 기업의 가치를 변동시키는 모든 정보를 반영하는 시장이라고 말할 수 있다.

아무튼 시장에서 주가가 기업의 가치를 반영한다는 것은 자명한 사실이다. 그래서 시장의 효율성에 대하여 대체로 동의를 하고 있는 것이 현실이다.

주식시장을 연구하는 사람들은 이처럼 시장이 효율적이라는 기본적인 생각과 더불어 투자자들도 모두 합리적이고 이성적이라고 가정한다. 여기서 인간의 합리성이란 대체로 다음과 같은 조건을 충족하는 것으로 보고 있다.

첫째, 사람들은 위험을 회피하려고 한다. 따라서 위험을 선호하거나 위험에 대하여 중립적인 태도를 가진 사람들은 여기서 고려의 대상이 아니다. 이러한 성향을 가진 사람들은 우리가 보기 힘든 특별한 사람들이기 때문에 이런 사람들의 행동은 따로 시간을 내서 연구를 해야 하는 것이다.

둘째, 모든 사람들은 자신의 주관적인 만족도를 극대화시키려는 방향에서 의사결정을 한다. 여기서 주관적인 만족도라는 것은 어떤 선택가능한 여러 개의 투자안 중에서 같은 위험수준이라면 기대수익이 가장 큰 주식을, 그리고 같은 기대수익이 예상된다면 위험이 가장 작은 종목들을 선택하려는 경향을 말한다.

〈 효율적인 증권의 선택과정 〉

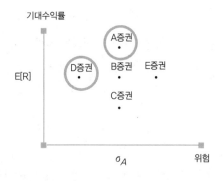

위 그림을 통해서 보면 A, B, C 증권은 위험수준은 같지만 기대수익률은 A증권이 가장 높다. 그리고 D, B, E 증권은 기대수익률은 같지만 D 증권의 위험이 가장 낮다. 이런 과정을 지배원리라고 하는데, 이를 통해서 선택되는 증권들을 바로 효율적 증권이라 한다. 이러한 조건들이 충족되어야 시장에는 합리적인 사람들이 활동하는 무대가 된다.

그러나 현실의 주식시장에서는 위에서 살펴본 시장의 효율성이나 사람들이 합리적이라는 생각들이 잘 맞지는 않는 것 같다. 그래서 시장의 효율성과 사람들이 합리적이라는 것에 대해서 논란이 많은 모양이다.

유명한 경제학자 케인즈는 주식은 시장에 참여하는 사람들이 좋다고 생각하는 것을 사야지 그렇지 않은 것에 투자하면 손해를 본다는 의미에서 "주식투자는 미인대회다"라고 했다. 경제학자의 입장에서 주식시장 자체가 무척 어렵다는 생각을 나타낸 것이다. 그는 또한 "주식투자는 바보들의 게임이다"라고도 했다. 같은 현상을 보고도 한 패의 사람들은 매도를 하고 다른 패의 사람들은 매수를 하니 사람들이 어찌 바보로 보이지 않았겠는가? 주식시장에 이성적이고 합리적인 투자자들만 존재한다면 왜 이러한 일이 벌어지겠는가? 이는 주식시장에 참여하는 사람들이 이성적이지 못한 그리고 서로 다른 형태의 심리적인 현상을 보이기 때문이다.

지금 심리학적인 접근을 하자는 말이 아니다. 그러나 이런 심리적인 것들은 알아볼 필요가 있다.

그렇다면 주식시장에서 사람들을 이성적이지 못하게 하는 근본적인 원인은 과연 무엇일까? 그건 바로 돈에 대한 욕심이 아닐까? 일반적으로 사람들은 평소에는 대체로 이성적이다. 하지만 돈과 관련된 상황이 발생하면 이성을 상실하게 된다.

예를 들어 증권회사에서 계좌 개설에 대한 상담을 할 때 "지금은 주식시장이 좋지 않은 상태이니 며칠만 기다렸다가 사시죠"라고 담당 직원이 말하면 그때는 수긍을 한다. 그러나 "이왕 왔으니 계좌나 개설하고 가지요" 하고 계좌를 개설하고 돈을 입금시키고 나면 언제 그런

이야기를 들었냐는 듯 "이제 무슨 종목을 사야하느냐?"고 묻는다.

그리고 증권사 직원이 조금 더 기다리시라고 말을 해도 다른 직원을 통해서 기어이 주식을 사고야 만다. 이러한 현상은 너무나도 빈번히 일어나는 일이다.

그 사람은 왜 이렇게 조급하게 주식을 샀을까? 그 사람은 지금 주식을 사지 않으면 손해를 본다는 강박관념이 마음속 깊이 박혀 있었음에 틀림없다. 역사적으로도 사람들이 이처럼 이성적으로 행동하지 않는다는 증거는 얼마든지 있다. 그 중에서 두 가지 사실을 예로 들어보자.

첫번째, 1920년대 미국 플로리다주에 찰스 폰지(C. Ponzi)라는 사기꾼이 있었는데, 소위 금융피라미드 사기의 원조가 되는 사람이다. 한번은 플로리다에 개발붐이 불었다. 폰지는 사람들에게 원금보다 더 많은 이익을 돌려주는 고수익의 사업이 있다고 소문을 냈다. 그는 자신이 퍼트린 소문을 듣고 찾아온 투자자들에게 다음과 같은 방식으로 자신의 사업을 펼쳐나갔다. 그것은 처음 사람들에게서 투자받은 것은 일단 자신이 챙기고, 그 다음 사람에게서 받은 돈을 처음 사람들에게 주는 것이었다. 즉, 그 다음 사람에게 받아서 앞사람에게 돌려주는 방식의 위험한 머니게임을 한 것이다. 그래서 이러한 금융피라미드식의 위험한 게임을 〈폰지게임〉이라 부르게 된 것이다. 물론 위험한 투기의 광풍은 많은 사람들에게 허망한 결과만을 남긴 채 끝나고 말았다.

우리나라도 외환위기 이후에 소위 사설 파이낸스 회사를 차려놓고 많은 사람들이 폰지게임에 빠졌었다. 그 당시 몇몇 파이낸스 회사들은 자신들에게 돈을 맡기면 연 10%도 아닌 월 10%의 이자를 준다면서 사람들을 끌어 모았다. 상식적으로 생각하면 과연 그것을 사실로 받아들일 수 있었겠는가? 하지만 결과적으로는 수많은 사람들이 이 위험한 폰지게임에 참여했다. 그 사람들이 이성적이었다면 과연 폰지게임에 참여했을까?

언젠가 폰지게임으로 돈을 다 날린 사람들의 인터뷰를 우연히 TV에서 본 적이 있었다. "정말로 그런 이자를 줄 것이라고 생각했습니까?"라는 기자의 질문에 피해자의 말은 정말 일품이었다.

"처음부터 사기라는 것을 알았다. 하지만 나까지는 혜택을 볼 것으로 생각했다."

이러한 사람들을 우리는 과연 이성적인 사람이라고 할 수 있을까? 우리 눈앞에서 실제로 폰지게임이 벌어지고, 바로 옆 사람이 폰지게임으로 막대한 돈을 벌었다면 과연 나는 그 게임에 절대 뛰어들지 않겠노라고 자신할 수 있을까?

두 번째는 17세기 네덜란드에서 있었던 튤립투기에 대한 것이다. 그 당시 네덜란드 사람들은 처음으로 튤립을 수입했는데, 보자마자 그 꽃의 아름다움에 매료되고 말았다. 그래서 귀족과 평민을 막론하고 튤립을 선물하는 것이 유행처럼 번졌다. 그래서 튤립 가격이 천정부지로 치솟아 한 송이 가격이 일반노동자 월급의 약 20배 가량까지 올라가게 되었다. 이성적으로 보면 튤립은 아름다운 꽃 그 이상도 또 그 이하도 아니다. 그러나 시간이 지나면 시들어버림에도 불구하고 모든 사람들이 그 꽃을 소유하게 되면 마치 자신이 부자가 된 듯 행복해했다. 마침내 튤립 가격이 극도로 치솟게 되자 모두가 튤립투기 열풍에 휩싸이게 되었고 그 광란의 잔치가 끝난 후 네덜란드 경제는 뿌리 채 흔들리게 되었다고 한다. 이러한 예는 사람들이 반드시 이성적이거나 합리적으로만 행동하지 않는다는 것을 반증해주는 좋은 예가 될 것이다.

자, 다시 주식시장으로 돌아와 보자.

앞에서 말한 것처럼 주식시장은 기본적으로는 효율적이다. 그래서 대체로 주가는 기업의 가치를 반영하면서 흘러간다. 하지만 여기서 문제는 주식시장이 인간의 심리가 지배하는 시장이기도 하다는 것이다.

인간의 심리란 돈 앞에서는 탐욕스러워지게 마련이다. 그래서 주식시장이 폭등할 때는 환호를 지르지만 폭락할 때는 공포에 떤다. 그리고 이렇게 탐욕이 주식시장을 지배하게 되면 투자자들은 과매수 국면에 들어가게 되고 공포가 주식시장을 지배하게 되면 과매도 국면에 빠지게 된다. 사람들이 공포와 탐욕에 빠지게 되면 시장도 결국 효율적이지 못한 비이성적인 상태로 빠져들게 되는 것이다.

장기적으로 보면 주식시장은 기업의 가치를 따라가는 효율적인 시장이 된다. 물론 주식시장이 인간의 심리에 의해 움직인다는 것은 부인할 수 없다. 그러나 인간의 심리만을 좇아가는 사람은 대부분 돈을 잃게 된다. 결국 주식시장이 기업의 가치를 따라가는 것이라면 이성적인 사고를 하는 사람만이 주식시장의 승자가 될 수 있다.

다음은 주식시장에서 인간의 심리를 잘 반영하는 항목들을 모아 보았다.

1. 주식을 사지 않고 현금을 가지고 있으면 마치 손해를 보고 있는 것 같다.

2. 내가 주식을 사지 않으면 올라갈 것 같고 내가 팔면 주가가 내려 갈 것 같다. (하지만 실제로 매매를 하고 나면 그 결과는 반대다.)
3. 사고 나서 떨어지는 것보다 팔고 나서 올라가는 것이 더 미칠 것 같다.
4. 10,000원에 사서 15,000원에서 못 팔고 12,000원에 팔면 3,000 원의 손해를 본 것 같다.
5. 깡통 이후에 한 번만 더 해보면 반드시 성공할 것 같다.

위의 항목들은 사람들을 실패한 투자자로 몰고 가는 대표적인 심리현상이다.

주식시장의 큰 물줄기는 기업의 가치가 흘러가는 효율적인 강물이라고 생각해야 한다. 그리고 가끔씩 역류하는 것처럼 보이는 것은 단지 인간의 심리적 현상에 기인한 것으로 보자. 일시적으로 역류하는 것 같아도 결국 강물은 바다로 흘러가게 된다. 심리적 압박을 이기지 못하고 자칫 잘못된 의사결정을 한다면 그 대가는 돈으로 막을 수밖에 없음을 반드시 상기하자.

【 증권용어 】
* 투자심리선 (Psyhological Line)　　　　　　　　　　　　　　　　　(?)

투자심리선은 등락비율(ADR)의 한 변형으로서 2주일 동안 주가가 상승한 날의 백분율을 이용, 이 값의 크기에 의해 주식시장에 대한 인기의 변화를 판단함으로써 현재의 시장상황이 과열상태인지, 침체상태인지를 알아볼 수 있는 투자지표이다. 시장의 상황이 정보(재료)에 의해 좌우된다고 할 때 투자자들에게 이러한 정보의 변화를 신속하고 객관적으로 제공하기 위하여 고안되었다. 투자심리선은 호재 혹은 악재의 발생이 시장가격에 즉시 반영됨을 전제로 하기 때문에 이 지표의 등락을 이용하여 시장의 인기도를 판단할 수 있으며 매매시점을 잡는데도 활용가능하다.

10일간의 주가상승일 수를 10로 나눈다. 따라서 주가가 거래일을 기준으로 매일 오른다면 투자심리선은 100%, 반대로 매일 내린다면 0%가 된다. 만일 10일 동안의 주가 동향에서 주가가 3일은 올랐고, 7일은 내렸다면 투자심리선은 30%가 되고 반대로 7일은 오르고 3일은 내렸다면 75%가 된다. 보통 투자심리선이 70%를 상회하면 시장이 호재로 싸여 있어 과열인 상태를 나타내므로 매도에 임해야 하며, 30% 미만이면 악재로 싸여 있어 침체를 나타낸다고 보아 바닥권으로 인식, 매수준비에 나서야 한다.

투자심리선=(최근 10일 중의 주가상승일수/10)×100

위험, 어떻게 볼 것인가?

> *신용투자는 단기에 끝내라!*

　결혼을 앞둔 사람들의 경우 배우자를 결정하는 데 여러 가지 사항을 고려하게 마련이다. 결혼을 할 것인가를 결정하는 가장 중요한 요소는 물론 사랑일 것이다. 하지만 결혼은 현실이기 때문에 결혼 이후의 생활에 대해서도 고려하지 않을 수는 없다.

　만약 한 여자가 결혼하기 위해 두 남자를 두고 누구를 고를까 고민하고 있다고 하자. 이 여자는 두 남자가 모두 싫지는 않다. 이때 두 남자는 전체 수입에는 큰 차이가 없지만 한 사람은 수입에 변동이 있고 다른 사람은 수입이 꾸준하다. 그렇다면 이 여자는 현실적으로 어떤 사람을 선택해야 할까?

　이 여자가 어떤 사람을 선택하겠는가 하는 것은 물론 그 사람의 판단에 달려 있다. 그러나 위의 상황처럼 단순화시켜서 두 남자 중에서 한 사람을 선택해야 한다면 당신은 누구를 선택하겠는가? 만약 수입의 변동이 많다면 살아가면서 수입의 예측이 어려워 생활이 불안해질 것이다. 하지만 수입이 꾸준하다면 수입의 예측이 가능해져 생활이 안정될 것이다.

이처럼 미래가 불투명하고 생활패턴의 변화가 커지면 사람들은 그 생활 속에서 부조화를 느끼고 스트레스를 받게 된다. 바로 이러한 것들이 바로 우리가 삶 속에서 마주치게 되는 위험이라고 볼 수 있다.

위험이란 불확실성의 정도를 의미한다. 그리고 실제로 미래는 불확실하다. 그래서 사람들은 미래에 자신에게 어떠한 상황이 닥칠 것인지 두려워하고 미래를 대비하려 한다. 그러나 만약 이때 그 불확실의 정도가 예상 밖으로 크다면 미래를 제대로 대비할 수 없을 것이고, 어느 정도 예측가능하다면 보다 쉽게 미래에 대비할 수 있을 것이다.

필자는 매년 연말이 되면 꼭 메모를 해두는 것이 있다. 각 경제연구소에서 내놓는 내년도 경기전망과 증권시장의 전문가들이 발표하는 내년도 증시전망이 그것이다. 그리고 그것을 분기단위로 점검하고 연말이 되면 예측치와 실제치를 비교해본다. 사실 미래를 정확히 예측하기란 거의 불가능한 일이다. 전문가들에게조차도 미래를 예측한다는 것이 그토록 어려운 일인데 하물며 일반인들은 오죽하겠는가?

그런데 전문가들이 그렇게 틀리면서도 계속 전문가 자리를 지키고 있는 것은 왜일까?

첫 번째로는 그것을 받아들이는 사람들이 예상은 그저 예상일뿐이라고 생각해서 관대하게 지나가기 때문이다. 두 번째로는 시장에 참여한 사람들이 너무 빨리 그 예상 자체를 잊어버리기 때문이다.

어쩌면 미래를 예상하는 것 자체가 불가능한 것일 수도 있다. 그리고 바로 예측이 불가능한 불확실성, 그것이 바로 위험인 것이다.

그렇다면 어떤 것이 위험하고 어떤 것이 덜 위험한지 금융시장에서 자산을 관리하는 예로써 살펴보도록 하자.

우리가 은행에 예금을 하면 1년이나 2년 후에 그 돈이 얼마가 될지 대충 짐작할 수 있다. 그렇다면 그 돈을 주식에 투자를 했다고 가정해보자. 아마 1년이나 2년 후에 그 돈이 얼마가 되어 있을지 아무도 모를 것이다. 큰 돈이 되었을 수도 있고, 깡통이 되었을 수도 있다. 이렇게 주식의 결과는 불확실하다. 위의 결과로만 보면 은행에 예금한 돈은 위험하지 않은 투자안에 속하고 주식에 투자된 돈은 위험한 투자안에 속한다고 할 수 있을 것이다.

그렇다면 우리는 이 위험을 어떻게 보아야 할까?

여기서 위험을 우리는 일단 원금을 까먹을 수 있는 가능성이라고 생각하자. 그리고 여기서 손해는 원금손실이 나는 경우가 아니라 우리가 그 돈을 어떤 투자안에 투자하는 대신 은행에 맡겨 놓았을 때 받을 수 있는 이자보다 수익이 떨어질 때의 그 차이라고 생각하자.

그렇다면 여기서 손해는 바로 기회비용을 감안한 것으로 봐야 한다. 그렇게 보면 결국 위험이란 미래의 안전한 투자안에서 얻을 수 있는 수익조차 얻을 수 없는 상태로 보면 될 것이다.

그런데 이상한 점은 주식시장에서 주가가 올라도 위험하고 주가가 떨어져도 위험하다는 것이다. 하지만 우리나라의 주식시장에서는 반드시 그런 것은 아니다. 그 이유는 우리나라에서는 공매도나 대주가 원활하게 이루어지지 않기 때문이다. 여기서 공매도란 주식을 가지지 않은 상태에서 매도를 하는 것으로, 매도한 주식을 언제라도 가격불문하고 주식수를 채워서 갚기만 하면 되는 것이다. 그러니 공매도를 한 사람은 오히려 주가가 떨어지면 돈을 벌게 되고 주가가 올라가면 돈을 잃게 된다. 대주라는 것은 내가 주식을 가지고 있지 않지만 증권회사로부터 주식을 일정기간 빌려서 매도를 한 후 그 기간 내에 주식을 다시 사서 갚는 것을 말한다. 따라서 대주도 주가가 떨어지면 돈을 벌고 주가가 올라가면 돈을 잃게 된다. 그러나 우리나라 현물시장, 즉 주식시장에서는 이러한 제도들이 원활치 못하다. 반면 공매도가 가능한 선물시장에서는 주가가 올라도 위험하고 떨어져도 위험하다고 봐도 무방하다. 여하튼 주식시장에서는 주가가 크게 변동할수록 더 위험한 상태가 되고 주가가 작게 변동할수록 덜 위험한 상태가 되는 것이다.

우리는 투자에 대해 이야기를 할 때 "위험이 크면 수익도 크다 (high risk / high return)"라는 말을 자주 쓴다. 이 말의 뜻을 잘 새겨본다면 우리는 위험의 개념을 보다 명확히 할 수 있다. 즉 어떤 시장에서 주가의 변동이 큰 장세가 전개된다면 그때 우리는 큰 수익을 낼 수도 있다. 하지만 반대로 이야기하면 큰 손실을 볼 수도 있다. 하지만 묘하게도 우리들 눈에는 왜 큰 손해를 볼 수 있는 위험은 보이지 않고 큰 수익만 보이는지 모를 일이다.

이렇듯 주가가 크게 변동하는 것이 위험해서 사람들은 수익을 평균화(smoothing)시키려고 많은 노력을 기울인다. 그 대표적인 상품의 예가 바로 최근 증권회사들이 판매에 나서고 있는 랩 어카운트 (Wrap Account)이다.

이 랩 어카운트는 위탁매매를 통한 위탁수수료를 주수익원으로 삼았던 증권회사에서 고객의 자산을 관리해주고 그 대가로 자산잔고대비해서 수수료를 징수하는 것을 말한다. 그러나 여전히 위탁매매 수수료 수입에 비하면 랩 어카운트 수수료는 현저히 적다. 그러면 왜 증권회사가 수입이 큰 위탁수수료 중심의 영업에서 랩 어카운트 상품으로 영업의 구조를 바꾸려는 것일까?

그것은 바로 위탁수수료를 중심으로 한 영업의 변동성 때문이다. 우리나라 증권업은 대표적인 시황산업이다. 그래서 증권회사의 수입 자체가 시황에 크게 영향을 받고 위탁수수료는 장세에 따라 그 편차가 커지게 되어 있다. 즉 시장이 좋으면 수익이 크게 발생하지만 시장이 좋지 않으면 대부분의 증권회사는 적자상태에 빠진다. 이렇게 좋을 때는 한없이 좋고 나쁠 때는 한없이 나쁜 것이 바로 위탁수수료 중심 영업의 특징이다.

앞의 결혼의 예와 마찬가지로 증권회사의 입장에서는 돈을 적게 벌더라도 수입이 예측가능하고 안정적인 것이 더 중요하기 때문에 랩 어카운트로 영업 체계를 바꾸려는 것이다. 위험이란 이처럼 크게 변동하는 것이라고 일단 생각해 두자.

외환위기 이후 데이트레이딩은 우리 주식시장에서 투자의 한 트렌드로 자리 잡게 되었다. 그래서 주식을 하는 사람들 치고 데이트레이딩을 한 번쯤 해보지 않은 사람이 없을 정도다. 이를 가능케 한 것이 바로 소위 HTS(Home Trading System)를 통한 사이버트레이딩이었음은 주지의 사실이다.

그런데 데이트레이딩을 하는 이유를 물어보면 한결같이 주식을 보유하는 시간을 짧게 가져갈수록 주식을 가지고 있을 때의 위험을 피할 수 있기 때문이라고 말한다.

과연 이 사람들은 정말 위험을 피하고 있는 것일까?

물론 데이트레이딩을 통해 주가의 변동성에 노출되는 편이 주식을 사서 보유하고 있는 것보다 위험요소가 적은 것은 사실이다. 하지만 여기에는 한 가지 숨겨진 사실이 있다. 그것은 바로 수수료다. 예를 들어 사이버투자를 하면 일반적으로 수수료로 살 때 0.1%, 팔 때 0.1% 그리고 증권거래세 0.3%를 부담하여야 한다. 한 번 사고파는 데 들어가는 비용이 기본적으로 0.5%인 것이다.

그런데 데이트레이딩을 하는 사람들은 이렇게 항변한다. 주가는 하루에 상하 15%, 하루 중에 30%를 변동할 수 있다고. 그리고 어떤 주식이든 아무리 작게 움직여도 하루에 3%는 움직일 테고 그 중에서 1%의 수익만 먹어도 수수료 떼고 0.5%가 남는다고 말이다.

그렇게 하루에 0.5%씩 벌면 일주일이면 2.5%, 한 달이면 10%, 1년이면 복리계산을 하지 않아도 120%의 수익이 발생한다는 것이다. 그들은 이러한 논리를 가지고 데이트레이딩에 임하고 있는 것이다. 하지만 필자는 주변에서 데이트레이딩으로 돈을 많이 번 사람을 보지 못했다. 그 이유는 과연 무엇일까?

앞의 예를 뒤집어서 생각해보면 쉽게 알 수 있다. 데이트레이딩을 통해서 벌 수 있는 수익률이 단순계산으로 1년에 120%라면 그 이면에 숨어 있는 수수료 비용도 120%가 될 것이다. 이 말은 곧 1년에 120%를 벌어봤자 본전이라는 것이다. 그러나 한번 생각해보라. 수수료 비용은 매매가 일어나면 반드시 지불해야 하는 것이다. 하지만 내가 돈을 벌 수 있는 120%의 수입은 과연 확실한가?

주식은 올라갈 수도 있고 떨어질 수도, 또 가만히 있을 수도 있다. 그러나 주식투자를 하게 되면 주가가 반드시 올라야 돈을 벌 수 있다. 그런 점에서 본다면 주식투자를 통해서 돈을 벌 수 있는 확률은 최대 1/3이 된다. 주가가 떨어지든지 아니면 움직이지 않고 보합을 유지하고 있게 되면 손해를 보고, 주가가 오르더라도 수수료 수준 이상이 되어야만 주식투자에서 돈을 벌 수 있는 것이다. 이처럼 데이트레이딩을 통한 기대수익을 계산하면 손해를 볼 확률이 극히 높은 셈이다.

이처럼 위험이란 미래의 불확실성을 반영하는 것이다. 그리고 불확실성의 정도가 크면 클수록 위험한 것이고 작으면 작을수록 덜 위험한 것이다.

우리는 주식시장에서 항상 미래의 불확실한 주가와 싸워야 한다. 그리고 주식투자의 수익률은 은행예금 이자율에 비해 훨씬 변동폭이 크기 때문에 위험자산으로 보아야 한다. 물론 "위험이 클수록 수익도 크다(high risk/high return)"는 원칙에 의해 주식투자를 하면 은행이자율보다 훨씬 높은 수익을 얻을 수도 있다. 하지만 반대로 돈을 크게 잃을 수도 있다.

이제 우리는 위험자산에 속하는 주식에 투자를 하더라도 그 위험에 적절히 대처할 수 있는 수단을 강구하여야 한다. 위험이란 그것을 올바로 알고 대처하는 사람들에게는 비켜가지만, 정면으로 맞서는 사람들에게는 반드시 그 무서움을 보여주는 법이다.

당신 앞에 두 가지 갈림길이 있다. 한쪽 길은 목적지에 빨리 갈 수도 있지만 살아서 갈 확률이 절반밖에 되지 않는 길이다. 그리고 다른 길은 험하고 고생스러우며 시간도 많이 걸리지만 반드시 살아서 갈 수 있는 길이다. 당신은 어떤 길을 선택하겠는가?

* 포트폴리오 (Portfolio)

포트폴리오란 두 가지 이상의 자산에 동시 투자할 때 그 투자대상을 말한다. 일반적으로 사람들이 알고 있기로는 포트폴리오는 분산투자를 말하는 것이라고 알고 있다. 그렇다. 한 가지 자산만을 보유하였을 때는 그 자산의 가격이 움직임에 따라 투자성과가 나타나게 된다. 하지만 만약 둘 이상의 자산에 분산해서 투자를 했다면 그 둘의 가격움직임이 완전히 일치하지 않는 한 투자성과의 편차가 줄어들게 될 것이다. 왜냐하면 한 종목은 올라가고 다른 한 종목은 내려간다면 극단적인 경우 본전으로 남아 있을 가능성이 커지기 때문이다.

위험을 투자성과의 편차가 크게 나타나는 상황이라고 한다면 위의 논리로 인해 포트폴리오의 구성을 통해 위험을 줄일 수 있게 된다.

베타야 놀자!

> **위험이 클수록 수익도 크다.**
> *(high risk / high return)*

우리는 흔히 외국인 투자자들은 과학적인 투자를 한다고 생각한다. 반면 우리나라 사람들은 그에 비해 원시적인 방법으로 투자를 한다고 생각한다. 당신도 그 말에 동의하는가? 동의한다면 과연 외국인들이 사용하고 있는 과학적인 투자는 무엇을 말하는 것일까? 인터넷이나 컴퓨터를 이용해서 투자하는 것을 말하는 것일까? 만약 그렇다면 우리나라 사람들이 컴퓨터를 다루지 못해서 원시적인 투자를 한다는 것인가?

그러나 외국인들의 과학적인 투자란 바로 실제 자본시장을 지배하고 있는 기본이론에 바탕을 둔 투자라고 보는 편이 오히려 맞는 말일 것이다.

현대 자본시장에서 투자자나 자산을 관리하는 사람으로서 반드시 알아야 하는 것 중에 베타(β)계수가 있다.

베타(β)계수는 어느 주식이 시장지수에 비해서 얼마나 크게 움직이는가를 보여주는 지표로서 모든 주식에는 베타가 하나씩 존재한다. 물론 그것은 주식을 살 때 같이 끼워주는 것이 아니다.

주식투자를 하기 위해서는 우선 무엇이든지 많이 알아야 한다. 우리는 흔히 주식시장에서 투자를 하는 사람들, 특히 증권회사 직원이나 투자자들을 가리켜 이런 말을 한다. "주식투자 하는 사람들은 정말 많이 안다"고 말이다. 실제로 그들은 아는 것이 참 많다. 정치면 정치, 경제면 경제, 사회관련 내용이면 사회관련 내용을 가지고 주변 사람들과 몇 시간이고 대화를 나눌 수 있다.

주가라는 것이 사회적으로 일어나는 모든 뉴스를 반영하는데다 증권회사 직원이나 주식투자자들이 워낙에 정보에 민감해서 그런 모양이다.

하지만 이와 반대로 "주식투자 하는 사람들은 확실히 아는 것은 없어"라고 말하기도 한다. 무엇이든지 꼼꼼히 챙기지 않는다는 것이다.

당신은 어떤 사안이 발생하면 가장 먼저 무엇을 생각하는가? '그것이 돈이 되느냐 아니면 돈이 되지 않느냐'를 가장 먼저 따져볼 것이다. 그리고 돈이 되는 것이면 아마 깊이 생각하지 않고 주문부터 낼 것이다. 그리고 나서도 그 정보의 진위 등을 확인하지 않고 그 주가의 움직임에 매몰되어 버리니 확실히 아는 것이 없다는 말도 어쩌면 일리가 있는 말 아니겠는가? 물론 돈이 안 되는 것은 처음부터 그 정보에 대해 귀를 닫아버릴 것이다.

자, 그럼 이제 본격적으로 베타(β)계수에 대해 알아보도록 하자. 이것은 잘 알아두면 정말 돈이 되는 것이다.

현대의 주식투자에서 베타에 대한 정확한 이해가 없으면 주식시장에 접근하기 어렵다. 아울러 베타에 대해 정확한 이해가 있다면 자산관리에 큰 도움이 된다는 것을 미리 밝혀둔다.

베타(β)계수와 관련된 이론은 이미 1990년에 노벨상을 받은 이론이다. 앞에서 언급한 것처럼 외국인들이 과학적이고 합리적인 투자를 하고 있다고 생각하는 이유도 다름 아닌 이 베타(β)계수 때문이다. 따라서 우리도 이제는 이것에 대한 올바른 이해가 필요할 것이다.

베타(β)계수는 각 개별종목의 주가가 종합주가지수와 어떤 관계를 가지고 움직이는가를 알려주는 지표이다. 이 지표는 일자별로 개별종목의 수익률과 종합주가지수의 수익률의 관계를 계속 추적해서 나타낸 지표이기 때문에 시장의 수익률과 대비되는 가격의 민감도라고 말할 수 있다.

이를 그림을 통해서 살펴보면 다음과 같다.

〈 베타계수의 도출 〉

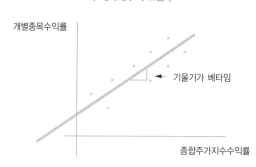

베타(β)계수는 그 범위가 (−)무한대에서 (+)무한대까지 값을 가지는데, 이를 자세히 살펴보면 다음과 같다.

(1) 베타(β)계수가 1일 때

베타(β)계수가 1이라는 것은 종합주가지수가 10% 상승했을 때 그 종목도 10% 상승하게 되고, 반대로 종합주가지수가 10% 하락했을 때 그 종목도 10% 하락하게 되는 것을 의미한다.

(2) 베타(β)계수가 1보다 크다

베타(β)계수가 1보다 큰 종목은 종합주가지수가 움직이는 것보다 크게 변동하는 것을 말한다. 예를 들어 베타(β)계수가 1.5라면 종합주가지수가 10% 상승했을 때 그 종목은 15% 상승하게 되고, 반대로 종합주가지수가 10% 하락했을 때 그 종목은 15% 하락하게 되는 것을 의미한다. 이렇게 봤을 때 베타(β)계수가 크다는 것은 종합주가지수에 비해 변동폭이 더 크다는 것을 의미한다.

(3) 베타(β)계수가 1보다 작다

만약 베타(β)계수가 0.5라면 종합주가지수가 10% 상승했을 때 그 종목은 5%만 상승하게 되고, 반대로 종합주가지수가 10% 하락했을 때 그 종목은 5%만 하락하게 되는 것을 의미한다. 그렇게 보면 베타(β)계수가 1보다 작은 주식은 종합주가지수에 비해 변동폭이 작다는 것을 의미한다.

만약 종합주가지수가 반대로 움직인다면-종합주가지수는 상승하는데 내 종목은 뒷걸음질을 치거나 종합주가지수는 떨어지는데 내 종목은 상승한다면-, 이런 경우는 베타(β)계수가 (-)인 상태로 보면 된다.

이렇게 본다면 우리는 시장상황에 따라서 종목을 선정하는 중요한 아이디어 한 가지를 얻을 수 있다. 즉 향후 주식시장이 누가 뭐라 해도 반드시 올라갈 것으로 믿는다면 우리는 베타가 아주 높은 주식을 선택해야 한다는 것이다. 그래야 시장의 상승보다도 더 높은 수익을 얻을 수 있기 때문이다. 반대로 향후 주식시장이 누가 뭐라 해도 반드시 내려갈 것으로 믿는다면 우리는 베타가 낮은 주식을 사면 된다. 그래야 시장의 하락에 비해 더 낮게 손해를 볼 수 있기 때문이다. 물론 그 예상이 빗나갔을 경우에는 정반대의 결과가 나온다는 것은 감안해야 할 것이다.

이처럼 위험을 불확실성, 그리고 미래의 변동성이 큰 것으로 정의한다면 어떤 주식이 더 위험한 주식이고 어떤 주식이 덜 위험한 주식인지 쉽게 알 수 있을 것이다. 즉 베타가 큰 주식은 시장상황에 따른 변동이 크니까 더 위험한 주식이 될 것이고 베타가 작은 주식은 시장상황에 따른 변동이 더 작으니까 덜 위험한 주식이 될 것이다.

그렇다면 어떤 투자안에 투자를 하고자 했을 때 거기서 얻을 수 있는 수익률은 도대체 얼마나 될까? 노벨상을 받은 사람들의 이론에 의하면 그것은 자신이 부담하는 위험수용정도에 따라 달라진다고 한다. 이를 공식으로 표현하면 다음과 같다.

> 투자로부터 기대하는 수익 = 무위험이자율 + (위험자산의 위험프리미엄) 위험수용정도

이를 조금은 복잡하지만 공식을 통해 정리해보면 다음과 같다.

$$E(R_i) = r_F + [E(R_m) - r_F] \cdot \beta_i$$

여기서 $E(R_i)$: 투자로부터 기대하는 수익률 또는 투자로부터 요구하는
수익률

r_F : 무위험이자율(정기예금이자율 또는 국채수익률을 말함)

$E(R_m)$: 주식시장의 기대수익률(종합주가지수 수익률)

β_i : 당해 주식 또는 투자안의 베타, 즉 위험도

이 간단한 공식이 바로 노벨경제학상을 수상한 CAPM(Capital Asset Pricing Model : 자본자산가격결정모형)으로, 현대 자본시장을 50년 가까이 지배하는 공식이다.

위의 CAPM 공식의 내용을 살펴보면 베타를 제외한 나머지는 모든 사람들에게 동일하다. 무위험이자율(r_F)로 정의되는 정기예금이자율의 경우 사람마다 달라지지 않는다. 어떤 사람이 얼굴이 예쁘다고 은행에 가면 이자율을 더 많이 주고 또 다른 사람은 얼굴이 못생겼다고 이자율을 덜 주지는 않기 때문이다. 그리고 시장수익률을 나타내는 $E(R_m)$은 우리나라에서 보면 종합주가지수의 미래 예상치로 보면 되므로 단 하나밖에 없다. 필자가 보고 있는 종합주가지수와 독자들이 보고 있는 종합주가지수가 다르지 않다는 것이다. 이렇게 보았을 때 투자의 기대수익률 혹은 요구수익률에서 달라지는 것은 β_i로 정의되는 위험지표 뿐이다. 이 위험지표는 자산의 위험도를 말하기도 하지만, 그 투자자의 위험수용정도를 의미하기도 한다.

따라서 우리는 투자를 결정하기 전 반드시 자신의 위험수용정도를 알아봐야 한다. 말이 거창해서 위험수용정도지 간단하게 말해 내가 지금 투자하려는 돈이 어떤 돈인가를 판단해보면 된다.

예를 들어 내가 지금 가지고 있는 돈이 퇴직금이라면 과연 어떻게

투자안을 선택해야 할까?

만일 당신이 직장에서 퇴사를 해서 달랑 퇴직금밖에 없다고 하자. 그런데 그 돈을 투자하려 한다면 당신의 위험수용정도는 제로(0)가 된다. 그렇다면 위험이 있는 상품에는 절대로 투자를 해서는 안 되고 정기예금이나 국채에 투자를 해야 한다. 하지만 사람들은 자신의 위험수용정도와는 전혀 다르게 투자를 한다. 물론 그래서 잘 되면 좋지만 문제는 잘 되지 않는 상황이 더 많이 발생하는 데 있다.

미국 월가의 투자격언 중 이런 말이 있다.

"You are dead right!(네 말이 맞다. 하지만 넌 네 말이 맞다는 것을 보지 못하고 죽어버렸다!)" 이 말은 바로 이런 경우에 쓰는 말이다. 만약 지금 당신이 투자하려는 돈이 퇴직금이라면 그 돈을 위험한 곳에 투자해서는 안 된다. 하지만 당신 판단도 그렇고 주위 사람들에게 들어봐도 시장이 반드시 올라갈 것 같다. 그래서 위험한 곳에 투자했는데 예상 밖으로 처음부터 주식시장이 자꾸 하락하는 것이 아닌가! 그리고 깡통을 찬 것이다. 그런데 그 이후에 시장이 마구 올라가는 것이 아닌가?

그러면 결국 당신의 예상이 맞았다. 하지만 당신은 이미 시장에서 깡통을 차고 알거지가 돼버린 후다. 죽어버린 후에 금송아지가 생긴들 그것이 당신에게 무슨 소용이란 말인가? 이것은 자신의 위험수용정도를 망각한 투자의 대가이다.

그러나 만약 당신이 여웃돈을 가지고 투자를 한다면 베타(β)계수가 높은 곳에 투자를 해도 무방할 것이다. 그 여웃돈을 잃는다고 해서 당신 삶에 치명적인 영향을 주지 않기 때문이다.

이렇게 우리는 종목을 고르는 데 베타(β)계수를 이용할 수도 있지만 이를 통해 자신의 위험수용정도를 파악해 스스로 부담할 수 있는 위험만큼의 투자안에 투자하는 것이 훨씬 유용하고 중요할 것이다. 주식투자는 대단히 위험한 것이다. 권투에서 체급이 맞는 선수들끼리 싸우듯 주식과 같은 위험 덩어리와 싸우는 데 있어 자신의 위험수용정도에 맞는 투자는 필수적이다.

만약 당신의 위험수용정도는 플라이급인데 주식시장에서 자신이 실제 부담하는 위험이 헤비급이라면 그 위험이 휘두르는 주먹에 스치기만 해도 기절해 버릴 것이기 때문이다.

우리나라의 증권시장도 앞으로 급격히 변화될 것이다. 우리는 증권회사들이 자산관리형 영업 전략으로 바꿔나간다는 것을 뉴스를 통해 자주 듣는다. 조만간 증권회사에 가면 영업직원들이 "어떤 종목을 사드릴까요?"가 아니라 "고객님의 베타(β)계수가 얼마입니까?" 혹은 "당신의 베타(β)계수를 나에게 알려주십시오"라고 물을 것이다.

그때 "야! 이 사람아 돈을 맡겼으면 됐지 무슨 베타(β)계수를 달라고 해?"라고 화내지 말기 바란다. 당신이 자신의 위험수용정도를 잘 말해주면 증권사 직원들은 고객들의 자산을 그 위험수용정도에 맞춰 관리를 해 줄 것이다.

자! 마지막으로 정리를 해보면 이렇다.

베타(β)계수라는 것은 각각의 주식이 가지고 있는 상대적인 위험도를 말한다. 하지만 이것을 투자부문으로 끌고 와보면 바로 투자자 자신의 위험수용정도를 말하는 것이 된다. 현대의 투자는 몰빵을 해서 투자수익률을 극대화하는 것이 결코 아니다. 투자란 바로 자신의 위험을 관리해나가는 것임을 절대 잊지 말기 바란다.

* 뮤추얼펀드 (mutual fund)

우리나라의 경우 증권투자회사법에 의해 설립된 펀드를 말하는 것이고, 미국에서는
투자신탁의 주류를 이루고 있는 펀드 형태로 개방형, 회사형의 성격을 띤다.

개방형이란 투자자들의 펀드 가입/탈퇴가 자유로운 것을 의미하며, 회사형이란 투자
자들이 증권투자를 목적으로 하는 회사의 주식을 소유하는 형태를 말한다.

즉 뮤추얼펀드는 증권투자자들이 이 펀드의 주식을 매입해 주주로서 참여하는 한편
원할 때는 언제든지 주식의 추가발행/환매가 가능한 투자신탁이다.

투자방법에 따라 보통주펀드 · 균형펀드 · 수익증권펀드 · 우선주펀드로 구분되는데,
이 중 보통주펀드의 규모가 제일 크다.

뮤추얼펀드의 주식은 증권시장에 상장되어 있다. 그렇다면 이 주식의 주가는 뮤추얼
펀드를 해체하여 주식수에 맞게 나누어 줄 수 있는 금액들이 될 것이다. 이를 순자
산가치 (NAV : Net Asset Value)라고 하는데 이상하게도 시장에서의 주가는 순자
산가치보다 낮게 거래되는 것이 일반적이다. 많은 사람들이 왜 뮤추얼펀드의 주가가
순자산가치 이하에서 거래되는가라는 물음에 연구를 많이 해오고 있지만 그 해답은
아직 완전히 풀지 못했다. 하지만 대체로 주식을 매도해서 돈을 찾아간다는 것은 중
도 환매를 뜻하는 것으로 중도환매시 환매매수수료를 내는 것과 비슷한 상황으로
받아들여지고 있다.

위험이 몰려올지라도

(*달걀은 한 바구니에 담지 마라.*)

　남자들의 경우 평소 열심히 직장생활을 하다보면 결혼기념일 등의 중요한 행사를 잊어버리는 경우가 많다. 물론 그때마다 남자들은 여자들에게 바가지를 긁힌다. 여자들은 그것이 그렇게 서운하고 화가 나는 모양이다. 결혼 전에는 남자들이 여자들에게 이성적이지 못하고 정신 없다고 타박을 하지만, 결혼만 하고 나면 오히려 상황이 역전되니 참 이상한 일이다.

　그래서 남자들은 자신을 합리화하기 위해 농담 삼아 이런 말들을 한다. "남자들이 사소한 일에 어떻게 신경을 써?" 혹은 "보다 크고 중요한 일에 신경 쓰기도 바쁘다"고 말이다. 다행히도 최근에는 꽃배달 업체나 이벤트 업체들이 생겨나 그런 위험에서 조금이나마 벗어날 수 있다. 이때 부인에게 시달리는 상황이 남편에게 위험이라면 꽃배달 서비스는 그 위험을 회피하게 해주는 하나의 관리수단이 되는 셈이다.

　자! 다시 주식시장으로 돌아와 보자. 우리 주위에서 주식투자로 돈을 벌었다는 사람보다 돈을 잃었다는 사람이 더 많은 것을 보면 주식투자는 분명 위험하다. 이처럼 위험을 무릅쓰고 하겠다면 우리는 적절한 수단을 통한 관리를 해야 할 것이다. 위험은 관리하는 사람에게는 비켜가지만, 정면으로 맞서는 사람에게는 시장의 무서움을 반드시 확인시켜주기 때문이다.

그렇다면 주식시장에서의 위험을 우리는 어떻게 관리해나갈 수 있을까?

우선 우리가 투자를 하면서 접하게 되는 위험에는 어떤 것이 있는지 한번 살펴보자.

첫째, 비체계적 위험(Unsystematic Risk)이다. 이는 개별기업과 관련된 개별기업 고유의 위험을 말한다. 여기에는 그 기업의 경영자 교체, 개발 제품의 문제, 회사기술의 진부화, 회사건물의 화재와 같이 그 기업에만 영향을 미치는 사건이 포함된다. 이러한 사건이 발생하면 그 기업의 주가는 변동을 하지만, 시장 전체에 영향을 미치지는 못한다.

둘째, 체계적 위험(Systematic Risk)이다. 이는 시장위험이라고도 하는데, 시장 전체에 영향을 주고 종합주가지수가 변동하는 위험을 말한다. 이자율 상승으로 인한 종합주가지수가 하락이나 환율 변동으로 주가변화, 물가상승으로 인해 주가가 하락하는 것 등이 이에 속한다.

주식시장에 이런 격언이 있다.

"달걀을 한 바구니에 담지 마라!" 제임스 토빈의 말이다.

이 뜻은 여러 가지로 해석할 수 있다. 우선 주식시장에서 한 종목에 몰빵투자를 하지 말라는 의미가 될 것이다. 그리고 더 넓게는 자신의 투자자금을 한 곳의 금융기관 또는 하나의 금융상품에 투자하지 말라는 의미도 된다. 즉 주식이면 주식, 채권이면 채권, 부동산이면 부동산과 같이 한 곳에 몰아넣지 말고 은행, 증권, 보험 등 여러 금융기관에 분산투자하라는 의미다.

그렇다면 분산투자, 이건 도대체 무슨 말일까? 도대체 분산투자를 하면 무엇이 어떻게 되기에 그렇게 강조를 한단 말인가? 그 해답을 주는 것이 바로 포트폴리오이다. 여기서 말하는 포트폴리오란 동시에 두 가지 이상의 자산에 투자할 경우, 그 투자대상이 되는 자산으로 우리가 흔히 분산투자라고 말한다.

그런데 재미있게도 둘 이상의 자산을 결합해 포트폴리오를 구성해 투자를 해보면 실제 위험이 줄어드는 것을 확인할 수 있다. 물론 여기서 위험이 줄어든다는 것은 투자자금의 전체가치가 변화하는 폭이 작아진다는 것을 의미한다.

이 포트폴리오와 관련된 이론들로는 마코위츠(H. Markowitz)라는 사람의 이론과 베타를 말한 샤프(W. Sharpe)라는 사람의 이론이 있다. 그들의 모형을 간단히 살펴보면 다음과 같다.

(1) 마코위츠 모형

① 포트폴리오를 구성했을 경우 그 포트폴리오의 기대수익은 다음과 같다.

$$E(R_P) = \sum \omega_i E[R_i]$$

ω_i : 각 주식에 투자한 투자비중

$E(R_i)$: 개별종목의 기대수익률

즉, 포트폴리오를 구성했을 때 기대수익은 각 주식의 기대수익을 그 주식에 투자한 투자금액의 비중으로 곱해서 그것을 모두 더한 것이 된다는 것이다.

② 포트폴리오를 구성했을 때의 포트폴리오의 위험은 다음과 같다.

$$\sigma_P = \sum \sum \omega_i \omega_j \sigma_{ij}$$ 여기서 σ_{ij} : 증권 i, j 의 공분산

이를 앞에서 살펴본 위험의 두 원천(비체계적 위험과 체계적 위험)으로 나누어보면

$$\sigma_P = \sum_{i=j} \omega_i^2 \sigma_i^2 + \sum \sum_{i \neq j} \omega_i \omega_j \sigma_{ij}$$

σ_p : 포트폴리오의 위험

ω_i, ω_j : i, j 자산의 투자비중

σ_i : 각 자산의 위험값

와 같이 나타나는데 포트폴리오의 구성 종목수를 늘려보면 우변 첫째 항의 위험, 즉 개별기업의 고유한 위험인 분산위험이 줄어드는 모습을 보인다. 따라서 포트폴리오를 구성하면 비체계적 위험이 줄어들게 되는 모습을 보인다는 것이다. 그러나 이때에도 포트폴리오에 남아 있는 위험이 있는데, 그것은 시장의 변동과 관련된 체계적

위험이다.

(2) 샤프모형

① 포트폴리오를 구성했을 경우의 기대수익은 다음과 같다.

$$E(R_i) = \alpha + \beta X$$

② 포트폴리오를 구성했을 경우 포트폴리오의 위험은 다음과 같이
   표현해 볼 수 있다.

$$\sigma_p = \beta_P^2 \cdot \sigma^2(R_m) + \sigma^2(\varepsilon_P)$$

여기서 σ_p : 포트폴리오의 총위험
            β_p : 포트폴리오의 베타
          $\sigma^2(R_m)$: 종합주가지수의 위험
          $\sigma^2(\varepsilon_P)$: 잔차의 분산값 즉, 개별기업의 고유위험

여기서는 우변 첫째 항의 위험이 바로 체계적 위험이고 두 번째 항
의 위험이 곧 비체계적인 위험이 된다. 그리고 포트폴리오의 구성
종목수를 늘리면 두 번째 항의 비체계적 위험이 줄어드는 모습을 볼
수 있다는 것이 샤프의 지적이다.

우리가 흔히 포트폴리오를 분산투자라고 하는데 투자자금을 여러
종목에 분산투자해 놓으면 내 투자자금의 가치가 어지간해서는 변
하지 않는 것을 알 수 있다. 이러한 현상을 포트폴리오 효과 또는 포
트폴리오의 위험저감 효과라고 한다.

포트폴리오의 위험저감 효과를 그림으로 살펴보면 다음과 같다.

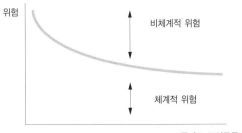

〈 포트폴리오의 위험저감 효과 〉

위험

비체계적 위험

체계적 위험

포트폴리오 구성종목수

　그렇다면 이러한 위험저감 효과, 즉 포트폴리오 효과는 도대체 현실세계에서 어떻게 받아들여야 하는가?

　우선 포트폴리오를 구성하기 위해서 여러 곳에 분산투자를 했다고 하자. 그리고 하나는 올라가고 다른 하나는 떨어진다고 가정해보자. 그렇게 되면 전체 투자자금의 가치는 어지간해서는 변하지 않는다. 당연히 자신이 보유한 포트폴리오의 수익변동폭도 크게 변하지 않을 것이다. 포트폴리오란 바로 이러한 수익변동폭을 줄이는 것을 목적으로 행해지며, 이것을 바로 위험저감 효과라 한다.

　그렇다면 이러한 포트폴리오의 가치는 언제 커지거나 작아질까? 주식시장이 전체적으로 상승하게 되면, 즉 종합주가지수가 전체적으로 올라가면 포트폴리오의 가치가 커지고 시장이 전체적으로 하락하게 되면, 즉 종합주가지수가 전체적으로 내려가면 포트폴리오의 가치가 작아진다.

　그렇다면 투자수익에 목말라하는 사람들은 이런 말을 할 것이다.

　"주식투자라는 것이 돈 벌자고 하는 것인데 종합주가지수하고 같이 움직이면 그게 뭐야?"라고 말이다. 그러나 아무리 유능한 투자자라 할지라도 종합주가지수 상승률보다 더 큰 수익을 내는 사람은 드물다. 그리고 종합주가지수가 떨어지는 비율보다 작은 비율로 자신의 투자자금을 보전하는 사람도 드물다. 이것은 과거의 경험을 통해서도 명확히 알 수 있다.

외환위기 직후인 1998년 10월, 당시 종합주가지수는 겨우 300포인트에 머물러 있었다. 그러나 채 1년도 지나지 않아 1999년 7월 종합주가지수는 1050포인트까지 상승했다. 단순계산으로만 봐도 주식시장은 3배 이상 상승을 했다고 판단할 수 있다. 하지만 당시 투자자들 중에서 투자원금이 3배 이상으로 늘어난 사람은 과연 몇 %나 됐을까?

그리고 그 이후 주가지수가 다시 500포인트까지 떨어져 반토막이 되었을 때 투자자들의 상황은 어떠했는가? 개미투자자들 대부분이 80% 이상 손실을 보았고, 결국 아예 손을 털고 시장을 떠나지 않았던가?

사실 우리나라 사람들은 주식시장에 기대하는 수익률이 지나치게 높은 편이다. 물론 주식시장에서 높은 수익률을 기대하는 것은 당연할지 모르지만 실세금리가 연 5%선에 머물러 있는 상태에서 왜 주식은 따블이 나야 하고 따따블이 나야 한다고 생각하는 것일까?

우리가 포트폴리오를 구성한다고 해서 반드시 시장수익률만큼의 수익을 거두는 것은 분명 아니다. 그러나 자본자산가격결정모형(CAPM)에서도 보았듯이 자신의 위험수용정도를 달리하면 시장으로부터의 수익률을 그보다 크게 할 수도 있고 작게 할 수도 있다.

$$E(R_i) = r_F + [E(R_m) - r_F] \cdot \beta_i$$

여기서 $E(R_i)$: 투자로부터 기대하는 수익률 또는 투자로부터 요구하는 수익률

r_F : 무위험이자율(정기예금이자율 또는 국채수익률을 말함)

$E(R_m)$: 주식시장의 기대수익률

β_i : 당해 주식 또는 투자안의 베타, 즉 위험도

앞에서도 언급했지만 여기서 말하는 베타(β)계수란 바로 주식이 가지고 있는 체계적 위험이자 투자자들이 받아들일 수 있는 위험수용정도를 말한다. 따라서 베타(β)계수가 큰 주식에 투자해서 보다 큰 위험을 수용한다면 시장으로부터 더 큰 수익을 올릴 가능성도 커진다. 그러나 위험을 크게 부담하게 되면 그만큼 큰 손실을 볼 각오를 해야 하는 것은 두말할 나위가 없다.

그러나 아무리 포트폴리오를 구성해서 위험을 관리한다 해도 우리는 몇 가지 어려운 현실에 부딪히게 된다. 대표적인 것이 바로 매매비용이다. 우리가 현물을 매매하다 보면 반드시 비용이 발생하게 되는데, 가령 온라인 증권회사에 직접 전화를 걸어 주문을 낸다고 가정해보자. 그러면 매매수수료가 살 때나 팔 때 각각 0.5%, 증권거래세로 0.3% 지불해야 한다. 한 차례 매매만 해도 매매비용으로 1.3%씩을 지불해야 하는 것이다. 보수적으로 1주일에 한 번씩만 매매를 한다고 해도 1달이면 5.2%를 매매비용으로 지불하는 셈이다. 그리고 이렇게 1년을 거래하게 되면 복리계산을 하지 않아도 62.4%의 비용이 발생하게 된다. 그러면 1년에 62.4%의 수익을 올려야 본전이 된다. 이러한 매매비용은 포트폴리오 관리를 매우 어렵게 한다.

바로 이러한 상황을 관리하기 위해서 나온 것이 파생상품이다. 파생상품은 일반적으로 다음의 4가지-선도계약, 선물계약, 스왑(swaps), 옵션(option)-를 지칭하는데, 각각의 세부적인 내용을 간단히 살펴보면 다음과 같다.

(1) 선도계약과 선물계약

선도계약과 선물계약은 본질적으로 그 구조가 같은 것으로 현재시점에서 미래의 일정시점에 미리 정한 가격으로 현물, 즉 주식을 사고팔도록 약정한 것을 말한다. 그러면 왜 이렇게 선도계약과 선물계약으로 따로 구분했을까?

예를 들어 전원일기의 주인공 일용이가 밭에 배추씨를 뿌리고 있다고 하자. 그때 어떤 배추업자가 찾아와서 "지금 배추씨를 뿌리고 계시는군요. 제가 수확할 때 포기당 1000원에 사겠습니다"라고 말했고, 이를 일용이가 수용했다면 선도계약이 체결된 것이라고 할 수 있다.

하지만 만약 일용이와 배추업자가 수확기에 포기당 1000원에 사고팔기로 했는데, 정작 수확기가 되니 배추가격이 포기당 500원으로 떨어졌다고 하자. 그러면 아마도 그 배추업자는 배추를 사러 오지 않을 것이다. 시장에서 배추를 사면 포기당 500원에 살 수 있기 때문이다. 이처럼 선도계약은 개인들 간의 사적인 계약이기 때문에 계약불이행의 위험이 항상 존재한다. 선물계약은 선도계약과 달리 바로 이러한 계약불이행을 막기 위해 일정한 거래소에서 결제기관의 보증 하에 일일정산(marking to market)을 한다고 볼 수 있다.

(2) 스왑 (swaps)

스왑이라는 것은 무엇인가를 서로 바꾼다는 뜻으로, 미래의 특정일 혹은 특정 기간 동안 어떤 상품 또는 금융자산(부채)을 상대방의 상품이나 금융자산과 교환하는 것을 말한다. 예를 들어 어떤 기업은 상대적으로 고정금리시장에서 돈을 빌릴 때 저리로 차입이 가능하고 다른 기업은 변동금리시장에서 저리로 차입이 가능하다면 비교우위가 있는 시장에서 차입을 해서 이자지급을 서로 맞바꿀 수 있을 것이다. 이처럼 스왑은 사전에 정해진 가격 및 기간에 둘 이상의 당사자가 보다 유리하게 자금조달을 하기 위해 상호 간에 부채를 교환함으로써 위험을 회피하려는 금융기법인 셈이다. 이때 두 기업이 이자지급을 서로 맞바꾸려는 욕구가 있어야 함은 기본이다.

(3) 옵션 (options)

거래당사자들이 미리 정한 가격(행사가격, strike price)으로 장래의 특정시점 또는 그 이전에 일정자산을 팔거나 살 수 있는 권리를 매매하는 계약으로 매입권리가 부여되는 콜옵션(call option)과 매도권리가 부여되는 풋옵션(put option)으로 나누어진다.

옵션매입자는 시장가격의 변동상황에 따라 자기에게 유리한 경우 옵션을 행사하며 불리한 경우에는 이를 포기할 수 있는데 옵션매입자는 이와같은 선택권에 대한 대가로 거래상대방인 옵션매도자에게 프리미엄을 지급한다. 그리고 옵션매도자는 프리미엄을 받는 대신 옵션매입자의 옵션 행사에 따라 발생할 수 있는 자신의 의무를 지닌다. 기본적으로 옵션거래의 손익은 행사가격, 현재가격 및 프리미엄에 의해 결정된다.

원래 선물과 옵션같은 파생상품은 현물거래보다 그 거래비용이 훨씬 저렴하다. 그렇다고 해서 파생상품을 통해 큰 수익을 내고자 욕심을 내서는 안 된다. 파생상품은 본질적으로 위험을 관리하기 위한 수단으로 봐야 마땅하다. 그러나 우리나라 사람들은 현물시장에서 돈을 잃고 나서 원금을 복구하는 수단으로 파생상품을 주로 사용하는 경향이 크다.

우리나라는 1996년에 선물시장이, 1997년에 옵션시장이 개설되었는데, 그때 언론에서 세계 각국의 예를 들어 사람들의 투기심리를 부추겼던 것이 사실이다. 그러다 보니 우리나라 사람들이 선물/옵션 시장을 또 하나의 도박판으로밖에 생각하지 않았던 것은 당연한 일이다.

위험은 이렇게 가능한 수단을 가지고 관리해나가는 것이다. 필자가 이런 말을 할 때마다 많은 사람들은 이렇게 불평을 하곤 한다. "위험을 관리하면서 언제 수익을 내나요?"라고 말이다.

하지만 필자의 경험상 주식시장에서 정말 대박이 터지는 경우는 길게는 10년 , 짧게는 약 5년 주기로 나타난다. 예를 들면 80년대 후반의 폭발적인 장세, 90년대 중반의 차별화 장세에서 펼쳐졌던 대형 주들의 상승세, 그리고 외환위기 이후의 상승 등이 그것이다.

일반 투자자들은 이렇게 종합주가지수가 폭발적으로 상승하는 장세가 아니면 사실 좀처럼 큰 수익을 얻기가 어렵다. 이처럼 주식시장 자체가 폭발적으로 상승할 때는 아무 종목을 찍어서 사도 대체로 수익이 난다.

가령 80년대 후반의 상승장에서는 주문표로 종이비행기를 만들어 날려서 전광판에 꽂히는 종목만 매수해도 수익이 났다고 한다. 이처럼 정말 대박이 터지는 장세에서는 종목을 고를 때 아무 것이나 손에 잡히는 대로 사기만 하면 되는 아주 편한 장세가 펼쳐진다. 그러니 이러한 폭발적인 장세가 나타날 때까지는 투자원금을 잘 보전하고 있을 필요가 있다.

하루에도 몇 번씩 머리 아프게 종목을 치고받을 것이 아니라 생활에 충실하면서 위험관리를 잘하고 있다가 이런 기회를 잡으면 정말 대박이 나는 것이다. 투자는 바로 이렇게 하는 것이다. 마치 주식 중독자처럼 매일 주식을 사고팔면서 주문을 하루라도 넣지 않으면 손을 떠는 그런 것은 투자가 아니다.

투자는 즐겁고 행복하게 해야 하는 것이다. 투자라는 것, 바로 그 자체가 생활의 일부분이기 때문이다.

【 증권용어 】
* **정크본드(junk bond)** ?

정크(junk)란 쓰레기를 뜻하는 말로 직역하면 쓰레기 같은 채권이다. 일반적으로 기업의 신용등급이 아주 낮아 회사채 발행이 불가능한 기업이 발행하는 회사채로 고수익채권 또는 열등채라고도 부른다. 신용도가 낮은 회사가 발행한 채권으로 원리금 상환에 대한 불이행 위험이 큰 만큼 이자가 높기 때문에 중요한 투자 대상이 된다. 1970년대 미국 정크본드 시장의 대부로 불렸던 마이클 밀켄이 하위등급 채권을 정크라고 부른 데서 유래되었으며, 당시에는 신용도가 높은 우량기업이 발행한 채권 중 발행기업의 경영이 악화되어 가치가 떨어진 채권을 말했지만, 최근에는 성장성은 있으나 신용등급이 낮은 중소기업이 발행한 채권이나 M&A(merger & acquisition : 기업인수 · 합병)에 필요한 자금을 조달하기 위해 발행한 채권 등을 포함하는 넓은 개념으로 사용되고 있다.
미국의 세계적 신용평가기관인 무디스(Moody's)의 신용등급이 Ba1, S&P(Standard & Poor's)의 신용등급이 BB 이하인 기업이 발행한 채권이 정크본드로 분류된다. 이 시장은 자금난에 시달리는 중소기업에 자금조달의 길을 열어주었으나, 그런 반면 기업의 부채부담을 가중시킨다. 대량 발행한 후 경기가 좋아지면 상관없지만 경기가 나빠지면 도산할 가능성이 그만큼 높아지기 때문이다.

주식은 몇 시에 사야 하나

> *이번만은 다르다는 말이야말로, 지금까지 투자자를 가장 손해 보게 한 말이다.*
> *– 존 템플턴 –*

주식을 매매하는 데에는 시간우선의 원칙이라는 것이 존재한다. 이것은 먼저 온 사람에게 주식을 살 수 있는 우선권을 준다는 것이다. 그러나 이렇게 주식을 먼저 가는 순서대로만 준다면 아마 큰 문제가 발생할 것이다. 모든 투자자들이 잠을 잘 수 없는 수면부족현상이 일어날 것이기 때문이다.

주식은 무조건 일찍 간다고 해서 먼저 살 수 있는 것이 아니다. 아무리 일찍 증권회사에 가봤자 증권사 직원이 출근을 하지 않았다면 주문을 할 수 없기 때문이다.

우리는 이러한 주식시장의 매매제도를 시장의 미시구조(Market Micro-Structures)라고 한다. 물론 종목의 움직임을 살펴보는 것도 우리에게는 중요하겠지만, 시장의 미시구조에 대한 정확한 이해도 우리에게는 사실 필수적이다. 이것은 우리가 집안 식구들, 친구들, 회사동료들과 같이 고스톱을 칠 때 그 게임의 규칙을 먼저 결정하는 것과 같은 이치이다. 1점당 얼마로 할 것인가, 광은 얼마로 할 것인

가, 첫 뻑은 얼마로 할 것인가 등 미리 규칙을 정하지 않으면 게임에
참여한 사람들이 판마다 논쟁을 벌일 것이 분명하기 때문이다.

　이렇게 시장의 규칙을 정하는 시장의 미시구조 중 가장 중요한 것
을 꼽으라면 그것은 바로 시장의 매매시간과 각 시간에 맞는 매매체
결 원칙을 들 수 있을 것이다.

　증권거래소 시장에서 매매를 할 수 있는 시간을 구분하면 아래의
그림과 같이 구분할 수 있다.

　이를 좀 더 세부적으로 살펴보면 다음과 같다.

1)거래소 시장

(1) 정규 시장
　거래소 시장의 정규 시장은 오전 9시부터 오후 3시까지 진행된다.

(2) 시간외 시장
　주식매매의 연장전으로 시간외 시장을 여는데, 시간외 시장은 장
개시 전과 끝난 다음 이루어지는 시장으로 나누어진다. 장개시 전
시간외 시장은 오전 7시 30분에서 8시 30분까지 진행되고 장 이후
의 시간외 시장은 오후 3시 10분부터 6시까지이다.

그렇다면 매매에는 어떠한 원칙들이 존재할까? 이를 세부적으로 살펴보도록 하자.

⑶ 단일가매매 (단일가에서 상한가 또는 하한가로 시작할 경우 동시 호가 실시)

매매에는 3가지 종류가 있는데, 첫 번째는 상대매매이고 두 번째는 경매매이며 세 번째가 경쟁매매다.

상대매매는 사는 사람과 파는 사람이 서로를 알 수 있으며 두 사람이 협의한 가격에 매매가 이루어지는 것을 말한다.

경매매는 파는 사람이 하나이고 사는 사람이 여러 명인 경우 가장 높게 사려는 사람과 매매가 이루어지는 것을 말한다. 반면 사는 사람이 하나이고 파는 사람이 여러 명일 경우에는 가장 낮게 파는 사람과 매매가 이루어지는 것을 말한다.

경쟁매매는 사는 사람과 파는 사람이 서로 다수일 경우 일정한 원칙에 의해서 매매가 이루어지는 것을 말한다. 따라서 경쟁매매는 상대매매, 경매매와는 구분되는 개념으로 사는 사람과 파는 사람이 다수여서 서로 누구에게 매수했는지 또 누구에게 매도했는지 알 수 없다.

경쟁매매에는 몇 가지 원칙이 존재하는데 가격우선의 원칙, 시간우선의 원칙, 수량우선의 원칙, 위탁자우선의 원칙 등이 그것이다.

① 가격우선의 원칙

매도하려는 사람은 가장 싸게 팔려고 하는 사람이 우선권을 갖고 매수하려는 사람은 가장 비싸게 사려고 하는 사람이 우선권을 갖는다.

② 시간우선의 원칙

　같은 매매 시 같은 가격을 제시했다면 시간적으로 먼저 주문을 낸 사람이 우선권을 갖는다.

③ 수량우선의 원칙

　가격도 같고 시간적으로도 같다면 큰 수량단위를 매매하는 사람이 우선한다.

④ 위탁자우선의 원칙

　가격도 같고 시간적으로도 동일하고 수량도 같다면 고객의 주문과 증권사의 상품 주문이 있을 경우 고객의 주문을 먼저 체결한다.

　여기서 단일가매매라고 하는 것은 시초가 또는 종가 결정 시에 일정시간 동안 주문을 한꺼번에 받아서 일괄적으로 매매체결을 하는 것을 말한다. 또한 단일가에서 가격이 상한가 또는 하한가로 시작하는 경우 동시호가를 실시하는데, 여기서 동시호가는 시간우선의 원칙이 적용되지 않는 시장을 말한다. 예전에는 단일가 시간의 모든 경우에 있어 동시호가를 실시하였지만 지금은 특별한 경우에 한해 동시호가를 실시하게 되므로 특별한 경우를 제외하고는 시간우선의 원칙이 적용된다. 따라서 누구든지 확실히 매매를 하고자 하는 사람은 정해진 시간 내에서 주문을 남보다 일찍 넣어야 한다.

　단일가는 일반적으로 다음과 같은 목적에서 실시한다. 먼저 시초가 결정 시 단일가매매를 하는 것은 시장의 효율성을 확보하기 위해서 하는 것이다. 우리는 전일에 시장이 끝나고 나면 공식적인 경로를 통해서는 주식을 살 수 없다. 그러나 밤 사이에도 각 기업의 가치가 변할 것이고 투자자들의 기대도 변한다. 따라서 그 변해 있는 가치와 기대를 일시에 반영시키기 위해 이를 실시하는 것이다. 즉 하루 중에 새롭게 시작하는 새로운 가격을 결정하게 되는데 이렇게 결정된 가격을 시초가라고 한다. 그리고 장 마지막에 행하는 단일가매매는 일반적으로 주가의 조작을 방지하기 위해 행하는 것이다. 이렇게 결정된 가격을 종가라고 부른다.

그렇다면 단일가매매 시에는 어떻게 체결이 이루어질까? 우선 단일가는 가격우선과 시간우선이 적용된다. 하지만 일정시간 동안 일괄적으로 주문을 받으므로 매도는 낮은 가격의 주문이, 매수는 높은 가격의 주문이 우선하며 주문이 들어온 순서대로 차례로 체결시켜 주고 나서 균형을 이루는 가격으로 정산하게 된다.

만약 동시호가에서 시간우선이 배제되었다면 먼저 가격우선의 원칙을, 그 다음으로는 수량우선의 원칙을 그리고 위탁자우선의 원칙을 차례대로 적용하는데 다음과 같은 경우에는 별도의 원칙을 따른다.

우선 가격이 같은 상황이라면 수량우선이 그 다음이지만 큰 수량을 매매하는 사람이 매매에 있어 우선한다면 개미들은 주식을 구경도 못할 것이기 때문에 동시호가에서는 체결수량을 배분해준다.

(4) 접속매매시간

접속매매는 단일가매매 이후에 가격우선의 원칙과 시간우선의 원칙이 적용되어 시간순서에 따라 매매를 체결시켜 주는 상황으로 이 시장에서는 단일가가 아니라 여러 가지 가격에 의해 체결이 이루어진다.

(5) 시간외 시장

　시간외 시장에서는 시간우선의 원칙만 적용되고 그 체결가는 당일의 종가에 의해서만 이루어진다.

(6) 단주매매가 가능한 시장

　유가증권시장에서는 매매수량단위가 10주 단위로 이루어진다. 하지만 시간외 시장에서는 단주거래가 가능하다. 지금 현재는 정규시장 중에는 5만 원 이상의 고가주에 대해서만 단주매매가 가능하다.

(7) 유가증권시장의 가격제한폭

　유가증권시장의 가격제한폭은 전일 종가를 기준으로 상하 15%이다.

2) 코스닥시장

　코스닥시장은 기본적으로 매매하는 방법이 유가증권과 다르지 않다. 또한 최근에는 장종료 이후에 이루어지는 시간외 시장이 생겨나 더욱 그러하다.

3) 프리보드(Free-Board)시장

09:00　　　　　　　　　　　　　　15:00

　프리보드시장은 유가증권과 코스닥시장이 경쟁매매 시장인 반면 상대매매를 기본으로 하고 있는 것이 특징이다.

상대매매란 매매쌍방이 합의한 가격으로 매매를 하는 것이기 때문에 주문을 넣을 때 가격을 반드시 확인해야 한다.

지금까지 매매시간과 그 매매시간에 맞는 체결원칙에 대해 살펴보았다. 우리는 주식을 살 때 일반적으로 가급적 싼 가격에 사서 비싼 가격에 팔려고 한다. 스스로가 자신이 처한 상황에서 동시호가를 이용하는 것이 유리한지 아니면 접속매매시간을 이용하는 것이 더 유리한지 반드시 판단할 필요가 있다.

그리고 동시호가의 매매체결원칙을 알았으니 이를 적절히 활용한다면 하루 종일 시장에 몰두할 수 없는 일반투자자들은 보다 편하게 주식을 사고 팔 수 있을 것이다.

【 증권용어 】
* Circuit Breakers(필요적 매매중단제도)

필요적 매매중단제도는 거래소시장과 선물시장에 있는데 거래소시장(주식시장)에 해당되는 필요적 매매중단제도의 적용조건은 다음과 같다.
종합주가지수가 전일대비 10% 이상 하락하고 그 상태가 1분간 지속되면 주식시장의 모든 주문을 20분간 중단할 수 있다. 그리고 이후 10분간 동시호가주문을 받아서 매매를 재개하게 되는데, 이는 1일 1회만 발동할 수 있으며 장종료 40분 전, 즉 14시 20분 이후에는 발동할 수 없다. 이는 미국의 1987년 10월 19일 블랙먼데이 이후에 생겨난 제도이다.

【 열 번째 주제 】

회사야 말하라!
너희가 무슨 일을 하는지

> **소멸해간 의견의 수보다**
> **프라이드 때문에 월가의 낙오자가 된 사나이 수가 더 많다.**
> *(즉, 한번 말한 자신의 의견이 틀렸을 때 그것을 틀렸다고 말하지 못해서 시장에서 낙오
> 된 사람이 많다는 것이다. 이는 유연한 사고가 중요함을 일깨워 준다.)* – 찰스 다우 –

주식에서 위험관리 다음으로 중요한 것이 있다면 그것은 바로 주
식시장에서 정보를 얼마나 신속하고 정확하게 입수하느냐는 것이
다. 주식시장에서 많은 사람들이 루머로 나도는 정보들을 아무런 확
인 없이 사들이는 경우가 많다. 실제로는 루머를 확인하려고 해도
확인할 방법이 없어 그렇게 하는 경우도 많다. 그러므로 내가 지금
매매하려고 하는 주식을 발행한 회사가 무엇을 만드는지 과연 매출
은 잘 되고 있는지 이런 기초적인 정보들을 입수하는 경로를 알아보
는 것도 대단히 중요한 일 중의 하나다.

주식시장은 기업의 가치가 흘러다니는 시장이고 주가는 바로 그
기업의 가치를 나타내주는 아주 훌륭한 지표라는 것은 현대자본시
장에서 의심의 여지가 없다.

우리는 정보의 형태로 기업의 가치가 어떻게 변해가는지 받아들
이게 되는데 그 정보수집을 위한 기초 작업이 바로 그 기업의 공시
자료를 찾아보는 것이다. 주식시장은 어떤 형태로든 정보의 비대칭

현상이 존재한다. 그래서 정보를 많이 가진 사람이 정보를 적게 가진 사람에게서 돈을 따게 된다.

이렇게 정보의 비대칭현상이 심화되면 주식시장의 건전한 육성이 어려워질 뿐만 아니라 기업의 원활한 자금조달에 문제가 생기게 된다. 따라서 주식시장의 관리자들은 정보의 비대칭현상을 줄이기 위해 자연히 공시제도를 강화시킬 수밖에 없다. 정보의 비대칭현상이 커지면 정보를 많이 가진 대주주나 큰손들에 비해 개미들은 항상 손해를 보게 되며 이들이 시장을 떠난다면 주식시장은 존재할 수 없기 때문이다.

그러나 일반투자자들은 그러한 개념이 없어서 정보 확인 작업을 등한시하고 루머에 의존해 투자하는 경우가 대부분이다. 주식시장의 루머가 사실로 확인되는 비율이 채 절반도 되지 않는다는 점을 감안한다면 그들은 대단히 위험한 게임을 하고 있는 셈이다.

그렇다면 주식시장에서 기업정보를 획득하는 공시에 대해 한번 살펴보기로 하자.

기업의 공시는 정기적으로 발표하여 특정 장소에 비치하는 비치공시와 때에 따라 발표하는 주요 경영상황에 대한 공시로 크게 나눌 수 있다. 비치공시는 일반적으로 기업의 경영성과를 나타내는 재무제표에 대한 정보를 발표하는 것으로 받아들이면 큰 무리가 없겠다.

여기서 재무제표라는 것은 기업의 회계장부를 말하는 것으로 기업의 재무상태를 나타내는 대차대조표, 손익계산서, 잉여금처분계산서, 현금흐름표 등을 포함한다.

▶대차대조표 : 일정시점에 있어 그 회사의 자산, 부채, 자본에 대한 사항을 나타내는 장표를 말한다.
▶손익계산서 : 일정기간 동안 기업의 경영성과를 나타내는 장표로 이를 통해서 기업의 영업이익, 경상이익, 순이익 등을 확인할 수 있다.
▶잉여금처분계산서 : 기업의 이익으로 배당을 어떻게 지급했는지 혹은 이익을 어떻게 재투자했는지를 알아볼 수 있는 중요한 장표이다.
▶현금흐름표 : 한 해 동안 기업의 자금사정이 어떻게 돌아가는지를 알아볼 수 있는 장표로서 자금시장의 유동성이 풍부함에도 불구하고 기업자금조달이 어려운 경우 회사의 부도가능성 등을 미리 알아볼 수 있는 중요한 자료가 된다.

이러한 재무제표를 결산 이후 발표하여 비치하는 것이 바로 비치공시이다. 기업은 일반적으로 결산기 그리고 반기, 분기별로 자신들의 재무제표를 공시하도록 되어 있는데 결산자료는 결산일 이후 90일 이내에, 반기·분기자료는 반기·분기결산일 이후 45일 이내에 공시해야 한다.

그러면 이러한 자료는 어디서 열람이 가능할까? 요즘은 인터넷을 통해서 해당 기업 사이트를 방문해보면 대체로 열람이 가능하다. 물론 직접 보고 싶은 사람들은 공시자료가 비치되어 있는 장소에서 열람이 가능하다.

현재 기업의 공시자료가 비치되어 있는 곳은 증권거래소의 공시실, 증권업협회의 공시실, 그리고 금감위의 공시실로 이곳에 가면 재무제표 등의 열람이 가능하다. 요즘은 전자공시가 잘 되어 있어 각 사이트의 전자공시실을 이용하면 쉽게 열람할 수도 있다.

우리가 기업의 재무제표를 열람하는 데 있어 한 가지 주의할 것이 있는데 그것은 바로 공인회계사 등 외부 감사인이 재무제표에 대해서 덧붙인 회계감사의견이다.

감사의견에는 일반적으로 다음과 같은 4가지 의견-적정의견, 한정의견, 부적정의견, 의견거절-이 있다.

▶적정의견 : 기업의 회계처리가 규정에 맞도록 처리가 되었을 때 제시하는 의견
▶한정의견 : 기업의 회계처리가 대체로 규정에 맞도록 처리되었지만 일부분이 규정대로 처리되지 않은 것. 하지만 대세에 영향을 미치지 않을 때 제시하는 의견
▶부적정의견 : 기업의 회계처리가 규정대로 처리되지 않았고 그 규정대로 처리되지 않아 아주 심각한 상태에 있을 때 제시하는 의견
▶의견거절 : 감사를 하지 못할 정도로 회계처리가 엉망인 경우에 제시하는 의견

이때 일반인들이 오해를 많이 하는 부분이 있는데 일반적으로 흑자가 나면 적정의견, 적자가 나면 그 이하의 의견을 받는 것은 아니라는 것이다. 이것은 단지 규정대로 회계처리가 되었느냐에 대한 문제일 뿐 적정의견을 받았다고 해서 기업의 실적이 좋고 감사의견이 나쁘게 나왔다고 해서 실적이 나쁜 것은 아니다.

궁극적으로 감사의견이 좋다는 것은 투자를 할 때 그 회사가 발표한 정보를 신뢰할 수 있다는 것이고 감사의견이 나쁘다는 것은 그 회사가 발표한 정보를 신뢰할 수 없다는 의미로 받아들이면 된다.

우리는 이렇게 기업 가치를 판단하는 데 있어 정기적인 공시사항을 점검해 재정상태는 좋은지 영업상 매출액이나 순이익은 잘 나타나는지 반드시 확인할 필요가 있다.

다음은 주요경영상황에 대한 공시로 여기에는 비치공시에 포함된 것 이외에 기업의 가치에 영향을 주는 사항들을 알릴 때 사용된다. 특히 우리나라는 공정공시제도를 채택하고 있는데, 이는 기업이 애널리스트나 기관투자자 같은 특정집단 뿐만 아니라 일반투자자들에게도 기업의 중요정보를 즉시 공시하도록 의무화한 것으로, 정보의

비대칭현상을 줄이려는 의도로 만들어진 제도이다.

공정공시에 포함되는 주요내용은 다음과 같다.

〈 공정공시의 주요내용 〉

공시구분	주요내용
장래 사업계획 또는 경영계획	회사 전체의 영업활동 및 기업실적에 중대한 영향을 미치는 사항으로서 신규사업의 추진, 신시장의 개척, 주력업종의 변경, 회사조직의 변경, 신제품의 생산, 국내외 법인과의 전략적 제휴, 신기술의 개발 등
매출액, 영업손익, 경상손익, 당기순손익 등에 대한 전망 또는 예측	미래 어느 시점의 매출액, 영업손익, 경상손익 또는 당기순손익 등에 대한 향후 전망 또는 예측
정기보고서 제출 전의 매출액, 영업손익, 경상손익 또는 당기순손익 등 영업실적	공정공시 대상정보를 제공하는 시점에서 제출이 이루어지지 아니한 사업보고서 등의 당해 사업연도, 반기 및 분기의 매출액, 영업손익, 경상손익, 당기순손익 등의 영업실적 (월별실적도 포함)
수시공시 관련 사항으로서 그 신고시한이 경과되지 아니한 사항	이사회 결의 등이 이루어지지 않아 신고의무가 확정적으로 발생하지 아니한 사항과 신고의무가 확정적으로 발생하였으나 신고하지 아니한 사항

공정공시제도에서 일반투자자들이 눈여겨보아야 할 내용은 우리나라 공시제도에서 한 달이라는 기간이 매우 중요하게 작용한다는 것이다. 달리 말하면 일반적으로 기업이 공시를 하면 그 내용을 한 달 이내에 번복하거나 변경해서는 안 된다는 것이다.

예를 들어 어느 회사가 합병을 할 것이라는 루머가 나돌아 합병에 대한 조회공시가 있었다고 하자. 이때 그 기업이 "합병을 검토한 사실이 없다"라는 공시를 해놓고 1개월 이내에 합병한다고 발표했다면 공시번복이 되지만 1개월이 지난 후 합병한다고 발표했다면 이는 공시번복이 되지 않는 것이다. 따라서 한 기업이 합병이나 증자와 같은 내용을 공시했더라도 그 진위를 신중하게 판단해야 한다.

이러한 공시 내용들은 증권회사의 정보단말기라든지, 신문지상에 발표가 되므로 그 곳을 참조하거나 각 회사의 주식담당자들에게 직접 전화를 걸어서 확인하면 될 것이다. 이 담당자들의 전화번호는 언론사나 증권협회에서 발간하는 상장기업분석에 보면 나와 있으니 궁금한 사항이 있다면 반드시 전화로라도 확인해보기 바란다.

조회공시란 증권거래소가 상장법인의 기업내용에 관한 풍문 및 보도의 사실여부에 대해 확인을 요구하는 경우 이에 대하여 당해 상장법인이 그 내용을 직접공시 하는 것을 말한다. 따라서 조회공시의 대상은 상장법인의 직접공시사항에 한정되지 않고, 풍문 또는 보도 내용에 따라 간접공시사항과 이에 준하는 사항을 포함하게 된다. 이렇게 조회공시를 요구하게 되는 사유로는 공시사항에 해당하는 주요경영사항의 발생이나 최대주주 등과의 거래에 관한 풍문이나 보도가 발생할 경우나 상장법인 발행주권 등의 가격 및 거래량이 거래소가 따로 정한 기준에 해당하는 경우 등이 있다.

외환위기 이후 우리 기업들은 자신들의 회사내용을 투자자들에게 적극적으로 알리기 시작했는데, 이를 IR(Investor Relation : 기업설명회)이라 한다. IR이란 투자자를 위한 기업의 경영내용, 사업계획 및 전망 등에 대한 공개적인 설명회를 말한다. 최근에는 우리 기업들도 자신들의 가치를 높이기 위해 앞다투어 기업설명회를 개최하고 있다. 미국과 같은 금융선진국에서는 IR이 최고경영자들의 최우선 과제로 여겨지고 있으며, 이를 통해 기업의 현황과 전략까지 드러내면서 투자를 호소한다. 우리 기업들도 최근 해외에서 진행된 IR을 통해 투자를 유치하고 있는 점을 감안하면 IR 내용을 잘 살펴보는 것도 투자에 있어 매우 중요한 단서가 될 것이다. 이러한 기업의 IR 자료들도 증권관련 인터넷 사이트나 각 회사의 홈페이지에 가면 입수가 가능하다.

　주식시장은 1분 1초가 다르게 움직인다. 하지만 주식투자를 하는데 있어 절대로 서둘러서는 안 된다. 그리고 정보를 맹신해서도 안 된다. 정보는 항상 거짓과 진실이 공존하고 있다. 또한 정보는 시간에 따라 가치가 달라진다. 과거의 정보는 지금의 쓰레기일 수 있다. 따라서 지속적인 관심과 업데이트가 필요하다.

　이런 정보에 대한 분석에서 투자자로서의 판단이 단련되는 것이다. 정보에 대해 고집을 부린다든지 정보를 맹신하는 행위는 반드시 손해로 이어지게 되어 있음을 기억하기 바란다.

[증권용어]

* 블랙먼데이(Black Monday)

1987년 10월 19일 월요일 뉴욕증권시장은 개장 초부터 대량의 팔자 주문이 쏟아져 그날 하루 동안 다우지수가 전일대비 508포인트, 22.6%나 폭락하였다. 블랙먼데이는 세계 대공황의 계기가 되었던 1929년 10월 24일(목요일)의 대폭락을 상회하는 낙폭이라고 해서 붙여진 이름이다.

그 뒤 대통령특별위원회(브레디위원회), 미국회계검사원 등 여러 기관에서 투자자에게 큰 영향을 끼친 대폭락의 원인 규명에 주력하였는데, 주요 요인으로는 포트폴리오 보험의 대량 매도주문이 쏟아져 나온 가운데 그때까지 명확하지 않았던 증권시장의 문제점이 표면화되어 대폭락으로 이어졌다는 견해가 많았다.

왜 Stop시키는 거야

> 기다리다 놓치는 것이 낫다.
> 초조해하다가 손해 보지는 마라.

  예전에는 프로권투 시합이 상당히 인기가 있었는데 요즘은 별로 인기가 없는 것 같아 권투 팬의 한 사람으로서 아쉽다. 숨을 곳이 없는 사각의 링에서 조금은 잔인하지만 서로의 기량을 겨루는 것은 정말 사람을 흥분하게 만든다.

  그런데 권투시합을 보다 보면 심판이 경기를 중단시키는 경우가 있다. 첫 번째는 한 사람이 일방적으로 얻어맞아서 경기를 속행시키기가 어려운 때이고, 두 번째는 한 사람이 반칙을 해서 공정한 게임을 이어가기가 어렵다고 판단될 때이다.

  이와 마찬가지로 주식시장에서도 주가가 급변해 어느 한 쪽이 흠씬 얻어맞아서 거래를 중단시키는 경우가 있다. 대표적인 예가 바로 블랙먼데이다.

  블랙먼데이(Black Monday)는 1987년 10월 19일(월요일) 미국의 뉴욕 증권시장에서 비롯된 주가폭락현상으로 다우존스 공업지수(DJIA)가 508포인트(22.6%)나 하락하면서 미국뿐 아니라 전 세계의 증권, 금융시장에 커다란 파문을 일으킨 날이다.

이 주식파동은 미국에서 발발해 수일 만에 일본, 영국, 싱가포르, 홍콩에까지 커다란 주가폭락을 불러왔으며, 전 세계적으로 1조 7000억 달러에 달하는 투자손실을 초래했다. 많은 금융, 증권 관계자들은 그 주가폭락이 오랫동안 누적되어 온 미국의 재정적자 및 국제수지적자, 1982년 이래 지속된 고주가 현상, 금리상승에 대한 불안감, 그리고 기업합병규제법규의 개정 움직임 등 구조적이고 기술적인 여러 요인이 복합적으로 작용해 나타난 결과로 보았다.

당시 레이건 대통령의 특명으로 조직된 브레디 특별조사위원회는 주가하락의 배경에 이런 구조적인 문제 이외에도 '프로그램 트레이딩'이라고 불리는 일종의 자동주식거래 장치와 연계된 주가지수 선물거래가 있었다고 보고한 바 있다.

그래서 이러한 폭락현상의 재발을 막기 위해 앞으로 주가가 폭락을 하게 되면 시장을 중단시켜 버리자는 제도를 고안하게 되었다. 그것이 바로 시장의 필요적 매매중단제도라고 불리는 서킷브레이커스(Circuit Breakers) 제도이다. 우리나라는 이전에는 일일 가격변동폭이 그리 크지 않아서 매매중단제도를 채택하지 않았다가 외환위기 이후인 1998년 12월 7일에 이 제도를 도입하였다.

일반적으로 서킷브레이커스 제도는 거래소시장과 선물시장에서 시행되고 있는데, 여기서는 유가증권시장의 매매중단제도를 살펴보기로 한다.

우리나라의 경우 서킷브레이커스가 발동되는 요건은 종합주가지수가 전일에 비해 10% 이상 하락해서 그 상태가 1분간 지속되면 주식시장의 모든 종목의 매매거래를 20분간 중단하는데, 이때 1일 1회만 발동되고 14시 20분 이후에는 발동되지 않는다.

그리고 매매중단 이후에 거래재개는 단일가호가로 한다.

미국의 경우는 서킷브레이커스가 발동된 이후에는 그날의 장을 종료해 버리지만 우리나라는 매매를 재개하는 것이 차이인데, 그 이유는 미국은 상하한가 제한 폭이 없는 반면 우리나라는 상하한가 제한 폭이 있기 때문이다. 향후 우리나라도 상하한가 제한 폭을 지금보다 더욱 크게 한다든지 아니면 아예 상하한가 제한 폭을 폐지할 경우에는 서킷브레이커스 제도도 자연히 달라질 것이다. 이것이 권투경기에서 어느 한 사람이 일방적으로 얻어맞아 경기를 중단시키는 예에 해당하게 된다.

다음은 반칙에 대한 내용을 살펴보기로 하겠다.

기업이 상장되었다는 것은 거래소시장에서 그 회사의 주식이 매매될 수 있게 된 것을 말한다. 이러한 회사의 주식은 많은 사람들이 시장이라는 기구를 통해서 매매를 자유롭게 할 수 있는 것이기 때문에 회사의 경영상태도 좋아야 할 뿐 아니라 기업정보도 제대로 전달해주고 신뢰성이 있어야 한다. 그래야만 사람들이 그 기업의 가치를 제대로 판단해서 사고 팔 수 있을 것이다.

그런데 자금은 조달해 갔으면서도 투자자들에게 자신들의 의무를 다하지 않는 경우 거래소는 그 기업의 매매거래를 중단시키거나 상장을 폐지시켜 버리게 된다.

그 세부적인 내용들을 살펴보면 다음과 같다.

먼저 유가증권 상장규정에 의한 매매거래정지 사유이다.

1) 주권상장폐지 기준에 해당하는 경우 : 이런 경우는 사람들이 주식

을 사면 위험해지기 때문에 관리종목으로 포함시키거나 의무불이행 상태로 지정하는 것을 말한다. 즉, 상장된 회사는 많은 사람들로부터 자본을 조달하였기 때문에 외형적으로 일정한 수준의 품위를 유지하여야 하고 또한 자신들의 정보를 투자자들에게 알맞게 제공해야 한다. 그러나 상장회사가 상장회사로서의 자본금이나 매출액 또는 이익과 같은 부분에서 적절한 품위를 유지하지 못하거나 투자자들에게 제대로 된 정보를 제공하지 못하는 경우, 이는 투자자들의 재산에 심각한 타격을 줄 수 있기 때문에 이런 기업은 상장을 폐지한다. 매매거래정지를 공시한 날(매매일)로부터 1일간 진행되며 해제조치는 필요 없다. 단 거래소가 필요를 인정할 경우 매매거래정지를 해제하지 않을 수 있다.

2) 위조 또는 변조 유가증권이 발생한 경우 : 사유해소 시까지 정지시킨다. 즉, 불량위·변조 유가증권이 발견되면 이를 정리할 때까지 매매거래를 정지한다.

3) 주식의 액면병합, 액면분할 등을 위하여 주권의 제출을 요구한 때 : 매매거래사유 해소 시까지 매매거래를 정지시킨다.

　이상이 상장주권을 관리하는 규정에 의한 것들이다. 또한 기업이 공시의무를 다하지 않은 경우에도 매매를 중단시키게 되는데, 그 사유는 다음과 같다.

1) 조회공시 불이행

2) 공시번복, 공시변경의 경우 : 사유 발생시점부터 다음날 매매 종
   료시까지 매매를 중단시킨다.

3) 주가 또는 거래량에 중대한 영향을 주는 공시사항 발생시 (예를
   들어 10% 이상의 무상증자나 주식배당에 대한 공시) : 공시시점
   부터 1시간 동안 매매거래를 중지시킨다.

   이상의 내용이 거래소 시장에서 매매를 중단시키는 사유에 해당
된다. 코스닥 시장도 거래소 시장의 규정과 대동소이하다.
   다음으로 거래소가 시장을 관리하는 과정에서 시행하고 있는 이
상급등종목제도를 살펴보도록 하자.
   이상급등종목제도라고 하는 것은 시장에서 주가가 단기간에 이상
급등을 하는 경우 그 종목의 매매에 있어 작전과 같은 불공정매매행
위는 없었는지 그리고 그 종목에 대해 투자자들이 큰 손해를 보지
않도록 주의를 환기시키고 불공정거래를 사전에 방지하기 위한 주
식시장의 관리제도이다.
   그렇다면 이상급등종목의 지정기준은 무엇일까? 그 기준을 살펴
보면 다음과 같다.

1) 최근 5일간 주가상승률이 75% 이상인 경우가 연 2일간 계속될 때

2) 2일째 되는 날의 종가가 최근 20일 중 최고주가이며, 최근 5일간

주가상승률이 최근 20일간 종합주가지수 상승률의 4배 이상의 종목인 경우

그리고 이렇게 지정된 이상급등종목은 다음과 같은 조건일 때 해제된다.

1) 이상급등종목 지정일로부터 3일 후 당일 종가가 당해 이상급등종목 지정일의 전일 종가 미만인 경우

2) 이상급등종목 지정일로부터 3일 후의 종가가 최근 5일 중 최고 종가대비 10% 이상 하락한 경우

이렇게 이상급등종목으로 지정되면 신용거래대상종목에서 제외되고, 위탁증거금(증권회사가 고객으로부터 매매주문을 받았을 때 고객에게 담보로서 납부하게 하는 증거금)을 100% 납입해야 하며, 대용증권의 효력이 정지된다. 그리고 이와 함께 증권금융에 담보제공이 불가능해지며, 해외증권 발행이 금지되는 조치를 당하게 된다.

이상급등종목에 지정되었다는 것은 이미 주가가 상당 폭 상승한 것이기 때문에 해당 주식을 매매하는 것은 위험하다. 뿐만 아니라 이상급등의 과정에서 혹시 불공정매매는 없었는지 매매심리를 받게 된다.

이상의 내용들은 시장의 미시구조에 대한 것들로, 그 중에서도 일반투자자들이 반드시 알아야 할 내용들을 간추려서 설명한 것이다.

우리는 적어도 지금까지의 내용들을 숙지한 상태에서 계좌를 개설하고 투자에 임해야 한다. 그러나 정작 사람들은 눈앞에 흘러 다

니는 돈만 바라봤지 공부는 좀처럼 하지 않는다.

주식시장에서 서두르는 사람은 그만큼 돈 잃을 확률이 크다. 주식투자를 하는 데 있어 확인에 확인을 거듭하는 습관은 대단히 중요하다. 물론 무조건 시간을 끈다고 반드시 좋은 것은 아니다. 하지만 주식은 오늘도, 내일도, 모레도 살 수 있다. 기다리다 놓치는 것이 오히려 손해를 보지 않는 방법일 수도 있다. 서두르다 보면 엄청난 수업료를 지불하는 상황이 발생할 수도 있기 때문이다.

【 증권용어 】

* 트리플위칭데이 (Triple Witching Day)

선물과 옵션의 만기일이 겹치는 날을 말하는 것으로 Witching이라는 말은 마녀가 마술을 부리는 것을 말한다. 선물이나 옵션은 차익거래를 위해서 프로그램 매매를 하게 되는데 만기일에 프로그램매매 잔고가 일시에 해소되는 과정에서 누구도 예측할 수 없을 정도로 주식시장이 변동하게 되는 것을 마녀가 마술을 부리는 것에 빗대어 사용한 용어다. 트리플위칭데이는 주가지수선물과 주가지수옵션 그리고 주식옵션의 세 마녀가 동시에 활동하는 날을 말한다. 우리나라의 경우 트리플위칭데이는 3월, 6월, 9월, 12월의 두 번째 목요일에 나타나게 된다. 그러나 미국의 경우는 쿼더러플위칭데이가 있는데, 이는 주가지수선물, 주가지수옵션, 주가지수선물옵션 그리고 주식옵션이라는 네 명의 마녀가 마술을 부리는 것을 말한다.

이제 슬슬 시작해 볼까?

> **행복은 대중의 호주머니에 떨어지지 않는다.**

누군가가 이런 것을 물어봤다고 한다.

"개집에는 뭐가 살지?"

"개집에는 개가 살지."

"그러면 토끼집에는 뭐가 살지?"

"그야 물론 토끼가 살지."

"그럼 닭장에는 뭐가 살지?"

"당연히 닭이 살지 않겠어?"

"그럼 모기장에는 뭐가 살지?"

"모기장에는 모기??????"

우리나라 증권거래소는 주식을 거래하는 곳이지 일반인들이 주식을 직접 그곳에 가서 사고 팔 수 있는 장소는 아니다. 그 이유는 우리나라 증권거래소가 기본적으로 주식회사 제도를 채택하면서도 회원제 조직을 유지하고 있기 때문이다. 회원제 조직이라는 것은 증권거래소의 회원이 되어야 거래소 안에서 주식을 사고 팔 수 있는 것을 말한다. 따라서 일반인들은 증권거래소에서 직접 매매를 하는 것이 아니라 거래소의 회원인 증권회사에 찾아가서 계좌를 개설하고 매매를 해야 하는 것이다.

그럼 증권회사에 가서 계좌를 개설하는 과정을 간단히 살펴보기로 하자.

어느 증권회사를 고를 것인가는 일반적으로 투자자의 마음대로다. 하지만 자신의 투자목적을 확실히 한다면 한 번쯤은 고려해 볼 만하다.

첫 번째로 증권회사에 주문을 낼 것인지 아니면 자신이 직접 사이버트레이딩을 통해 주문할 것인지를 결정하는 것이 중요하다.

일반인들은 수수료가 싸기 때문에 대체로 사이버트레이딩으로 주문하는 것이 좋다고 생각하는데 이를 위해서는 자신이 직접 정보도 챙기고, 매매 시기와 같은 모든 것을 스스로 결정해야 한다. 그래서 초보자에게는 반드시 좋은 방법이라고 할 수는 없다. 오히려 수수료가 조금 비싸지만 증권사 영업 직원을 통해 주문을 하면 조언도 듣고 정보도 얻을 수 있어 주식투자를 빠른 시간에 배울 수 있다.

이때 증권사 영업 직원에게 무조건 "알아서 잘 해주세요"라는 식의 투자는 안 된다. 증권회사 영업점에는 의외로 그렇게 투자하는 사람들이 많다. 영업 직원이 알아서 투자해 그 결과가 좋지 않다면 어떻게 할 것인가?

두 번째로 투자방법을 결정했다면 어느 회사의 수수료가 싼지 조사한 후 그곳에 가서 계좌를 개설한다.

계좌를 개설할 때 반드시 증권회사에 가야만 하는 것은 아니다.

최근에는 증권회사와 은행들이 제휴를 맺어 은행에서도 증권계좌 개설이 가능하다. 증권계좌를 개설할 때에는 부담 없이 신분증만 가지고 가면 된다. '난 돈이 없어 증권을 못하니 계좌를 가질 수 없을 거야'라는 생각은 버리기 바란다. 당장 돈이 없다면 우선 증권사에 가서 계좌를 개설하고 사이버트레이딩을 할 수 있는 프로그램을 다운로드 받아서 설치하면 된다. 투자는 돈이 생긴 후 해도 된다.

그리고 본인이 직접 가지 않을 경우 대리인을 보내면 되는데 일반적으로 위임장 등의 요식 행위가 있다. 하지만 대부분의 대리인은 부부인 경우가 많다. 이 경우 가족관계를 증명할 수 있는 주민등록등본 정도를 가지고 가면 된다.

이렇게 주식을 시작하는 것은 간단하다. 주식은 돈 많은 사람들만 하는 것은 아니다. 누구든지, 돈을 얼마 갖고 있든지 자신의 자산을 관리하고 증식하는 수단으로 사용할 수 있다.

이처럼 주식을 시작하는 것은 간단하다. 그러나 아무런 준비 없이 시작하는 것은 문제가 있다. 어느 TV광고에서 한 부인이 차를 타고 떠나려는데 그 남편이 안전벨트를 착용하고 가라는 장면이 있다. 운전할 때 안전벨트처럼 주식투자에서 사전준비는 아무리 강조해도 절대 지나치지 않다.

이제까지 우리는 주식시장의 위험성과 위험이란 무엇인지 그리고 주식시장의 매매시간이나 매매의 체결원칙 등에 대해서 살펴보았다. 그럼 이제 계좌를 개설하고 재미있는 주식투자 여행을 떠나기 전에 안전벨트를 점검하듯 주의할 사항들을 살펴보기로 하자.

우선 손해를 보는 투자스타일을 통해 자신을 한번 살펴보기로 하자. 혹시 자신이 이런 유형에 속하지는 않는지 체크해보기 바란다.

1) 본전집착형

주식투자를 할 때 본전은 잊어버리는 것이 좋다. 물론 자신의 본전이 얼마인가를 잊는다는 것은 대단히 힘든 일이다. 그러나 본전에 집착하다 보면 매매타이밍을 놓치기 십상이다. '한 번만 더 상한가를 치면 본전을 찾을 수 있는데……' 이런 생각이야말로 많은 사람들로 하여금 손해를 보게 만든다. 시장에는 이런 속설이 있다.

"본전을 찾기 위해 계산기를 두드리는 바로 그 순간이 그 주식의 상투가 된다."

시장은 객관적인 투자기회를 제공하는 것이지 주관적인 계산에 따르지 않는다는 것을 명심해야 한다. 누군가 계산기를 두드리고 있다면 그 순간 주식을 파는 것이 상책이다.

2) 공포 – 탐욕형

시장은 냉정하다. 사람들은 하락국면에서 공포분위기에 휩싸여 주식을 내다팔게 마련이고 상승국면에서는 탐욕에 휩싸여 꼭 끌어안고 있게 마련이다. 반복되는 공포와 탐욕 속에서 스스로 중심을 잡지 못한다면 성공투자란 요원한 일이 될 것이다. 주식투자를 할 때 공포와 탐욕에 침착하게 대응하지 못한다면 항상 내 손에는 거품만 남게 된다는 것을 잊어서는 안 될 것이다.

3) 부화뇌동 – 몽땅털이형

주식시장에서 투자를 하다보면 모든 사람이 박사가 된다. 모르는 것 없이 박학다식한 사람들이 많아지는 것이다. 그래서 서로 정보를 주고받는 일이 잦아진다. 그러다 보면 대중이 움직이는 대로 따라 움직이기 쉽다.

자세히 살펴보면 대개 사람들은 자기 주식이 상당 폭 상승했을 때는 자랑을 하고, 자신의 주식이 상당 폭 하락했을 때는 입을 다문다. 주식시장에서 투자자들의 생리가 이렇기 때문에 자칫 남들이 올랐다고 하는 것을 뒤따라 산 경우 상투를 잡을 가능성이 크다. 거기에 만약 자신의 모든 재산을 한꺼번에 몰아넣는다면 그 손실은 상상을 초월할 수도 있다.

4) 정보맹신형

주식시장은 매분매초 변한다. 하지만 이에 비해 정보는 그 움직임이 더딘 편이다. 이처럼 끊임없이 변하는 주식시장에서 하나의 정보를 맹신하는 것은 대단히 위험하다. 정보란 항상 거짓과 진실이 공존한다. 따라서 정보의 업데이트를 게을리 하지 말고 반드시 이를 확인하는 버릇을 길러야 한다. 자신에게 들어온 정보는 이미 정보로서의 가치를 상실했을 확률이 대단히 높다. 이것을 모르고 과다하게 맹신해버린다면 투자에서 커다란 손실을 입을 수 있다.

특히 조심해야 하는 것은 루머다. 루머는 그 정확성이 크게 떨어지기 때문에 이를 믿고 투자하면 역정보에 당할 수도 있다.

5) 놀고먹자형

주식은 첨단과 전통이 공존하는 치열한 전투의 장이다. 주식투자를 하는 사람만큼 새로운 것을 많이 받아들여야 하는 사람도 아마 없을 것이다. 항상 새로운 것을 받아들이는 열린 마음을 가지고 이것을 계속 습득하려는 노력이 필요하다. 공부를 게을리 하는 사람은 손 안 대고 코를 풀려고 하는 사람과 마찬가지다. 손해를 본 것은 시장이 잘못된 때문이 아니라 나의 게으름과 무지 때문이라는 것을 잊어서는 안 될 것이다.

다음은 투자 할 때 반드시 기억하고 투자에 임해야 하는 성공투자 10계명이다. 주식투자를 하려고 하거나 실제 투자를 하고 있는 사람이라면 한번 스스로 체크해보기 바란다.

1) 여윳돈으로 즐기면서 투자하라

여윳돈이 아니면 투자하는 사람은 마음이 급해지게 마련이다. 그렇게 되면 투자에 대한 정상적인 의사결정을 하지 못하게 된다. 급하게 써야 하는 돈으로 당신이 주식투자를 했다면 이는 대단히 위험한 일이다. 왜냐하면 주식을 조금 더 보유해야 하는 상황에서 급히 다른 곳에 써야 해서 어쩔 수 없이 손해를 보면서 파는 경우도 있기 때문이다. 따라서 용도가 정해져 있거나 기한이 정해져 있는 돈은 주식투자에 절대로 사용하지 마라. 급한 돈으로 투자하면 체하게 마련이다.

2) 뛰는 주식을 잡아라

주식은 미인투표라고 했다. 모든 사람이 관심을 가진 주식이 움직이는 법이다. 사람들의 관심 밖의 주식을 산다는 것은 스스로 보초병을 자처하는 것이다. 한 번 투자자들의 눈밖에 사라진 종목은 거의 움직임이 없거나 매수세가 없어 지속적으로 떨어지게 마련이다. 따라서 시장에서는 현재 투자자들이 관심을 보이는 종목에 투자해야 탄력적인 시세흐름을 만날 수 있다. 기억 속에서 사라진 주식을 보유할 때가 가장 비참하다.

3) 크게 먹은 뒤에는 반드시 쉰다

큰 수익이 난 다음에는 숨 고르는 타이밍이 있어야 한다. 내가 큰 수익을 얻었다는 것은 시장이 상당히 달구어져 있었을 가능성이 크기 때문이다. 이때 바로 다시 시작한다면 하락장세를 경험할 수밖에 없다. 그리고 안전을 위해 수익금을 재투자하는 버릇을 기르는 것이 중요하다. 몰빵투자는 항상 위험하다. 1년에 두 번만 투자한다는 원칙을 세우고 다시 시작할 때는 수익금으로만 하라.

4) 시시각각으로 변신하는 카멜레온이 되라

시장이 변하는 것만큼 빨리 변하는 유연한 사고가 중요하다. 나만의 생각을 고집하는 사람은 시장의 변화에 대응할 수 없다. 내가 생각한 대로 시세가 움직이지 않는다면 내 생각이 틀렸다는 것을 인정하고 빨리 시각을 교정하는 유연성이 필요하다.

5) 주식과 결혼하지 마라

좋은 주식은 사서 먹을 수 있는 주식이 좋은 주식이다. 기업 내용이 좋은 주식이라고 해서 손해를 본 주식을 버리지 못하면 돈으로 막는 수밖에 없다. 주식을 자기 부인처럼 고이 모시거나 소중히 하지 마라. 자신에게 이익을 주는 주식이 가장 좋은 주식이다.

6) 대박 터지는 루머에 솔깃하다간 쪽박 차기 십상이다

대박이 터진다는 소문은 사람 마음을 탐욕에 빠지게 하고 합리적이고 이성적인 판단을 하지 못하게 한다. 그러면 결국 쪽박 찰 가능성이 커지게 된다. 시장에서는 황소도 돈을 벌고 곰도 돈을 번다. 하지만 돼지는 돈을 벌지 못한다는 말이 있다. 강세장(황소)에서도 돈을 벌 수 있고 약세장(곰)에서도 돈을 벌 수 있는 기회는 있지만 욕심을 부리면 어떤 경우에도 돈을 벌 수 없다는 것이다.

7) 물구나무 전략이 성공투자를 이끈다

신문이나 뉴스에 주식투자에 대한 기사가 많이 나온다면 이는 상투의 징조다. 그러나 이런 기사들을 액면 그대로 받아들이기보다는 항상 행간을 읽는 지혜를 가져야 한다. 모든 신문에서 주가상승이라는 기사가 헤드라인에 나왔다면 시장의 과열을 의심해보라. 반대로 주가침체라는 기사가 헤드라인에 나왔다면 바닥장이 가까워졌음을 인식하라. 신문이나 뉴스에서 얻은 정보는 거꾸로 이용하라.

8) 잘못된 물타기는 패가망신, 올바른 손절매는 성공투자의 지름길

모두가 기다리는 바닥은 없다. 바닥을 찾다보면 끝없는 나락에 빠지기 쉽다. 특히 물타기는 잘못하면 투자자금이 묶일 뿐만 아니라 큰 손실에 빠질 수 있다. 투자에 실패한 경우 과감한 손절매가 필요하다. 투자의 대가들이 모두가 권하는 가장 중요한 것이 바로 올바른 손절매임을 잊지 마라.

내가 모른다고 해서 주가가 떨어질 이유가 없는 것은 아니다. 주가가 떨어지는 것은 내가 알지 못하는 나름대로의 이유가 있는 법이다. 그러니 주가가 일정수준으로 떨어지면 과감하게 손절매를 해야 한다.

9) 주식투자는 타이밍의 예술, 주식을 사지 말고 때를 사라

기술적 분석가들의 철칙이다. 좋은 주식과 나쁜 주식을 구분하는 방법은 내가 사서 돈을 벌 수 있는 주식이 좋은 주식이고, 내가 사서 손해를 보게 되면 그것이 바로 나쁜 주식이다. 주식투자에서 때를 사는 것의 중요성은 두말할 나위조차 없다.

10) 대신 투자해줄 전문가를 찾는 것도 능력이다

반드시 내가 해야 한다는 생각은 버려라. 내가 해서 되지 않는다면 나대신 주식투자를 해줄 전문가를 고르는 것도 능력이다. 최근에는 간접투자 상품이 다양화되어 가고 있다. 직접투자에 자신이 없으면 간접투자로 돌아서라.

주식시장은 머니게임의 장소이다. 머니게임이 모든 사람을 행복하게 만들어 주는 것은 아니다. 누군가의 행복을 위해 많은 사람들이 고통을 받아야 하는 것이 바로 냉혹한 머니게임이다. 그 행복을 바로 내 주머니에 넣기 위해서 우리는 매일 매일을 냉정한 머니게임의 전사로 살아야 한다. 그것이 싫다면 돈에 대한 욕심을 버리고 올바른 투자습관을 길러야 한다. 그러면 행복과 함께 돈이 우리를 즐겁게 해줄 것이다. 모든 사람이 성공투자에 이르기를 진심으로 기원한다.

【 증권용어 】
* 조건부지정가주문

일반적으로 주식시장에서 주문을 내기 위해서는 매도 또는 매수, 그리고 종목명, 수량, 가격을 정해서 행해야 한다. 지정가주문이란 종목이나 수량 및 가격을 지정하여 주문을 내는 것을 말한다. 시장가주문이란 종목, 수량은 지정하되 가격은 지정하지 않는 주문으로서 시장에 접수된 시점에서 매매가능한 가장 유리한 가격으로 매매를 성립시키는 주문이다. 조건부지정가주문이란 장 종료 시의 가격을 단일가격에 의한 개별경쟁매매방법으로 결정하는 경우 시장가주문으로 전환할 것을 조건으로 하는 지정가주문이다. 즉 장 중에 일정한 가격을 정해 주문을 냈으나 매매체결이 안 된 경우 장 종가결정을 위한 동시호가에 자동적으로 시장가주문 방식으로 전환되는 주문을 말하는 것이다.

주식! 자동차 운전처럼 배우자!

> 다음 시대의 주도주를 잡아라!

왜 느닷없이 자동차 이야기를 꺼내는지 궁금할 것이다.

『인터넷 공황(The coming internet depression)』이라는 책에서 마이클 만델은 최근 논의가 되고 있는 신경제는 경제의 운용이나 경제가 전개되어 가는 속도가 마치 비행기를 조정하는 것과 같다고 했다. 그에 반해 신경제 이전의 경제, 즉 구경제는 경제를 운용하는 것이 마치 자동차를 운전하는 것과 같다고 그는 지적하고 있다. 그렇다면 과연 구경제에서 경제의 운용은 어떠한 것이고 이에 따라 주식시장은 어떤 모습을 하고 있을까?

그것을 알아보기 위하여 우선 일본의 우라카미 구니오가 『주식시장 사이클 구분법』이라는 책자에서 주장하고 있는 내용들을 살펴보기로 하자(우리나라에서는 『주식시장 흐름 읽는 법』으로 책이 번역되어 있다).

이 내용은 필자가 1993년에 일본 다이와 증권에서 기관투자가 교육을 받을 때 접한 내용으로 일본에서는 대체로 주식시장을 분석할 때 그의 분석방법을 기본으로 하고 있다.

그 주기가 짧든 길든 경기가 사이클을 그리고 있다는 것에 대해서는 아마 누구도 이견이 없을 것이다. 주기가 짧은 키친 사이클, 주기가 중간 정도 되는 주글러 사이클, 주기가 긴 콘드라티에프 사이클 등 경기는 사이클을 그리고 있으며, 그에 따라 주식시장도 그 모습을 달리한다는 것이 우라카미 구니오의 생각이다.

그것을 도식화하면 아래 그림과 같이 나타난다.

〈 포트폴리오의 위험저감효과 〉

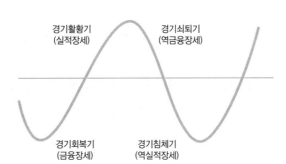

경기활황기
(실적장세)

경기쇠퇴기
(역금융장세)

경기회복기
(금융장세)

경기침체기
(역실적장세)

이때 각 경기 국면과 그에 따른 주식시장의 모습을 하나씩 살펴보면 다음과 같다.

1. 금융장세

금융장세는 경기회복기에 나타나는 장세로 이 국면에서 관련경기지표(금리, 기업실적, 주가)들은 다음과 같은 모습을 나타낸다.

기업의 실적은 여전히 나쁜 상태이고 금리는 급락을 하지만 이때 주가는 폭등세를 보인다.

최근 우리나라에서 이러한 현상이 벌어진 것은 1998년 10월부터 1999년 7월까지다. 이때는 외환위기 이후에 환율안정을 위해 이자 제한법을 폐지하면서까지 고금리정책을 유지할 수밖에 없었다. 그러다 보니 금리가 천정부지로 치솟았다.

이러다보니 경기가 얼어붙어 실업자들이 양산되었고 경제운용이 제대로 되지 않았다. 그러자 정부는 금리를 끌어내리는 정책을 사용하지 않을 수 없었다. 그래서 금리가 연 40% 가까이 되던 것을 10% 이하로 끌어내려 경기를 진작시키려고 하였다. 이러한 상황이 나타나게 되면 그동안 금리상품에 투자되었던 자금들이 상대적 박탈감을 느껴 주식시장에 모여들게 된다. 그래서 주가가 급등세를 보이게 되는데 그러한 상황이 바로 금융장세인 것이다.

그렇다면 금융장세에서는 어떤 종목들이 잘 올라갈까? 필자가 증권업계에 들어온 지 얼마 되지 않아 선배들에게 금융장세가 무엇인지 물어보니 "금융주가 올라가는 것이 금융장세야"라고 말해주는 것이 아닌가? 처음에는 그런 것으로 믿었는데 공부를 하다 보니 반드시 그런 것은 아니라는 것을 알게 되었다.

금융장세는 우선 주식시장으로 자금이 많이 들어오니 자본금이 큰, 그리고 시장에서 유동성이 큰 종목들이 큰 폭의 상승을 보이게 된다. 그리고 금리가 급하게 떨어지니 금리인하 수혜주, 경기부양을 위해 정부가 사회간접자본투자를 서두를 테니 사회간접자본투자 관련주들이 상승세를 보인다. 여기서 금리인하 수혜주란 우리나라의 경우 대표적으로 부채비율이 큰 건설업종과 금리인하 시 예대마진이 커지는 은행주, 증권주 등을 꼽을 수 있다.

따라서 이러한 금융장세에서는 업종대표주, 금융주 그리고 건설주와 같은 사회간접자본투자 관련주들에 투자를 하면 큰 수익을 낼 수 있다.

하지만 이런 금융장세는 지수가 큰 폭으로 상승해서 주식시장이 엄청나게 화려한 모습을 보이지만 일반투자자들은 그에 상응하는 수익을 올리지 못하는 경우가 허다하다. 일반인들은 금융장세 초기에는 약세장에 길들여져 있어 쉽게 투자에 나서지 못하기 때문이다.

2. 실적장세

금융장세 이후 경기회복기에 나타나는 장세로, 정부의 저금리정책으로 인해 기업의 투자마인드가 살아나고 경기가 본격적인 활황국면으로 접어들면서 각종 지표들은 다음과 같이 변하게 된다.

우선 금리가 서서히 상승세를 보이는데 이는 두 가지로 설명할 수 있다.

첫째, 경기가 활황으로 접어들게 되면서 필연적으로 나타나는 물가상승 때문이다.

우리가 흔히 말하는 이자율이라는 것은 명목이자율인데,

$$명목이자율 = 실질이자율 + 물가상승률$$

로 표시할 수 있다. 그러니 물가가 서서히 올라가게 되면 명목이자율은 상승할 수밖에 없다.

둘째, 경기가 활황으로 접어들게 되면 정부가 경기의 속도조절을 위해 금리를 서서히 올리기 때문이다. 이는 2000년 미국상황을 비추어 보면 알 수 있다.

미국은 경기둔화를 우려해서 1998년 금리인하를 단행했었다. 그러나 이후 경기가 좋아지면서 인플레이션에 대한 우려로 2000년 이후 오히려 재차 금리를 인상했다. 이 국면에서 기업의 실적은 급격하게 좋아지는 모습을 보이고, 그에 따라 주가는 지속적인 상승세를 보이게 된다.

이처럼 경기가 활황세에 접어들어 기업의 실적이 급격하게 좋아지고, 주가가 상승세를 보이는 장세를 실적장세라고 한다.

실적장세가 나타나면 우선 실적이 먼저 좋아지는 종목군을 사야 한다. 즉 소재산업의 종목들을 우선 사고, 그 다음에 완성품 산업의 주식으로 이동한다면 주가의 상승세를 향유할 수 있다. 여기서 소재산업이라고 하는 것은 부품산업을 말한다.

예를 들어 자동차 산업이 활황을 보인다면 완성차를 만드는 현대차, 기아차, 대우차 등을 매수하기보다는 자동차 부품을 생산하는 기업들의 주식을 먼저 사야 한다. 부품회사들의 실적이 먼저 좋아질 것이기 때문이다. 그리고 나서 완성차 업종인 현대차, 기아차, 대우차로 옮아가야 한다.

일반인들이 실제로 큰 수익을 낼 수 있는 장세는 바로 이 실적장세인 것이다.

3. 역금융장세

기업의 실적이 급격하게 좋아지는 활황세가 이어지면 물가상승이 이어져 정부는 경제운용에 큰 부담을 느끼게 된다. 이러한 상황에서 정부는 물가상승을 막기 위해 금리인상을 단행하게 되는데 그 과정에서 나타나는 장세가 바로 역금융장세다.

이제까지의 경기관련지표들을 보면 금리는 급등세를 보이지만, 기업의 실적은 여전히 좋아지는 추세에 있다. 바로 이때 급작스레 주가가 폭락세를 보이게 된다.

이러한 장세가 나타나는 이유는 정부가 금리를 올리면서 시장의 자금이 주식에서 금리상품으로 이동하기 때문이다.

역금융장세에서는 주식시장에서 자금이 빠져나가므로 대형주에 대한 투자는 피하고 중소형우량주, 저PER주와 같이 대체로 적은 자금으로도 주가의 하락세를 방지할 수 있는 소위 몸이 가벼운 주식들에 투자를 하면 된다.

4. 역실적장세

경기가 역금융장세를 거치면서 이미 상당히 높아진 금리로 인해 기업의 투자마인드가 위축되고 실적이 좋아지지 않는 상황이 나타나게 된다.

이러한 상황에서는 각종 지표들은 다음과 같이 변화한다.

우선 금리는 서서히 하락세를 보이게 된다. 이는 정부가 경기의 연착륙을 위해 서서히 금리를 내리기 때문이다. 이런 상황은 미국의 2001년 상황을 비추어 보면 알 수 있다. 미국은 2000년부터 경기호전에 대한 자신감으로 금리를 인상했는데 더 이상 경기가 좋아지지 않고 오히려 더블딥(Double Deep)에 대한 우려로 다시금 금리를 인하하기에 이르렀다.

이때 기업 실적은 투자마인드의 위축으로 급격하게 나빠지고, 주가는 그 하락세가 둔화되기는 하지만 여전히 약세분위기가 이어지는 상황이 된다. 이때를 일컬어 역실적장세라고 한다. 이러한 역실적장세에서는 경기에 둔감한 내수관련주, 그리고 자산가치우량주 등에 투자를 하면 된다.

이상이 바로 경기상황과 주식시장의 관계이다. 이상의 내용을 정리하면 다음과 같은 표로 나타낼 수 있다.

앞에서 살펴본 바와 같이 경기와 관련해서 장세를 금융장세, 실적장세, 역금융장세, 역실적장세로 구분하는데, 이것을 바로 주식시장의 사계절이라 한다.

〈 각 장세에 따른 지표들의 움직임 〉

공시구분	금리	기업실적	주가
금융장세	↓	↘	↑
중간반락	→	→	→
실적장세	↗	↑	↗
역금융장세	↑	↗	↓
중간반등	→	→	→
역실적장세	↘	↓	↘

〈 각 장세에 따른 지표들의 움직임 〉

구분		경기	주가	주도주
확장국면	회복기	·자금수요 감소와 금리인하 ·물가안정 ·민간지출 증대 및 설비투자확대 시작	·금융장세 -금리인하 경기회복 기대로 주가 상승세 전환 -기업수지 개선기대감으로 주가상승 가속화	·금리하락 수혜주 ·재정투융자 관련주 (건설, 항공, 전력 등) ·불황적응능력이 강한 업종 대표주
	활황기	·생산, 판매활동 증가 → 순이익증가 ·생산시설 확장 → 과잉투자 ·소비증가, 물가상승 (임금상승률 〉노동생산성상승률) ·자금수요 〉자금공급 → 금리상승 ·정부의 통화긴축, 금리인상 등 경기조절책 실시	·실적장세 -실적호전으로 주가상승 -경기정점 도달 전에 경기 후퇴를 미리 반영하여 주가 하락세로 반전	소재산업 ↓ 가공산업(순환매)
수축국면	쇠퇴기	·금융긴축 지속되는 가운데 실질이자율 상승 및 내구 소비재 수요 감소 ·생산 활동 위축 및 실업률 증가	·역금융장세 -주가 본격하락국면 진입 → 하락추세대 형성, 상승 시에도 단기 반등에 그침	·중소형우량주 ·저PER주
	침체기	·판매부진에 따른 재고누적 ·신규투자활동 위축 및 실업률 최고 수준 ·부도기업 속출 ·정부의 금리인하 등 금융 긴축 완화를 통한 경기부양 노력	·역실적장세 -경기부양, 긴축완화 기대로 주가 하락세 진정 -경기회복조짐이 빨리 나타나는 유망산업에 대한 조기 선취매현상과 거래량 증가신호	·내수관련 경기 둔감주 (제약, 음식료) ·자산주

지금까지의 내용이 바로 소위 구경제 시대에 나타날 수 있는 현상이다. 구경제에서 정부는 경기의 페이스를 조절하기 위해 금리를 중심으로 정책을 펼쳐나가게 된다. 경기가 불황으로 접어들게 되면 가속페달을 밟듯 금리를 낮추고 경기가 지나치게 상승을 하면 브레이크를 밟듯 금리를 높여 그 속도를 조절하게 되는 것이다.

　바로 이러한 상황이 나타날 때 주식시장도 금융장세, 실적장세, 역금융장세, 역실적장세와 같이 그 모습을 달리하게 된다.

　하지만 부분적으로 보면 반드시 이러한 도식적인 상황이 나타나는 것은 아니다. 반드시 금융장세에서 실적장세로, 또 실적장세에서 역금융장세로 그리고 역금융장세에서 역실적장세로 진행되지는 않는다는 것이다. 실제상황에서는 그 순서가 뒤바뀌기도 하고 또 각각의 단계를 건너뛰기도 한다.

　하지만 시간을 길게 놓고 보면 항상 이러한 순서에 맞는 상황들이 나타나게 된다. 따라서 우리는 이런 각각의 상황을 잘 파악해야 한다. 그렇게 해야만 각 장세에 정확하게 대응할 수 있기 때문이다.

【 증권용어 】
* 스태그플레이션 (Stagflation)

?

스태그플레이션은 스태그네이션(stagnation:경기침체)과 인플레이션(inflation)을 합
성한 신조어로, 정도가 심한 것을 슬럼프플레이션(slumpflation)이라고 한다.
제2차 세계대전 전까지 불황기에는 물가가 하락하고 호황기에는 물가가 상승하는
것이 일반적이었다. 그러나 최근에는 호황기에는 물론 불황기에도 물가가 계속 상승
하여, 불황과 인플레이션이 공존하는 사태가 현실적으로 나타나게 되었다.
예를 들어 미국에서는 1969~1970년 경기후퇴가 지속되는데도 소비자 물가는 상승
을 계속하였다. 이 현상은 다른 나라에서도 잇따라 일어나게 되었는데, 이는 직접적
으로는 물가(특히 소비자 물가)의 만성적 상승경향에 의한 것이었다.
만성적 물가상승은 물가안정을 경제정책의 첫째 목표로 여겼던 이전의 풍조가 후퇴
하여 지금은 물가안정보다 경기안정을 우선시 하게 되었다는 점, 소수의 대기업에
의하여 주요산업이 지배되고, 제품가격이 수급상태 등과는 거의 관계없이 고정되는
독과점가격이 강해졌다는 점 등과 관련이 있다. 특히 1970년대에 들어와서는 석유
파동이 경기를 침체시키면서도 물가는 계속 상승하였다.
그 밖에도 스태그플레이션의 주요 원인으로는, 경기정체기에 군사비나 실업수당 등
주로 소비적인 재정지출의 확대, 노동조합의 압력으로 명목임금의 급상승, 기업의
관리비와 임금상승으로 인한 가격상승 등을 들 수가 있다.

주식! 비행기 조종으로 바뀌다

새로운 변화에 적응할 줄 알아라!

　필자가 군대에서 휴가를 나와 여대생들과 미팅을 한 적이 있었다. 그때 필자는 공군에서 군대생활을 했었는데 그 미팅에서 여학생들이 자꾸만 비행기 조종에 대해 묻는 것이었다. 실제 필자는 비행기에 대해서는 잘 몰랐다. 공군이라고 해도 각자의 직무가 있기 때문에 비행기가 어떤 원리로 뜨는지, 속도는 어떻게 줄이는지와 같은 원리를 물어오는데 설명하기가 참 난감했다. 비행기와 관련된 일을 하지 않는 다음에야 어찌 그 원리를 알 수 있었겠는가. 하지만 남자들의 군대생활 이야기는 대부분이 뻥이라는 말도 있듯이 필자도 그럴 듯하게 대답했다.

　"제가 비행기를 조종하고 있는데 글쎄 철새 떼가 앞으로 날아가지 않겠어요? 잘못하면 비행기와 새들이 서로 충돌을 하게 생겼더라구요. 그래서 잠시 브레이크를 밟아서 비행기를 멈추고 새들이 지나가기를 기다렸다가 다시 비행을 계속했지요."

　그랬더니 여학생들은 매우 감동스러운 표정을 지었다. 필자가 거짓말을 하고 있는 것도 모르고 말이다. 과연 공중에서 브레이크를 밟을 수는 있는 것일까?

우리는 대개 익숙한 것에 안주하기 쉽다. 그리고 우리가 알고 있는 것을 토대로 모든 것을 해석하려고 한다. 그런 다음 그 해석이 틀리면 단지 이례적인 현상이라고 여기는 오류를 범한다.

최근 세계적으로 신경제에 대한 논란이 치열해지고 있다.

워렌 버펫과 같이 "신경제는 없다"는 사람들이 있는가 하면 인터넷 사업을 하는 사람들과 같이 이미 세계경제가 신경제시스템으로 접어들었다는 사람들도 있다. 지금까지도 서로 자신들의 주장을 굽히지 않고 있어 우리들은 갈팡질팡하곤 한다. 그렇다면 그 문제를 우리들이 직접 해결해보는 것은 어떨까?

우리는 앞 장에서 구경제 하에서의 경기상황과 주식시장에 대해 살펴보았다. 구경제는 마치 자동차를 운전하는 것과 같았다. 그래서 속도가 떨어지면 가속페달을 밟으면 되고 속도가 지나치게 높아지면 브레이크를 밟으면 되었다.

하지만 요즘에는 경제가 반드시 그렇게 돌아가는 것은 아닌 것 같다.

과연 신경제란 무엇인가?

이 용어가 현재에만 있었던 것은 아니다. 우리나라에서도 1970년대에 신경제라는 말을 사용했다. 그러나 그 당시의 신경제는 굴뚝산업에 대비되는 서비스 산업으로의 진행을 일컬었다.

그렇다면 지금의 신경제는 무엇일까?

그것은 현재까지 경제를 지배하던 이론이 잘 맞아 들어가지 않는 상황을 일컫는 것이다. 그리고 그 바탕에는 인터넷이나 컴퓨터를 이용한 기술이 자리를 잡고 있다.

많은 경제학자들은 지금까지 정부가 거시경제를 운영하는 데 있어 두 가지 지표를 매우 관심 있게 보고 있다고 생각했다. 그 중 하나가 물가고 다른 하나는 실업이었다. 그러나 이 둘은 동시에 잡을 수 있는 것이 아니었다. 실업을 줄이면 물가가 올라가고, 물가를 잡으면 실업이 늘어나는 것이 현재까지의 구조였던 것이다. 그리고 이러한 현상을 설명했던 것이 바로 필립스곡선이다.

필립스곡선이란 영국의 필립스에 의해서 밝혀진 것으로 인플레이션과 실업률의 관계에는 역관계가 존재한다는 것이다. 이러한 관계는 물가안정과 완전고용이라는 두 가지 정책목표는 동시에 달성될 수 없으며, 이 중에서 어느 한 쪽을 달성하기 위해서는 다른 한 쪽을 희생시켜야 함을 의미한다.

이를 그림으로 살펴보면 다음과 같다.

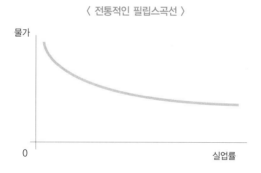

〈 전통적인 필립스곡선 〉

그러나 최근에는 이러한 필립스곡선이 적용되지 않는 경제상황이 미국에서 나타나고 있다. 즉 실업은 거의 완전고용상태에 이르렀음에도 불구하고 물가가 안정적으로 움직이는 것이 그것이다. 즉, 필립스곡선이 수평으로(Flat) 나타나는 것이다.

이를 그림으로 살펴보면 다음과 같다.

〈 신경제에서의 필립스곡선 〉

그렇다면 왜 이런 일이 벌어지게 된 것일까?

1970년대와 1980년대를 지나면서 미국은 재정적자와 무역적자 등 쌍둥이 적자에 시달리게 되었다. 반면에 일본은 역사상 전례가 없는 호황을 누리고 있었다.

일본은 잘 정비된 조직과 마이크로 기술로 '작은 것이 아름답다' 라는 말까지 유행시키면서 더 작고 미세하게 그들의 기술을 발전시켜 엄청난 흑자를 기록했다. 당시 미국 경영학계에서는 일본을 배우자는 열풍이 불 정도로 일본의 기업문화와 조직 등 모든 것을 벤치마킹하게 되었다.

하지만 최근 미국은 일본을 추종하지는 않는다. 일본은 1990년대 거품붕괴기를 거쳐 지독한 경기침체를 경험했고 이제야 점차 그 터널에서 벗어나고 있다. 반면 미국은 1990년대 이후 10년이 넘게 불황을 모르고 경기가 지속적으로 상승하는 전무후무한 모습을 보이고 있다.

그 요인은 과연 무엇이었을까?

그것은 바로 컴퓨터를 중심으로 한 기술의 발전 때문이었다. 소위 CAD(Computer Aidded Design : 컴퓨터를 이용한 디자인), CAM(Computer Aidded Manufacturing : 컴퓨터를 이용한 생산)이라는 시스템은 일본인들만 만들 수 있을 것 같았던 그 미세한 제품을 미국에서도 펑펑 쏟아내게 했다. 아울러 소프트웨어와 ERP, CRM 같은 경영정보 시스템의 발달은 경영의 발전을 더욱 과학화해낼 수 있는 기반을 제공했다.

그렇다. 이렇게 컴퓨터 기술의 발전은 한 나라의 경제를 변화시키기도 한다. 그리고 실제로 세상을 엄청나게 변화시켰다. 컴퓨터와 인터넷의 발전은 경제의 효율을 재고는 물론 사회적 비용마저도 줄여주었다. 기업들은 이제 필요이상의 재고를 보유하지 않아도 되어 관리 비용을 더욱 줄일 수 있게 되었다. 그리고 계속되는 고용의 증가에도 불구하고 물가는 안정적인 모습을 보여주고 있다.

그렇다면 이러한 상황이 가능했던 요인은 과연 무엇일까? 마이클 만델은 『인터넷 공황』이란 책에서 그 요인들을 다음과 같이 꼽았다.

첫 번째는 모험자본, 즉 Venture Capital의 존재 때문이다. 모험자본은 기업의 아이디어를 실현할 수 있는 중요한 자금의 에너지원이었다. 참신한 아이디어만 있으면 자금을 대는 이러한 모험자본이 바로 신경제의 가장 큰 원동력이 되었던 것이다.

두 번째는 스톡옵션(Stock Option) 때문이다.

모험자본과 스톡옵션은 유능한 인재들이 밤을 잊고 일을 하게 만드는 중요한 요소가 되었다. 특히 스톡옵션은 열심히 일해서 기업가치를 높이기만 하면 하루아침에 엄청난 부를 얻을 수 있는 시스템을 제공했다. 이것 또한 신경제의 중요한 동인이 된 것을 부인할 수 없다.

세 번째는 주식시장의 활황이다.

위의 두 가지도 주식시장의 활황이 없었다면 맥을 추지 못했을 것이다. 주식시장의 활황이 있었기에 모험자본은 투하자본의 회수가 빨라질 수 있었고, 스톡옵션도 옵션의 가치가 폭등하는 것이 가능했다. 바로 이러한 것들이 신경제를 뒷받침한 기본적인 요소가 되었다.

하지만 2000년에 들어서면서 우리는 사상 처음으로 신경제 하에서 불황을 맞이했다.

그 단초를 제공한 것이 바로 주식시장의 침체였다. 이로 인해 모험자본의 투자는 크게 위축되었고 휴지가 된 스톡옵션은 유능한 인재들이 연구에 몰두할 어떠한 동기도 부여하지 못하게 되었다.

그러자 전통적인 대기업들은 신기술 개발이 느려지고 경쟁자들이 점차 사라지자 자사의 제품단가를 서서히 인상하기 시작했다. 불황에도 물가가 올라가는 현상이 나타나게 된 것이다. 이는 스태그플레이션 가능성이 높아지는 것을 뜻한다. 문제는 앞으로도 이런 현상이 자주 벌어질 것이라는 점이다. 그리고 어떻게 이러한 불황을 벗어날 것인지가 우리들의 초미의 관심사가 될 것이다.

최근에는 골디락스 현상도 곳곳에서 나타나고 있다. 골디락스 현상은 높은 성장을 이루고 있음에도 물가가 상승하지 않는 상태를 말한다. 골디락스는 영국의 전래동화 『골디락스와 곰 세 마리(goldilocks and the three bears)』에 등장하는 소녀의 이름에서 유래한 용어로, 본래는 골드(gold)와 락(lock, 머리카락)을 합친 말로 '금발머리'를 뜻한다.

동화에서 골디락스는 곰이 끓인 세 가지의 수프, 뜨거운 것과 차가운 것, 적당한 것 중에서 적당한 것을 먹고 기뻐하는데, 이것을 경제상태에 빗대 뜨겁지도 차갑지도 않은 호황을 의미한다. 영국의 《파이낸셜 타임스》에서 중국이 2004년 9.5%의 고도성장을 이루면서도 물가상승이 없는 것을 "중국 경제가 골디락스에 진입했다"고 기사화하면서 널리 알려지게 되었다.

이처럼 이제는 경제가 활황을 보임에도 불구하고 물가가 상승하지 않는 경제현상이 나타나고 있다. 이는 앞서 말한 신기술의 발전에서 원인을 찾을 수도 있겠지만, 중국과 인도와 같은 값싼 노동력을 제공하는 국가로 인해 값싼 물건이 시중에 나오는 것에서도 그 원인을 찾을 수 있다.

구경제의 운용을 자동차 운전에 비유했다면 신경제는 비행기를 조종하는 것에 비유할 수 있다. 우리는 급격히 빠르게 움직이는 기술의 시대로 접어들었다. 자동차가 아닌 비행기를 조종하는 시대로 접어든 것이다. 이러한 거시적인 상황을 이해하지 못한다면 우리는 시장의 변화에 제대로 적응하지 못해 어쩌면 시장과 반대로 움직일지도 모른다.

주식투자를 하는 사람은 이제 새로운 것을 재빨리 받아들여야 하고 그 습득 시간도 빨라야만 한다. 이제 유연한 생각과 새로운 것을 정확하게 받아들이는 능력도 돈과 연결되는 것임을 잊지 말기 바란다.

【 증권용어 】
* 빅뱅 (Big Bang)

원래 "우주를 탄생시킨 대폭발"을 뜻하는 말로 금융규제완화 또는 금융혁신을 의미한다. 1986년 10월 27일 영국 정부는 런던증권시장이 국제금융 중심지의 지위를 위협받게 되자 증권매매 위탁수수료 자유화, 은행과 증권업자 간 장벽 철폐, 증권거래소 가입자격의 완전 자유화, 외국 금융기관의 자유로운 참여 허용, 새로운 매매시장의 채택 등 증권시장의 기능을 활성화하고 증권회사의 경쟁력을 높이기 위한 대개혁을 단행하여 성공을 거두었다. 당시의 조치가 우주 대폭발과 같이 획기적이었다고 해서 붙여진 이름이다.
최근에는 대형은행들이 증권회사를 소유하고 금융자본의 집중과 거대화 현상이 급속도로 진행되는 것을 말한다.

애들아 궁합보러 가자!

> **반드시 시장에 있을 필요는 없다!!**

우리는 가끔 당황스런 질문을 접할 때가 있다. 가령 증권사 객장에서 옆 사람이 어떤 정보를 거론하면서 그것이 주가에 어떤 영향을 미칠지 물어오는 경우가 그러하다. 내가 잘 모르는 것들의 상호관계를 이해해서 어떤 결정을 내려야 할 때면 정말 당혹감마저 들지 않는가?

이번 주제에서는 주요경제변수들과 주가와의 상관관계에 대하여 살펴보기로 하자.

당신은 혹시 궁합을 본 적이 있는가? 사람들은 결혼을 앞두고 으레 한 번쯤 궁합을 보러 간다.

궁합의 원리는 서로 사주를 맞추어 보는 것으로써 생년(生年), 생월(生月), 생일(生日), 생시(生時) 등이 오행(五行)에 잘 맞으면 '합', 그것이 서로 잘 맞지 않으면 '원진'이라 부른다. 그리고 합이 4개이면 찰떡궁합이라 하고, 원진이 4개이면 상극이라고 한다. 일반적으로 사주나 역학은 통계에 근거한다고 한다. 그래서 결혼을 앞두고 많은 사람들이 궁합을 보는데 그 결과가 꼭 맞아 떨어지는 것은 아닌 모양이다. 궁합이 상극인 사람들이 결혼해서 남부럽지 않게 잘 사는 경우도 있고, 찰떡궁합이라던 사람들이 이혼을 하는 경우도 있는 것을 보면 말이다.

주식과 경제지표들에도 남녀 간의 궁합처럼 일정한 상관관계가 존재한다. 어떤 것은 주가를 올리기도 하고, 어떤 것은 주가를 하락시키기도 한다. 우리는 이러한 주가와 경제변수들의 궁합을 잘 이해하고 있어야 시장에서 적절한 대응이 가능하다.

그럼 주요 경제변수와 경제정책이 주가에 미치는 영향을 하나씩 살펴보자.

1. 주요 거시경제변수

(1) 국내총생산(GDP)

국내총생산은 한 나라의 경제에서 재화와 용역의 총생산량을 나타내는 지표로 그 나라의 전반적인 경제활동 수준을 가장 잘 나타낼 뿐 아니라 기업의 미래 매출액과 이익에 큰 영향을 주는 거시경제변수이다. 대체로 국내총생산의 증가율이 높아지면 주가는 상승세를 보인다. 국내총생산은 경제성장률로도 이해되고 있다.

(2) 실업률

실업률은 한 나라의 인적자원이 충분히 활용되고 있는 정도를 측정하는 대표적인 경제변수이다. 실업률이 낮다는 것은 경제가 호황을 누리고 있다는 것으로 이 경우 주가는 상승세를 보인다. 반면 실업률이 높다는 것은 경제가 침체상태에 있다는 것으로 주식시장은 하락세를 보인다.

(3) 인플레이션

전반적으로 물가가 상승하는 인플레이션은 정부가 고용을 증대시키고 경기를 활성화시키는 정책을 사용할 때 진행된다. 인플레이션은 기업의 금융비용과 제반원가를 상승시켜 주가를 하락시키기도 하지만, 활황일 때는 매출증대에도 기여하기 때문에 주가를 상승시키는 역할도 한다. 천편일률적으로 물가와 주가의 상관관계를 설명할 수는 없지만 일반적으로 완만한 물가상승은 주가에 긍정적인 영향을 주고 급격한 물가상승은 주가에 부정적인 영향을 미친다.

(4) 이자율

높은 이자율은 기업의 금융비용을 증가시키고 미래 현금흐름의 현재가치를 감소시켜 유망한 투자기회를 가로막는다. 또한 이자율이 상승하면 주식의 투자자금이 채권으로 이동하고 채권수익률이 낮아지면 채권에 투자했던 자금이 주식으로 이동하는 현상을 보여 이자율과 주가는 상반된 움직임을 보인다.

특히 이자율과 주가 그리고 이자율과 자산의 관계에 대해서는 보다 정확한 이해가 필요하다. 최근 투자를 하는 데 있어 이자율은 자산가치를 평가하는 데 결정적인 역할을 하기 때문이다.

이자율이 상승하면 화폐의 시간가치로 나타나는 자산의 가격이 크게 할인되어 자산가치가 낮게 평가되는 현상을 보인다. 여기서 화폐의 시간가치란 시간이 흐름에 따라 돈의 가치가 달라진다는 것을

의미한다. 그 화폐의 시간가치에 결정적인 영향을 주는 것이 바로
이자율인 것이다.

(5) 환율

자본시장이 개방되지 않은 상태에서는 환율이 다음과 같은 경로
를 통하여 주식시장에 영향을 미치게 된다.

환율상승(원화가치 하락) → 수출단가인하/수입단가인상 → 무역수지흑자 → 주가상승
환율하락(원화가치 상승) → 수출단가인상/수입단가인하 → 무역수지적자 → 주가하락

그러나 자본시장이 완전히 개방된 경제에서는 환율의 상승, 즉 원
화가치가 하락할 경우 외국인들은 원화를 매도하고 상대적으로 가
치가 높아지는 달러화로 바꾸려고 하기 때문에 주가가 단기적으로
하락하는 모습을 보인다. 그러나 환율의 하락, 즉 원화가치가 상승
할 경우 외국인들은 달러화를 원화로 바꾸기 위하여 원화매수에 나
서 주가가 단기적으로 상승하는 모습을 보이기도 한다.

따라서 환율의 경우 중장기적인 영향과 단기적인 영향을 포괄적
으로 판단하는 것이 필요하다.

2. 정부의 경제정책

(1) 재정정책

정부지출이나 세제변화와 관련된 정부의 재정정책은 경제의 수요
측면에 영향을 줌으로써 경기활성화를 촉진시키거나 경기과열을 억

누르고자 할 때 사용된다. 정부는 수요를 진작시키고자 할 때 적자 예산을 편성하여 세출을 증가시키고, 세율을 인하하게 된다. 이같은 재정적자는 이자율을 상승시켜 민간기업의 차입기회를 막아 경제에 미치는 순효과를 오히려 상반되게 나타내기도 한다.

⑵ 금융정책

금융정책은 시중통화량의 조절을 통해 이자율에 영향을 줌으로써 궁극적으로 투자와 소비수요를 좌우하는 것을 목표로 하고 있다. 통화량의 증가는 시장이자율을 하락시킴으로써 투자와 소비수요를 증가시키는 측면이 있다. 그러나 이같은 통화량의 증가는 단기적으로는 효과를 볼 수 있으나, 장기적으로는 물가상승으로 이어져 그 효과가 상쇄되기 쉽다. 금융정책의 수단으로는 국채의 매각과 매입, 시중은행의 지불준비금의 변경, 할인율의 변경 등이 이용되는데 일반적으로 재정정책의 효과보다는 직접적이지 못한 것으로 평가되고 있다.

이상에서 살펴본 것이 경제변수들과 주가와의 상관관계이다. 이러한 변수들의 움직임을 면밀히 살펴보는 것은 주식투자를 하는 데 있어 보다 넓은 시야를 가질 수 있도록 해준다. 하지만 일반투자자들은 하루하루의 주식시세에 매몰되어 거시적인 안목을 외면하는 경우가 많다.

많은 사람들이 시장에 필요한 답을 시장에서만 구하려고 한다. 시세는 시장에게 물어보라는 격언도 있지만, 그 정답이 반드시 시장에만 있는 것은 아니다. 시세보다 더 중요한 것은 넓은 시야로 시장 전체를 바라볼 수 있는 눈이다.

[증권용어]
* 집중투표제도

기업이 2인 이상의 이사를 선출할 때 3% 이상 지분을 보유한 주주가 요청하면 주총에서 투표를 실시해 표를 많이 얻은 순서대로 이사를 선출하는 제도이다.

개정상법에서 소액주주의 권리강화를 위해 도입한 것으로 1999년 6월부터 시행되었다. 집중투표제는 기업이 정관에 이를 배제하는 조항을 만들지 않으면 자동으로 실시하는 것으로 규정돼 있다.

주식회사의 이사를 선출하는 방식으로는 크게 단순투표제와 집중투표제의 두 가지가 있다. 이 방식 간의 차이는 여러 명의 이사를 한 번의 투표로 뽑을 것인가 아니면 한 번 투표에 한 명씩 여러 번의 투표로 뽑을 것인가에 있다. 단순투표제 아래에서는 한 번의 투표로 한 명씩의 이사를 뽑는다. 따라서 최대주주가 원하는 사람만이 이사로 선임될 수 있다. 반면 집중투표제 하에서는 여러 명의 이사를 한 번의 투표로 선출한다. 따라서 최대주주는 여러 명의 후보에게 표를 분산해서 던질 수밖에 없다. 그러므로 이때 소액주주들이 일부의 후보들에게 표를 몰아줄 수 있다면 자신들이 원하는 사람을 이사로 선출할 수 있게 된다.

예를 들어 갑이 (주) JD인베스트먼트를 운영하고 있다고 해보자. 지배주주인 갑은 70%의 주식을 소유하고 있으며, 2대 주주인 을은 30%의 주식을 소유하고 있다. (주) JD인베스트먼트는 주주총회에서 3명의 이사를 선임하려고 하고 있다. 단순투표제 하에서는 이사 후보를 한 명씩 내세워 3번의 찬반투표를 실시하면 된다. 그러므로 주주총회에서 선임되는 3명의 이사는 모두 지배주주인 갑이 원하는 사람들일 것이다.

그러나 집중투표제를 택하게 되면 3명의 이사가 한 번의 투표로 선출된다. 을이 투표권을 한 명의 후보에게 몰아주는 한, 갑은 어떻게 하더라도 3명의 이사를 모두 자신이 원하는 사람으로 선출할 수가 없게 된다. 따라서 3명 중 최소한 1명의 이사는 을이 원하는 사람으로 선임될 것이다. 집중투표제는 이렇게 해서 최대주주가 아닌 주주에게도 이사 선출권을 부여하는 구조를 가지게 된다.

주가! 망치로 두드려보자

> *싼 게 비지떡이다.*

왜 느닷없는 망치 타령인가 하는 사람들이 있을지 모르겠다. 미국 MBA 과정에서 제일 많이 하는 공부가 바로 미래의 현금가치나 현금의 현재가치와 같은 개념이라고 한다.

최근에는 모든 자산의 가치를 계산하는 데 있어 그 자산으로 발생하는 현금흐름을 현재가치화 해서 그것을 모두 더한 값으로 평가하는 것이 일반적이다. 이러한 방법을 현금흐름할인법(Discounted Cash Flow Method : DCF)이라고 한다.

그러다보니 MBA 출신들은 자산의 가치평가라고 하면 현금흐름의 현재가치를 제일 먼저 머리에 떠올리게 된다.

필자의 "주가! 망치로 두드려보자"란 이 말은 공사판의 인부들이 망치 하나만 들면 뭐든 두드려보려는 것처럼 기업의 가치평가나 주식의 가치평가를 할 때 아무 생각 없이 현금흐름할인법을 사용하는 것을 빗대서 한 말이다.

그럼 지금부터 주식의 기본적 분석에 대해 살펴보도록 하자.

일반적으로 우리는 주식을 분석하는 데 있어서 기본적 분석, 기술적 분석, 포트폴리오 분석 등의 3가지 방법을 사용한다. 그 중에서 기본적 분석은 그 기업의 본질가치를 계산해낼 수 있다면 주가를 정확히 계산할 수 있다는 전제를 가지고 있다. 즉 주가라는 것이 바로 기업의 가치를 나타내는 것이므로 기업의 가치가 곧 주가라는 것이다.

이렇게 기업의 가치나 주식의 가치 등을 알아보기 위해서 우리는 먼저 화폐의 시간가치라는 개념을 명확히 해둘 필요가 있다. 화폐는 시간이 지남에 따라 그 가치가 달라진다. 따라서 화폐의 현재가치는 지금으로부터 몇 년 뒤에 나타나는 돈의 현재가치를 말하는 것으로 보면 된다.

예를 들어 1년 뒤에 100원이 되기 위해서는 현재 얼마가 있으면 될까? 이 문제는 지금 얼마의 돈을 예금하면 이자를 포함해 내년에 100원이 되겠는가라는 물음으로 보면 큰 문제가 없을 것이다.

그럼 은행에 예금을 했을 때 이자가 어떻게 붙는지 먼저 살펴보자.

만약 지금 100원을 예금했다면 1년 뒤에는 그 돈이 $100(1+r)$로 이자가 붙어 있을 것이다. 그리고 2년 뒤에는 이자에 이자가 붙는 복리로 계산해서 $100(1+r)^2$로 되는 것이다. 그렇다면 1년 혹은 2년 뒤에 어떤 돈이 100원이 되기 위해서는 얼마만큼의 돈을 집어넣으면 될까? 당연히 1년이면 $\frac{100}{(1+r)}$, 2년이면 $\frac{100}{(1+r)^2}$이 100원이 되어야 할 것이다.

이것이 바로 화폐의 현재가치라고 할 수 있다. 즉 작년의 100원은 금년의 100원에 비해서 가치가 커야 한다. 그리고 내년의 100원은 금년의 100원에 비해 가치가 작아야 한다.

이를 그림을 통해서 보면 다음과 같다.

(여기서 r=이자율)

〈 화폐의 미래가치 예시 〉

100원	100원/(1+r)	100원/(1+r)^2
현재	1년 뒤	2년 뒤

〈 화폐의 현재가치 예시 〉

100원/(1+r)^2	100원/(1+r)	100원
현재	1년 뒤	2년 뒤

그럼 이제 조금 더 나아가서 간단한 채권의 가치를 구해보자.

예를 들어 액면이 10,000원이고 표면이자율이 10%, 만기 3년, 할인율이 12%인 채권의 가치를 구해보자. 이러한 구조를 가지고 있는 채권의 가치는 다음과 같다.

(1) 위 채권의 현금흐름을 먼저 살펴보면 다음과 같다.

〈 화폐의 현재가치 예시 〉

1,000원	1,000원	11,000원
0	1	2	3

(2) 그리고 현금흐름을 할인율로 할인하여 현재가치를 구해보면

위의 계산과정을 살펴보면 채권의 가치 자체가 각각의 현금흐름

$$\frac{1,000}{(1+0.12)} + \frac{1,000}{(1+0.12)^2} + \frac{11,000}{(1+0.12)^3} = 9,520원$$

의 현재가치를 모두 더해 놓은 것과 같다는 것을 알 수 있다.

그렇다면 주식의 가치는 어떻게 계산을 하는 것일까?

주식과 채권의 차이점이라면 바로 만기가 없다는 것이다. 그리고 채권 보유 시의 현금흐름은 이자와 원금이 되지만 주식을 보유하고 있을 경우에 현금이 발생하는 것은 바로 배당밖에 없을 테니 주식의 가치는 그 기업의 주식을 보유함으로써 받을 수 있는 배당금의 현재가치를 구해서 다 더해주면 될 것이다.

그런데 문제는 배당지급은 각 기업별로 성과에 따라 매년 다를 수 있다는 점이다. 그래서 여기서는 매년 일정한 경우와 조금씩 많아지는 경우로 나누어 살펴보아야만 한다. 이를 각각 나누어서 살펴보면 다음과 같다.

(1) 배당이 매년 일정한 경우

이때 배당의 흐름을 살펴보면 다음과 같다.

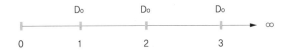

매년 D_0만큼의 배당이 기업이 존속할 때까지 무한대로 이어질 것이다. 그리고 배당의 흐름은 매년 같을 테니 이 기업의 할인율로 할인을 해보면 다음과 같은 식이 된다.

$$주가 = \sum_{t=1}^{\infty} \frac{D_0}{(1+k_e)^t}$$

이 식을 간소화시켜 보면, 주가 = $\dfrac{D}{ke}$ 과 같은 식이 나온다.

여기서 ke는 자기자본비용을 말하며 이는 자본자산가격결정모형에서 살펴보았던 공식을 사용하여 다음과 같이 구할 수 있다.

$$E(R_i) = r_F + [E(R_m) - r_F] \cdot \beta_i$$

$E(R_i)$: 투자로부터 기대하는 수익률 또는 투자로부터 요구하는 수익률

r_F : 무위험이자율(정기예금이자율 또는 국채수익률을 말함)

$E(R_m)$: 주식시장의 기대수익률

β_i : 당해 주식 또는 투자안의 베타, 즉 위험도

예를 들어 매년 1,000원의 배당을 주는데 그 기업의 할인율이 10%라면 이 기업의 주가는 $\dfrac{1,000원}{0.1}$ 로 계산되어 10,000원이면 된다는 것이다.

(2) 배당이 매년 성장하는 경우

그렇다면 배당이 매년 성장한다면 어떻게 될까? 만약 배당이 성장을 하는데 매년 일정한 비율, 즉 성장률 g로 성장을 한다면 배당의 흐름은 다음과 같을 것이다.

$$
\begin{array}{ccccc}
D_0 & D_0(1+g) & D_0(1+g)^2 & D_0(1+g)^3 & \\
\vdash\!\!\!\!-\!\!\!\!-\!\!\!\!-\!\!\!\!-\!\!\!\!-\!\!\!\!-\!\!\!\!-\!\!\!\!-\!\!\!\!-\!\!\!\!\!\!\!\!\!\!\!\!\!\!\!\!\!\to & \infty \\
0 & 1 & 2 & 3 &
\end{array}
$$

이러한 상태의 흐름을 현재가치화시켜 보면 다음과 같은 식이 나온다.

$$주가 = \sum_{t=1}^{\infty} \frac{D_0(1+g)^t}{(1+k_e)^t}$$

이 식을 간소화시켜 보면, 주가 = $\dfrac{D_1}{ke\text{-}g}$과 같은 식이 나온다.

예를 들어 매년 1,000원의 배당을 주는 기업의 배당성장률이 5%이고 할인율이 15%라면 이 기업의 주가는 $\dfrac{1,000원(1+0.05)}{0.15-0.05}$ = 10,500원이면 된다는 것이다.

그런데 최근 벤처기업과 같은 기업들의 가치평가를 할 때는 고려해야 할 것이 있다. 이는 벤처기업의 특성상 초기에는 고성장을 하지만, 일정 기간이 지나면 완만한 성장을 한다는 것이다. 이런 기업의 경우 성장률을 둘로 나누어 기업의 가치를 평가하는 2단계 성장모형을 사용하면 된다.

여기서 한 가지 더 고려해야 할 것은 앞에서 살펴봤던 현재가치화시킬 때 사용하는 할인율이다. 할인율이라는 것은 무위험이자율+위험보상률로 이루어져 있는데, 그 기업이 얼마나 위험한가에 따라 할인율이 달라진다. 예를 들어 기업의 위험이 작으면 할인율이 작아져서 주가는 높게 나타나고 위험이 크다면 할인율이 커져 주가는 낮게 나타난다.

즉, 바로 아래의 공식을 통해서 그 상관관계를 알아 볼 수 있다.

$$E(R_i) = r_F + [E(R_m) - r_F] \cdot \beta_i$$

위 식은 바로 현대자본시장을 지배하고 있는 자본자산가격결정모형(CAPM)의 기본모형이다. 이는 베타계수(β)가 얼마의 값을 갖는가에 따라 할인율이 결정되는 것을 보여준다. 베타계수 즉, 기업의 위험계수가 높아지면 할인율은 높아지고 위험계수가 낮아지면 할인율이 낮아지는 것이다. 그리고 바로 여기서 '위험이 크면 수익도 크다

(High Risk High Return)'의 원칙이 적용되는 것이다.

이처럼 성장률과 주가에는 상관관계가 존재한다. 주식가치를 평가하는 공식으로 살펴보면 성장률이 큰 기업의 주가가 상대적으로 높다는 것을 알 수 있다.

기본적 분석의 기초는 바로 현금흐름을 할인해서 기업의 가치를 계산하는 것이다. 일반적으로 사람들은 공식이 나오면 무조건 어렵다고 하는데 사실 그렇게 알아듣지 못할 정도로 어려운 것은 아니다. 우리들이 이미 알고 있는 모든 것을 기호화한 것에 지나지 않으니 너무 어려워하지 말자. 그리고 현명한 투자를 하려 한다면 이러한 것은 알아둬야 한다. 그렇지 않으면 증권회사에서 나오는 보고서는 그저 장식용이 되기 때문이다.

우리는 여기서 화폐란 시간가치를 가지고 있으며, 기업은 배당의 흐름과 위험 그리고 성장률에 따라 그 가치가 결정된다는 것을 살펴보았다. 주식시장에서 관리종목기업들을 보면 일반적으로 주가가 낮은 것을 알 수 있다. 그 기업들의 주가가 낮은 것은 물론 이익이 나지 않기 때문이기도 하지만 위험이 크기 때문이라고 생각해도 무리가 없다. 시장에서 그 기업의 주가가 싸다는 것은 분명 무언가 문제가 있다는 것이다.

우리는 가급적이면 위험이 적은 종목을 고르는 지혜를 가져야 한다. 주식시장에서도 역시 싼 것은 비지떡일 가능성이 크기 때문이다.

【 증권용어 】
* **집단소송제**   (?)

집단소송제는 일반적으로 1명의 주주라도 기업을 대상으로 손해배상을 청구해 승소
했을 때 다른 주주들도 별도 재판 없이 똑같이 배상 받을 수 있는 제도다. 주주가
직접 기업을 대상으로 소송을 제기해 배상 받는다는 점에서 현재 시행되고 있는 대
표소송제도와는 다르다. 대표소송제는 소액주주들이 회사에 대해 손해를 끼친 이사
를 대상으로 손해배상소송을 하라고 요구하고, 만약 회사가 30일 이내에 소송을 하
지 않으면 주주들이 직접 소송을 제기하는 것이다. 반면 집단소송제는 모든 주주들
이 부실경영을 한 기업으로부터 직접 한 번의 재판만으로 손해배상을 받을 수 있
는 제도다. 우리나라에서는 분식회계, 주가조작, 불성실공시 등을 통하여 경영자들
이 소액주주들에게 손해를 끼치지 못하도록 2005년 1월부터 자산규모에 맞춰서 순
차적으로 적용되고 있다.

저PER! 그것이 알고 싶다

> 방심은 가까운 곳에 있는 최대의 적이다.

　푸른빛이 난다고 해서 모두 청자인 것은 아니다. 필자는 골동품에 대한 지식은 없지만, 적어도 진품과 모조품을 구별하기 위한 몇 가지 기준이 분명히 있을 것이라고 생각한다.

　이렇듯 PER도 무조건 낮다고 해서 좋은 것은 아니다. 얼마 전 어느 일간지에 외환위기 이전 우리나라 주식시장의 평균적인 PER가 12배였다는 기사가 있었다. 아울러 최근 우리나라 주식시장의 평균적인 PER가 9배라고 했다. 그리고 결론적으로 그 기사는 PER을 기초로 외환위기 이전에 비해 현재 주가가 저평가되어 있으니 주식을 사야 한다는 논조를 띠고 있었다.

　과연 이 말은 맞는 것일까? 실제로 현재의 주식시장이 저평가되어 있다면 왜 사람들은 미친 듯이 주식을 사고 있지 않는 것일까?

　자! 그럼 지금부터 그 비밀들을 하나씩 풀어 나가보자.

　우리는 앞에서 자산가치를 계산해보는 배당흐름할인법에 대하여 알아보았다. 하지만 그렇게 계산되어 나온 결과가 과연 기업의 가치를 정확히 계산한 것이었을까?

현금흐름할인법을 통하여 기업의 가치를 계산하는 것에 대해 사실 많은 사람들이 회의적인 생각을 가지고 있다. 그래서 기본적 분석의 가정인 '기업가치를 계산할 수 있다면……'을 나중에는 '기업의 가치를 계산할 수 없다'로 결론지어 기본적 분석 자체를 쓸모없는 것으로 여기는 사람도 많다.

그렇다면 이렇게 생각해보면 어떨까?

지금 시장에서 형성되고 있는 주가가 만약 그 기업의 가치를 정확하게 반영하고 있다면 시장에서 형성된 주가로 기업가치를 비교해 보는 것이 가능해진다.

그래서 현금흐름할인법을 절대적 기업가치 평가방법이라고 하고, 시장에서 형성되는 주식의 가격으로 일정한 지표를 만들어서 비교해 보는 방법을 상대적 기업가치 평가방법이라고 한다. 상대적 기업가치 평가방법 중에서 우리에게 가장 잘 알려진 것이 바로 주가수익배율이라고 하는 PER(Price Earning Ratio)이다.

우리나라는 1992년 1월, 외국인에게 주식시장을 개방했다. 그때 상황을 돌이켜보면 참으로 재미있는 일도 있었고 또 얼굴이 화끈해지는 일도 있었다. 1991년 하반기 증권업계의 최대 이슈는 과연 시장이 개방되면 외국인들이 어떤 주식을 사겠느냐는 것이었다. 그리고 그 당시 우리나라의 기업분석가들이 나름대로의 기준과 분석을 통해 외국인들의 매수예상종목을 종목별로 뽑아보았다.

그들이 예상한 종목을 정리해보면 다음과 같다.

그 첫째 기준은 기업가치가 좋아야 한다는 것이었다. 둘째는 시장에서의 유동성, 즉 매매가 가능한 물량이 많아야 한다는 것이었다.

이런 기준에 의해 뽑아보니 삼성, 현대, 대우, LG그룹 관련주와 같이 소위 대표적인 제조업종의 주식들과 우량금융주들로 최근 소위 블루칩(Blue Chips) 종목들이었다.

그러나 실제로 주식시장을 개방해 보니 외국인들은 전혀 엉뚱한 주식을 사고 있는 것이었다. 그 종목들은 바로 태광산업, 대한화섬, 롯데제과, 롯데칠성과 같이 하루 종일 있어도 거래가 한 주도 안 되는 주식들이었다. 그 주식들은 사실 우리나라 사람들이 전혀 관심을 가지지 않았던 것들이었다. 그 주식은 사 봤자 팔 수가 없던 주식이기 때문이었다.

우리나라 기업분석가들은 비웃지 않을 수 없었다. '도대체 저 주식들을 어떻게 팔려고 저러지?' 초반에는 모두가 그렇게 생각했었다. 그러나 외국인들의 생각은 달랐다. 그들은 아마 이렇게 생각했을 것이다. '이 주식들을 팔기는 왜 팔아?' 라고 말이다.

그리고 얼마 후 그 주식들은 어떻게 되었을까?

태광산업은 당시 연초 5만 원대에서 그해 5월에 20만 원를 훌쩍 넘겼다. 그리고 대한화섬은 연초 2만5천 원에서 그해 5월에 15만 원까지 올라가는 무서운 상승세를 보였다. 이때 우리들은 외국인들이 왜 그 기업들을 선택했는지 이해하는 데 얼마간의 시간을 필요로 했다. 하지만 사실 그 기업들을 선택한 그들의 기준은 다름 아닌 PER였다.

그들이 선택한 PER란 도대체 무엇이었을까?

예를 들어 한번 살펴보자. 가령 갑이라는 종목의 당기순이익이 1조 원이고 을이라는 종목의 순이익이 300억 원이라고 한다면 어떤 종목의 기업이 좋은 기업일까? 단순히 순이익이 크다고 해서 갑이 좋은 회사일까?

우리는 눈을 뭉칠 때 큰 덩어리를 굴리면 눈이 많이 뭉쳐지고 작은 덩어리를 굴리면 눈이 조금밖에 뭉쳐지지 않는 것을 알고 있다. 이는 기업에 적용해도 마찬가지다. 즉 자본금이 크면 순이익도 그만큼 크고 자본금이 작으면 순이익도 그만큼 적을 수 있다는 것이다.

그렇다면 단순하게 순이익 규모만으로 비교하는 것보다 각 기업이 발행한 주식수를 기준으로 나누면 어떻게 될까?

만약 위 기업들의 발행 주식수로 나누어서 순이익을 계산해 보니 갑은 2천 원이고 을은 3천 원이라고 한다면 발행된 주식 한 주당 벌어들이는 수익률은 을이 더 높다. 이 지표가 바로 주당순이익(EPS : Earning per Share)으로 (당기순이익/발행주식수)인 셈이다.

그러면 PER는 도대체 무엇일까?

위에서와 같이 계산된 주당순이익을 한 주당 벌어들이는 수익력으로 본다면 PER은 그 수익력이 시장에서 어느 정도의 주가로 평가받고 있느냐 하는 지표라고 할 수 있다. 예를 들어 갑 회사와 을 회사의 주가가 모두 현재 20,000원이라고 했을 때 주당순이익이 현재 시장에서 어떻게 평가받고 있는지 본 것이 바로 주가수익배율(PER : Price Earning Ratio)이다. 이는 (현재주가/주당순이익)으로 계산된다. 따라서 공식에서와 같이 PER을 구해보면 갑 회사의 PER은 (20,000/2,000) 10배, 을 회사의 PER은 (20,000/3,000) 약 6.7배가 된다. 이렇게 본다면 을 회사의 주식이 저평가 되어 있다고 말해야 한다. 하지만 그렇게 간단히 말할 수 있는 것일까? 지금부터 그 비밀을 벗겨보도록 하자.

1992년에 소위 저PER주 혁명을 이끌었던 주식들의 PER를 구해

보면 현저하게 낮았던 것이 사실이다. 그래서 외국인들이 저 PER주를 독식하고 난 후 우리나라 투자자들도 한동안 저PER주를 찾아다녔다. 사실 PER라고 하는 것은 주당순이익과 주가만 알면 그것을 구하는 것은 그리 어려운 일이 아니었다. 그런데 어떤 사람이 계산해봤더니 이상하게도 저PER주 순위의 상위 50개 종목을 관리종목들이 차지했다고 한다. 그렇다면 관리종목들은 저평가되었던 것일까? 과연 왜 이런 결과가 나왔던 것일까?

PER이 무엇이었던가? 바로 (주가/주당순이익)이 아니었던가?

그렇다면 PER이 낮아지는데 그것을 결정하는 변수들이 무엇인지 알아보자.

앞장에서 살펴보았던 배당평가모형에 의해 주가를 구해보면,

$$주가 = \frac{D_1}{k_e - g} \text{ 이다.}$$

그런데 배당은 무엇인가? 배당은 기업의 순이익에서 내부유보자금을 빼고 남은 것으로, 여기서 기업의 유보율을 f라고 한다면 위 공식은 다음과 같이 바뀌어야 할 것이다.

$$주가 = \frac{EPS(1-f)}{k_e - g}$$

이를 조금 변형해 보면 다음과 같은 계산식이 나온다.

$$\frac{주가}{EPS} = PER = \frac{(1-f)}{k_e - g}$$

이 공식에서 보면 PER을 결정하는 변수들은 바로 기업의 유보율, 자기자본비용, 성장률이라는 것을 알 수 있다.

여기서 기업의 유보율이 커지면 PER는 낮아진다. 하지만 이것 외에 자기자본비용이 높아져도 PER은 낮아지게 된다. 그런데 자기자본비용을 결정하는 요인 중 결정적인 것은 바로 위험이다.

$E(R_i) = r_F + [E(R_m) - r_F] \cdot \beta_i$ 을 통해서 보면 여기서 말하는 기대수익률을 자기자본비용으로 사용할 수 있다고 했으니 이 공식에서는 베타계수(β), 즉 위험이 기대수익률을 결정하는 요소가 된다. 즉, 위험이 큰 주식은 주가가 낮아져 PER이 낮아지는 것이다. 그러니 저PER주 순위의 상위 50개 종목을 관리종목이 차지했던 것은 당연하다. 앞에서도 설명했듯이 관리종목들은 위험이 큰 주식이 아니었던가!

그리고 우리는 성장률이 낮은 기업들의 PER가 낮아지는 것을 보게 된다. 1992년 주식시장에서 농기계를 만드는 회사인 동양물산이 저PER주 대열에 합류했던 적이 있었다. 그 이유는 바로 농기계산업 그 자체가 성장성이 낮은 대표적인 산업이었기 때문이다. 일반적으로 주식시장에서 성장성이 큰 통신주 내지는 코스닥에 속해 있는 종목들의 PER가 높은 것을 볼 수 있는데, 이는 PER과 성장률이 비례관계를 가지기 때문이다.

그렇게 본다면 앞에서 언급했던 단순히 PER이 낮다는 이유만으로 주가가 저평가 되었으니 주식을 사라는 주장은 조금 무리가 있는 것이다. 외환위기 전보다 그 이후에 PER이 낮은 것은 저평가 되었다기보다는 구조조정 지연에 따른 위험증가나 돈 되는 자산의 해외매각으로 인한 성장잠재력이 낮아졌기 때문일 수도 있다.

위에서 설명한 것처럼 지표상 PER이 낮다고 해서 반드시 저평가 된 것이 아니라는 것을 기억하기 바란다. 도자기가 푸른빛이 난다고 해서 모두가 청자가 아닌 것처럼 말이다.

【 증권용어 】
＊주당순이익 (EPS)

당기순이익을 평균발행 주식수로 나눈 수치이다.

규모가 다른 기업의 수익성을 비교할 때는 이익의 절대규모만으로는 불가능하기 때문에 주당순이익으로 평가한다. 주당순이익은 또 주가수익비율(PER) 계산의 기초가 된다. 기업이 여러 가지 종류의 주식을 발행한 경우에는 주당순이익도 구분하여 계산할 수 있다. 모든 투자자가 PER만을 기초로 투자한다면 이론적으로 모든 종목의 PER는 시장평균치와 일치해야 한다. 그러나 그렇지 못한 이유는 기업의 이익이 매년 변하기 때문이다. 기업의 미래 EPS를 정확히 예측하는 것이 투자분석에 있어 중요성을 더해가고 있다.

우리나라의 경우 대차대조표에 주당순이익을 주석사항으로 기재하도록 하고 있다. 그래서 기업의 대차대조표만 봐도 주당순이익은 쉽게 찾을 수 있다.

【 열여덟 번째 주제 】

우리 키재기를 해볼까?

> 투자의 대가(大家)는 투자의 어려움을 안다.

투자에 성공하기 위해서 우리는 얼마나 많은 노력을 기울여야 하는 것일까? 이런 노력들 중 대표적인 것이 바로 내게 적합한 지표를 찾아내는 것이다. 만약 자신만의 장기적이고 안정적인 지표를 찾아낼 수만 있다면 일단 투자에 성공할 가능성은 그만큼 커진다.

물론 그 지표라는 것이 투자를 하던 중 우연한 기회에 순간적으로 떠오르는 경우도 있고 지속적인 관심을 기울이고 유심히 바라볼 때야 비로소 찾아지기도 한다. 하지만 이 모든 것들이 그리 먼 곳에 있는 것은 아니다.

1992년 초반은 저PER의 혁명기였다. 그때는 모두들 저PER주 찾는데 혈안이 되어 있었지만, 저PER주로 기대했던 수익을 올릴 수 없었던 것도 사실이다. 이러한 투자지표라도 사실 그저 하나의 정보라서 일단 시장에 알려져 많은 사람들이 그 지표로 투자하게 되면 초과수익을 내기란 결코 쉽지 않게 된다.

한 증권회사 영업직원이 식구들과 여행을 하던 중 시원하게 국도를 달리고 있었다. 그런데 달리고 있던 그 국도 변에 아주 큰 숲이 있는 것이었다. "야, 숲이 정말 넓구나" 하고 지나치려는데 아무래도 이상했다. 야생 숲이라고 하기에는 너무 잘 가꾸어진 것이었다. 차를 돌려 그 땅의 소유주를 물어보니 상장되어 있는 한 목재회사의 조림지였다.

그는 그 순간 '바로 이거야' 라는 생각이 들어 서울로 올라와 몇몇 기업을 뽑아 지표를 대입해 보았다.

그 사람이 '바로 이거야' 라고 생각한 데는 이유가 있었다. 주식회사가 파산을 하면 현재 보유중인 자산을 처분하여 부채를 갚는다. 그러고 나서 돈이 남는다면 그것을 주식 수에 비례해 분배하게 된다. 이것을 바로 잔여재산청구권이라고 한다.

자산총계에서 부채를 차감한 것을 순자산이라고 부르는데, 이것은 잉여금을 포함한 자본의 가치다. 이를 대차대조표로 살펴보면 다음과 같다.

〈 포대차대조표 〉

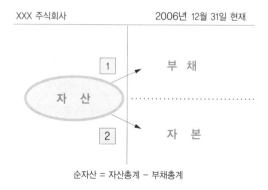

순자산 = 자산총계 − 부채총계

이처럼 순자산의 가치가 부채보다 훨씬 크다면 그 기업이 파산해도 많은 돈을 돌려받게 될 것이다. 그리고 불황기에 살아남는다면 신규투자나 사업조정의 여력이 있어서 시장 적응능력이 클 것이다. 따라서 순자산의 가치가 큰 기업은 그렇지 못한 기업보다 당연히 주가가 높아야 한다는 것이었다.

우리는 PER을 구하는 방식을 원용해서 순자산을 발행주식수로 나눈 것을 주당순자산(BPS : Book-Value per share)이라고 한다. 그리고 이것을 다시 주가로 나누어 보면, 즉 (주가/주당순자산)으로 계산한 것이 바로 주가장부가치배율이라고 하는 PBR(Price Book-Value Ratio)이다. 바로 이것으로 인해 자산주 개념이 도입되게 된 것이다.

$$BPS = \frac{순자산}{발행주식수}$$

$$PBR = \frac{주가}{주당순자산(BPS)}$$

하지만 주당순자산을 계산하려고 할 때 실제로 장부가만을 생각해서는 안 된다. 만약 장부가와 현재의 시가가 큰 차이가 난다면 장부가를 시가로 재평가한 후 환산해 계산해야 할 것이다.

영등포에 자리잡고 있던 방적회사들은 우리나라의 초기 산업을 이끌었던 경공업의 총아들로 역사가 무척 오래된 것으로 유명하다.

1992~1993년 자산주 열풍이 불었을 때 이들 회사의 장부가를 살펴보면 영등포 땅 한 평이 50원 안팎으로 올려져 있었다. 아마 당시 시가가 평당 500만 원은 족히 되었을 것이다. 이렇게 시가와 장부가가 컸기 때문에 그 기업들은 자산재평가를 통해서 주당순자산을 계

산해야 했다.

이렇게 자산주 열풍이 불었을 때 자산주의 총아는 역시 성장기업이었다. 성장기업은 초기에 10,000원대 안팎에서 100,000원까지 상승해 폭발적인 상승세를 이끌었다. 그리고 소위 우리가 알고 있는 자산주들이 이러한 논리를 가지고 상승세를 보였다.

하지만 PBR도 PER과 마찬가지로 몇 가지 변수에 영향을 받는데 그것은 살펴보면 다음과 같다.

$$PBR = \frac{주가}{주당순자산(BPS)}$$

여기서 주가를 배당평가모형으로 살펴보면 주가 $= \frac{D_1}{ke-g}$ 이므로 이를 정리해보면, 다음과 같이 된다.

$$주가 = \frac{주당순자산 \times 자기자본이익률 \times 배당성향}{자기자본비용 - 성장률}$$

$$PBR = \frac{주가}{주당순자산} = \frac{자기자본이익률 \times 배당성향}{자기자본비용 - 성장률}$$

위 식에서 본다면 주가장부가치배율(PBR)은 자기자본이익률, 위험, 성장률 등에 결정적인 영향을 받는다고 할 수 있다. 자기자본이익률이 높아지면 PBR도 높아지고 위험이 높아지면 PBR은 낮아진다. 그리고 성장률이 높아지면 PBR은 높아지는 것을 확인할 수 있다.

여기서 우리들을 혼란스럽게 만드는 것은 왜 자기자본이익률이 높아지면 주가장부가치배율(PBR)이 높아지고 자기자본이익률이 낮아지면 따라서 낮아지는가 하는 것이다. 흔히 생각하기에 자기자본이익률이 높아지면 주가장부가치배율이 낮아져 저PBR이 될 것 같은데 말이다.

그 이유는 '자기자본이익률이 높다' 라는 그 자체가 주가에 커다란 영향을 미치기 때문이다. 즉, 자기자본이익률이 높아지면 높은 이익률에 대한 소문이 퍼져 주가가 높아져서 PBR이 높아지고 반대로 자기자본이익률이 낮아지면 주가가 떨어져서 PBR이 낮아지는 것이다.

이것도 PER과 마찬가지로 단순히 '그것이 높다' 또는 '낮다' 라는 명목적인 수치만 보고 투자해서는 안 된다. 저PBR인 경우 실제로 자산가치가 뛰어나서인지 위험이 커져서인지 꼼꼼히 따져서 투자를 해야 할 것이다. 그렇다면 PBR을 이용해서 주식의 저평가나 과대평가를 어떻게 판단할 수 있을까?

다음 표를 이용하여 그것을 알아보자.

〈 ROE와 PBR의 관계로 본 저평가주의 판단 〉

저	PBR	고
높은 ROE 낮은 PBR (저평가로 판단)	높은 ROE 높은 PBR	ROE
낮은 ROE 낮은 PBR	낮은 ROE 높은 PBR (과대평가로 판단)	저

위 표를 통해서 보면 자기자본이익률은 높지만 PBR이 낮은 종목인 경우는 시장에서 저평가 되었다고 판단해야 할 것이다. 그러나 반대로 자기자본이익률이 낮은데도 PBR이 높은 종목인 경우 이는 시장에서 과대평가 된 것으로 판단하면 된다.

이렇게 자산주의 열풍이 불고 난 뒤 많은 사람들이 새로운 지표를 적용시키려고 노력했지만 나머지 것들은 잘 들어맞지 않았다.

우리나라는 시중에 자금사정이 좋지 않아 부도위험이 큰 종목을 피하기 위해서 주당 현금흐름을 사용하는 PCR(주가현금흐름비율) 등이 바람을 일으킬 것으로 생각했는데 사실은 그렇지 않았다. 그전에는 자금이 그 회사의 독립적인 의사결정에 의한 것이었기보다는 정부와의 정치적인 이해관계에 많은 영향을 받았기 때문이 아닌가 싶다.

그 다음으로 관심을 끈 지표가 바로 PSR(Price - Sales ratio)라고 하는 주가매출액 비율이다.

PSR은 벤처열풍이 한창이던 1999년, 묻지마 투자를 하던 사람들이 벤처기업의 옥석(玉石)을 가리는 과정에서 매출액에 관심을 기울이면서 주목받기 시작했다. 그래서 주가를 주당매출액으로 나누어서 계산된 이 지표를 투자의 지표로 삼았다.

$$PSR = \frac{주가}{주당매출액} = \frac{매출액순이익률 \times 배당성향}{자기자본비용 - 성장률}$$

위 식을 통해서 살펴보면 PSR도 매출액순이익률과 성장잠재력, 그리고 위험이라는 변수의 영향을 받는 것을 알 수 있다. 매출액순이익률이 높은 종목들은 PSR도 높고 매출액순이익률이 낮은 종목들은 PSR이 낮은 상호 비례관계를 가진다. 또한 성장잠재력이 높은 종목들은 PSR이 높아지고 성장잠재력이 낮은 종목들은 PSR이 낮아지는 모습을 보인다. 물론 위험이 큰 종목이 PSR이 낮아지는 것은 당연하다. 따라서 겉으로 나타나는 명목적인 수치만 보고 매매해서는 안 된다. PSR이 낮다면 실제로 저평가 된 것인지 아니면 다른 요인에 의해 저평가 된 것인지를 반드시 확인한 다음 매매에 나서야 할 것이다.

지금까지 우리는 전통적으로 사용하고 있는 상대적 가치평가 방법들을 살펴보았다. 이제 우리들은 이러한 지표들이 무조건 낮으면 좋다고 생각하는 습관을 버려야 한다. 각각의 지표들이 어떠한 변수들과 어떻게 연관되어 있는지 반드시 살펴봐야 할 것이다.

우리나라는 아직도 이 정도의 기본적 분석조차도 제자리를 잡고 있지 못하고 있다. 그렇지 않은 사람들도 많이 있지만 유명한 애널리스트들도 이런 변수들을 고려하지 않은 채 리포트를 쓰는 경우가 많다.

지금까지 우리는 이런저런 경우의 수를 살펴보았다. 부디 지표가 주는 착시현상에 빠지지 않기를 간절히 바랄 뿐이다. 주식을 알고 주식공부를 하다보면 주식이 정말 어렵다는 생각이 든다.

피터린치, 워렌 버펫, 일본의 고레가와 긴조와 같이 이름만 들어도 아는 많은 투자의 대가들은 하나같이 투자의 어려움을 말하고 있다. 그렇다. 투자는 어려운 것이다. 그래서 겸손한 마음으로 공부를 게을리 하지 말고 위험을 관리해야 하는 것이다.

【 증권용어 】
* 뱅크런 (Bank Run)

어떤 금융기관이 자금위기에 처하게 되면 예금자들이 그 소식을 듣고 금융기관에서
동시에 예금을 인출하려는 현상을 말한다. 어떤 금융기관이든지 Bank Run에 빠지
면 도산을 면치 못한다. 외환위기 이후 우리나라도 종금사, 신용금고 등에 Bank
Run이 발생하여 도산하는 모습을 잘 보았을 것이다.

섹시한 기업가치 평가방법

(인기는 순환한다.)

우리나라에서도 최근 미인의 기준을 두고 논란이 많다. 미스코리아를 뽑을 때 왜 얼굴 모습이 똑같이 생긴 사람들만 나오느냐고 말하는 사람도 있고 안티미스코리아까지 나오는 것을 보면 미인의 잣대에 대한 논란이 많은 것은 분명하다.

미(美)의 기준이 시대마다 다르다는 것은 누구나 잘 알고 있을 것이다. 농경사회에서는 노동력이 최고의 가치였기 때문에 일을 잘 할 수 있는 여자나 미래의 노동력인 아기를 잘 낳게 생긴 여자들이 미인의 상징이었다. 그러나 현대로 오면서 점차 날씬하고 볼륨감을 가진 여자가 미인의 기준이 되었다. 하지만 우리는 예나 지금이나 진정한 미인이란 외적인 아름다움을 가진 여자가 아니라 내면이 아름다운 사람이라는 것에 심정적으로 동의할 것이다.

이처럼 시대가 변해도 진정한 아름다움을 가진 여인들이 있듯이 시대가 변해도 진정으로 우량한 회사 그리고 진정으로 강한 회사도 존재한다.

이번 주제에서는 최근 애널리스트들이 가장 즐겨 쓰는 기업가치 평가방법을 두 가지 정도 소개할까 한다.

우리나라는 외환위기 이전까지 기업을 평가할 때 대체로 PER에 입각한 평가방법을 사용했다. 시장의 PER이 얼마이고, 또 비교대상 기업의 PER이 얼마이기 때문에 그 배수관계를 살펴서 목표주가를 산정하는 방법으로 기업을 분석했던 것이다. 그리고 학계에서도 PER의 수준에 따라 투자의 성과가 어떻게 나타나는가 하는 실증연구가 많이 이루어졌다.

하지만 외환위기 이후 우리나라에 기업을 평가하는 지표가 새로 등장했는데, 그것이 바로 FV/EBITDA이다. 이 지표도 생긴 것은 복잡하게 생겼지만 그 내용을 알고 보면 그리 어려운 것은 아니다.

먼저 분자에 있는 FV를 살펴보자. FV는 Firm Value의 약자로 기업가치를 말한다. 이는 기업 부채의 가치와 자본 가치를 더해서 나온 것으로, 기업이 보유하고 있는 자산 가치를 나타낸다. 이를 EV(Enterprise Value)라고 부르는 사람들도 있는데, 모두 기업의 가치를 말하는 것이니 똑같이 생각해도 무방하다.

그렇다면 분모에 있는 EBITDA는 무엇일까? 회계학에서 EBIT라는 것이 있는데 Earnig Before Interest & Tax의 약자로, 이것은 기업의 이익 중 이자와 세금을 공제하기 전의 것을 말한다. 그 뒤에 따라오는 DA의 D는 Depreciation(감가상각), A는 Amortization(감모상각)으로 이 둘은 모두가 자산의 원가회수를 위해서 회계처리 시 반드시 공제한다.

감가상각은 기업의 보유한 유형자산의 가치감소분을 원가에 반영하는 것이고 감모상각은 회사가 보유한 무형자산의 가치감소분을 원가에 반영하는 것으로 이해하면 된다. 여기서는 물론 이러한 복잡한 회계적인 내용을 알아보자는 것이 아니라, 증권회사에서 나오는 리포트를 보다 쉽고 정확하게 파악하기만 하면 되는 것이다.

FV/EBITDA도 RER과 같이 단지 회사의 수익력을 판단하는 하나의 지표일 뿐이다.

그러면 왜 PER 대신 FV/EBITDA를 사용하게 되는 것일까?

첫째는 PER은 순이익을 바탕으로 구하는데 자칫 순손실(-)이 발생했을 경우 분석상의 어려움이 따르게 된다. 그러나 EBITDA는 순이익에 이자, 세금, 감가(감모)상각 등을 빼지 않고 구하기 때문에 좀처럼 (-)의 값을 갖지 않는다. 그리고 둘째는 회계처리라는 것 자체가 어쩌면 기업입장에서 보면 자의적일 수 있다. 단적으로 말한다면 분식회계의 여지가 언제든지 있을 수 있는데, 그 중에서 가장 빈번하게 사용하는 부분이 바로 감가상각, 이자비용, 세금과 같은 부분이다.

그래서 비교적 기업의 경영성과를 제대로 반영하고 있는 EBITDA를 분모의 지표로 사용하는 것이다. 어떤 애널리스트의 말에 의하면 외국인들이 우리나라의 회계제도를 신뢰하지 않아서 FV/EBITDA와 같은 지표를 공개적으로 요구한다고 한다. FV/EBITDA는 그 배수가 낮으면 저평가로 그 배수가 높으면 고평가 된 것으로 이해할 수 있다.

그리고 다음으로 살펴봐야 하는 지표는 EVA(경제적부가가치)라는 개념이다. 우리나라 증권시장에서 이 지표는 외환위기 이후에야 비로소 사용되기 시작했다. 물론 이 지표가 그때 개발된 것은 아니다. 이미 학계에서는 10여 년 전부터 연구가 진행되었던 것이다.

경제적 부가가치는 기업이 영업활동을 통하여 얻은 영업이익에서 법인세 · 금융 · 자본비용 등을 제외한 금액을 말하며, 이는 다음과 같이 계산된다.

EVA = 세후영업순이익 − 자본비용
    = 투하자본×(투하자본이익률 − 투하자본비용)

예를 들어 어떤 사람이 장사를 하려 한다고 생각해보자. 그때 그 사람은 들어가는 비용보다도 이익이 더 클 때야 비로소 투자를 해서 장사를 하기로 결정할 것이다. 만약 그렇지 않으면 손해보는 장사가 되는 것이 자명하기 때문이다. 이처럼 경제적 부가가치는 기업이 투자한 돈보다 더 큰 이익이 생겼을 때 그 가치가 커진 부분을 말하는 것이다. 그런데 여기서 우리나라의 외환위기 이전 데이터를 가지고 이를 적용해보면 대부분의 상장기업들의 EVA값이 음(−)인 것을 알 수 있다.

EVA값이 음(−)이라는 것은 손해를 보면서 장사를 하고 있었다는 말과 같다. 그래서 EVA는 기업의 가치를 나타내주는 아주 중요한 지표가 된다.

최근 기업들은 EVA를 가치창조 경영을 판단하는 아주 중요한 지표로 사용하고 있다. 어떤 기업은 매년 경영자를 평가하는 데 있어 EVA를 어느 정도 올렸는가로 평가한다고 한다. 기업의 경영자들이 손해보는 장사를 하는데도 계속 경영을 맡길 수는 없지 않는가?

이렇게 최근에는 회계제도적인 측면에서 나온 상대적 평가방법인 FV/EBITDA와 경제적 부가가치인 EVA가 기업 가치를 평가하는 데 있어 가장 많이 사용되는 평가방법 중의 하나이다.

필자가 EVA를 생각할 때마다 우리는 왜 아직도 장사의 기본원리에 입각해서 기업을 평가하지 않고 변죽을 올렸는지 생각을 할 때가 많다.

분식회계는 적자기업을 흑자기업으로, 부실한 자본구조를 우량한 자본구조로 변장시키는 것이다. 하지만 아무리 감추려 해도 그 사람의 내면은 감출 수 없듯이 기업도 기업가치라고 하는 내면은 숨길 수 없다.

이제 기업의 가치를 바로 볼 수 있는 눈을 가져야 한다. 물론 미인의 잣대가 변해가듯 기업가치를 평가하는 기준도 시대에 따라 달라진다. 연예계에는 한때 떴다가 사라지는 반짝 스타들이 무수히 많다. 영원한 인기를 누릴 것 같았던 그들이 6개월 후 사라지는 것을 수없이 보게 된다.

주식시장의 인기주들도 마찬가지다. 영원히 인기를 끄는 주식은 매우 드물다. 주식시장의 인기주들이라는 것도 연예계와 같아서 그 주기가 매우 짧은 것이 특징이다.

시장에서 인기는 순환한다. 그것을 보는 눈도 물론 중요하다. 하지만 그보다 더 중요한 것은 정말로 내면이 강한 회사, 바로 그 회사를 찾아내는 것이다.

【 증권용어 】

* 백기사 (White Knight)

적대적 M&A(merger and acquisition:기업인수·합병)의 대상이 된 기업이 적당한 방어수단이 없을 경우 적대세력을 피해 현 경영진에 우호적인 제3의 매수 희망자를 찾아 매수 결정에 필요한 각종 정보와 편의를 제공해 주고 경영권을 넘기게 되는데, 이때 매수대상기업의 경영자에게 우호적인 제3의 기업 인수자로서 매수대상기업을 인수하거나 적대 세력의 공격을 차단해 주는 역할을 하는 사람을 말한다.

때가 되면 이상한 일이 벌어진다

> *시세의 흐름에 따라야 한다.*

　우리나라는 사계절이 뚜렷하다. 봄이 되면 황사, 여름이면 장마, 가을이면 단풍, 겨울에는 눈이 오듯 주식시장에도 규칙적인 현상이 나타난다. 만약 우리가 이 규칙을 알고 잘 활용한다면 주식시장에서 초과수익을 낼 수도 있다. 하지만 이런 현상도 그 원리를 알아야 가능한 법이다. 그렇지 않으면 오히려 잘못된 투자의사결정으로 손해를 보게 된다.

　시장이 효율적이라고 하면 주가는 기업의 가치를 정확하게 반영하고 있는 지표라고 이미 앞에서 언급했었다. 하지만 주식시장이 어디 그렇게 효율적이기만 하던가?

　대체로 주식시장은 효율적이지만 가끔은 비효율적인 사건들이 발생한다. 그러한 현상들을 우리는 시장의 이례적인 현상이라고 한다. 이러한 이례적인 현상의 발생은 시장의 효율성을 의심케 하는 근거를 제시해서 기술적 분석가들이나 기본적 분석가들이 활발하게 활동할 수 있는 여지를 만들어 준다. 만약 시장이 효율적이라면 기본적 분석, 기술적 분석 등을 통해서는 시장에서 초과수익을 얻을 수 없을 것이고 기본적 분석가들이나 기술적 분석가들이 자리 잡을 여지는 없어지게 될 것이다.

많은 사람들이 알고 있는 주식시장의 가장 대표적인 이례현상을 꼽으라면 누구나 1월 효과(January Effect)를 꼽지 않을까 싶다. 이것은 매년 1월이 되면 주식시장이 상승하는 것을 말한다. 이 법칙을 이용하는 투자자들은 매년 12월 말이나 1월 초에 주식을 매수해서 1월 말에 매도해 시장에서 초과수익을 얻는다. 우리나라도 매년 연말이면 신문이나 증권회사의 투자가이드에 '1월 효과를 기대하고 주식을 사라'는 말이 심심찮게 등장을 한다.

그러면 1월 효과는 왜 발생하게 될까? 우선 미국에서 밝혀낸 결과들을 가지고 설명해보기로 하자. 미국에서 1월 효과는 다음과 같은 몇 가지 이유로 발생한다고 한다.

첫 번째는 절세를 위한 매도 때문이다. 미국은 자본손실(Capital Loss)에 대해서 세금을 깎아주는 제도가 있다. 따라서 투자자들은 절세를 하기 위해 연말에 주식을 팔고 연초에 다시 주식을 산다. 그래서 매년 1월이 되면 주가가 상승한다는 것이다.

두 번째는 포트폴리오 재구성 때문이다. 미국은 연말이 되면 펀드매니저는 투자자들에게 자신이 운용하고 있는 펀드의 내역을 공개하는데 일반적으로 펀드에 들어 있는 종목을 일컬어 윈도우(Window)라고 한다.

그러나 그 윈도우를 공개할 때 중소형주나 기업의 가치가 떨어지는 주식들 그리고 매수한 이후에 주가가 많이 떨어져서 손실률이 큰 주식을 보유하고 있으면 당연히 투자자들로부터 비난을 받게 될 것이다.

그래서 윈도우를 공개하기 전(연말)에 그 주식들을 팔아서 우량한 종목들로 포트폴리오를 재구성하게 된다. 이를 윈도우 드레싱 (Window Dressing)이라 하는데, 투자자들에게 "보십시오. 당신들의 귀중한 자산이 이렇게 우량한 주식들에 투자되어 있습니다"라고 말하기 위한 방편인 셈이다. 이렇게 연말에 윈도우 드레싱을 하고 난 후 연초가 되면 다시 원상태로 포트폴리오의 구성을 돌리게 되는데, 이 과정에서 주가가 상승하게 되는 것이다. 대체로 이러한 작업이 1월에 이루어지기 때문에 1월 효과가 발생한다는 것이다.

셋째로 연초에 정부나 기업들은 장밋빛 전망을 많이 쏟아낸다. 보통 이 경우 평소에 정보를 많이 취득할 수 있는 대형우량주들에 비해 소형주들은 정보가 연초에 집중되기 마련이다. 따라서 이를 기초로 소형주들이 대체적으로 높은 수익을 내게 된다. 그래서 1월 효과를 다른 말로 소형주 효과라고 부르기도 한다. 소형주들은 평소 정보의 비대칭성이 매우 크다. 그러나 연초에는 정보의 불균형이 일정부분 해소되어 주가가 상승을 한다는 것이다.

위에서 말한 이유들로 인해 주식시장은 매년 1월이 되면 주가가 상승하는 이례현상을 보이게 된다. 이를 이례현상이라고 보는 이유는 작년 말이나 금년 초나 기업가치는 크게 변하지 않았음에도 주가가 상승하는 모습을 보이기 때문이다. 즉 주가가 기업의 가치를 따라 움직이지 않았다고 보기 때문이다. 사실 달력을 한 장 떼어낸다고 기업의 가치가 과연 얼마나 많이 변했겠는가. 이와 같은 1월 효과는 우리나라에서도 종종 일어난다.

1월 효과 이외에도 때에 따라 나타나는 이례현상으로는 월중 효과, 주중 효과와 같은 것이 있다. 월중 효과는 월초 내지는 월말에 주가가 규칙적으로 상승 또는 하락하는 현상으로, 그 현상에 따라 매매를 하면 초과수익을 낼 수 있다는 것이다. 그리고 주중 효과는 주초, 즉 월요일이나 주말을 앞둔 금요일에 주가가 규칙적으로 상승 또는 하락하는 것을 말한다. 그 현상에 따라서 매매를 하면 초과수익을 낼 수 있다는 것이다.

이밖에 시장의 이례현상으로는 저PER 효과, 저PBR 효과와 유동성 프리미엄 효과가 있다. 저PER 효과나 저PBR 효과는 각각의 지표를 통해서 시장으로부터 초과수익률을 지속적으로 실현할 수 있는 현상을 말한다. 즉, 상대적으로 저평가되었던 저PER주나 저PBR주의 주가가 실현되었다고 보면 되는 것이다.

그럼 유동성 프리미엄 효과란 무엇일까?

대개 투자자들은 시장에서 가격에 영향을 주지 않으면서 사거나 팔수 있기를 원한다. 여기서 유동성이란 주가를 변화시키지 않고 그 가격에 주식을 사거나 팔 수 있을 정도로 거래량이 풍부한 것을 말한다.

주식시장에서는 어느 정도의 유동성이 확보되는 종목들이 그렇지 않은 종목들에 비해 주가가 높은 것을 발견할 수 있다. 이것은 코스닥시장이나 유가증권시장에서 한때 액면분할을 하는 종목들의 주가가 상승했던 것을 생각해 본다면 어느 정도 이해할 수 있을 것이다.

코스닥 종목들은 대체로 자본금이 작은데다 주식분산이 제대로 되어 있지 않아 시장에서 유동성이 그다지 크지 않은 경우가 많다. 그렇게 되면 주식을 마음대로 사거나 파는 것이 어려울 수 있다. 따라서 투자자들은 매매 시의 위험 때문에 매매를 기피하게 된다. 만약 시장에 유동성이 풍부해서 자신이 매매하고 싶은 수량을 마음대로 사고 팔 수가 있다면 그때서야 투자자들은 매매에 나서게 된다.

1992년에 있었던 저PER주의 혁명도 상당부분은 유동성 프리미엄 효과가 반영된 결과다. 이와 같이 액면분할을 통해 유통주식수가 늘어나면 기업의 가치가 변하지 않았음에도 주가가 상승하는 현상을 보이는데 이것 또한 이례적인 현상으로 볼 수 있다.

또한 기업이 행하는 재무의사결정 중에 무상증자가 있는데, 이때 주가가 상승하는 것도 이례적인 현상의 하나로 볼 수 있다. 무상증자란 회사에서 신주로 발행되는 가격을 지불하고 주주에게 주식을 공짜로 주는 것으로 회사에서 발생하는 자본잉여금과 이익잉여금을 이용하여 그 금액으로 신주를 만들어 주주에게 무상으로 주는 것이다.

이 경우 기업의 입장에서 보면 현금자산의 유출입이 없어 기업의 가치에 전혀 영향을 주지 않는데도 불구하고 주가가 상승하는 경우가 있다. 우리나라의 경우 무상증자를 10% 이상 실시하는 회사에 대해 그 회사가 발행한 주식을 공시 후 1시간 동안 매매거래정지를 시키는데 그러한 공시가 있었을 때 주가가 급격히 변동하기 때문이 아니겠는가?

이처럼 주식시장의 이례적인 현상이 발생하는 원인을 안다면, 이것도 돈을 버는 한 방법이 될 수 있다.

주식시장의 격언 중에는 많은 사람들과 반대로 생각하라든가, 밀짚모자는 겨울에 사라든가 하는 여러 가지 격언이 있다. 이를 잘못 이해하면 시장에 맞서서 싸우라는 말로 이해하기 쉽다. 하지만 시장에 정면으로 맞서서 싸워서는 안 된다. 흐르는 강물을 거슬러 올라가는 것만큼 힘들고 위험한 일은 없다.

시장은 이해하고 적응하는 대상이지 절대로 거역하고 맞서는 상대가 아니다. 그리고 시장의 이례적인 현상을 살피고 이에 적응하는 것도 시세의 흐름에 따르는 하나의 방법이 될 것이다.

* Green Mail(그린메일)

경영권이 취약한 대주주에게 보유주식을 높은 가격에 팔아 프리미엄을 챙기는 투자자를 그린메일러(green mailer)라 한다. 이때 보유주식을 팔기 위한 목적으로 대주주에게 편지를 보내는데 달러가 초록색이어서 그린메일이라는 이름이 붙여졌다. 공갈·갈취를 뜻하는 블랙메일(black mail)과 반대되는 의미로 미국 증권시장에서 널리 사용한다.

그린메일러들은 대부분 기업사냥꾼들이다. 이들은 자산가치가 높거나 첨단기술을 보유하고 있으면서 대주주 지분이 낮은 기업을 대상으로 활동한다. 주로 상장기업의 주식을 대량매입한 뒤 경영진을 위협하여 적대적인 인수·합병을 포기하는 대가로 자신들이 확보한 주식을 시가보다 높은 값에 되사도록 요구한다.

그러나 만약 요구에 불응하면 경영권을 탈취하기도 한다. 간혹 대주주를 협박해서 주식을 매입하라고 강요하는 경우가 있는데 이런 경우는 블랙메일에 해당한다.

문제점은 경영권 위협을 가해오는 그린메일러에게 막대한 이익을 안겨주면 그 기업의 재무구조는 취약해지고 인수가능성도 줄어들어 주가 역시 떨어지게 된다는 것이다. 그리고 때로는 이런 상황을 이용하여 기업의 주식을 헐값에 구입하는 제2, 3의 그린메일러가 속출할 수 있다.

카오스가 엘리어트를 살렸다

> 떨어지는 칼을 손으로 잡지 마라.

　우리가 모르고 살아서 그렇지 세상에는 참으로 희한한 일들이 많이 벌어진다. 예를 들어 "북경에서 나비가 날갯짓을 하면 미국에서는 토네이도가 불어 닥친다"라는 말과 같이 작은 충격에도 그 결과가 엄청나게 나타나는 경우가 있다. 하지만 많은 사람들은 그 일의 인과관계에 대해서 동의하지 않는 경우가 대부분이다. 아마도 그 인과관계가 황당하기 때문일 것이다. 주식에서 대표적인 것이 바로 엘리어트 파동이론이 아닌가 싶다.

　엘리어트 파동이론은 1938년 『The wave principle(파동의 원리)』라는 책을 통해서 비로소 세상에 알려졌다. 하지만 이때 이미 엘리어트는 이 세상 사람이 아니었다. 정작 이 이론을 세상에 소개한 사람은 찰스 콜린스(Charles J. Collins)였다.

　이 이론에는 몇 가지 기본적인 개념이 존재하고 있는데 이를 정리해보면 다음과 같다.

　첫째, 작용은 반작용을 유발한다.

둘째, 주요 추세는 5개 충격파동과 3개의 조정파동으로 구성된다.

셋째, 8개 파동을 한 사이클로 보며 이 사이클은 다시 한 단계 높은 5개의 충격파동과 3개의 조정파동으로 구성된다.

넷째, 이 기본적인 상승 5파 하락 3파의 패턴은 시간을 아무리 확대시켜도 끊임없이 계속된다.

이를 간단히 그림을 통해 살펴보면 다음과 같다.

〈 엘리어트 파동의 예 〉

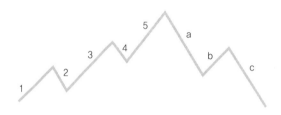

엘리어트 파동이론은 그림과 같이 충격파동과 조정파동을 거듭하는 작용–반작용의 모습을 보인다. 이때 충격파동은 그림의 1, 3, 5파처럼 상승추세에서 상승세를 나타내는 파동을 말한다. 그리고 상승추세에서 하락세를 보이는 2, 4파는 조정파동이라고 한다. 마찬가지로 하락세에 있을 때 a, c파는 충격파동이고 나머지 b파는 조정파동이라고 한다. 이렇게 엘리어트 파동의 한 주기는 상승 5파 하락 3파로 이루어진다.

그리고 큰 충격파동은 다시 작은 5파로 구성되며 큰 조정파동은 다시 작은 3파로 구성된다.

이를 그림으로 상승파동을 이용하여 살펴보면 다음과 같다.

〈 큰 충격파동과 작은 충격파동의 관계 〉

이때 각 파동의 특징들을 간단히 살펴보면 다음과 같다.

⑴ 상승파동

▶ 상승 1파

5개의 충격파동으로 파동 중에 가장 짧으며 장기 하락추세 이후 나타나므로 단순한 반등으로 취급하기 쉽다. 상승 1파는 5개의 파동으로 구성된다.

▶ 상승 2파

상승 2파는 조정파동으로 3개의 파동으로 구성되며 보통 1번 파동의 38.2% 혹은 61.8% 비율만큼 되돌리는데 1번 파동을 100% 되돌리면 현재의 추세가 전환된 것이 아니고 기존 하락추세가 계속되는 것으로 본다.

▶ 상승 3파

상승 3파는 충격파동으로 5개의 파동으로 구성되며 보통 상승 5파 중 가장 긴 파동이다. 간혹 5파가 3파보다 길 수도 있으나 아무튼 3번 파동이 5개 파동 중에 가장 짧을 수는 없다. 3번 파동에서 갭이 주로 발생하는데 이때의 갭은 돌파갭이나 급진갭이다. 3번 파동은 1번 파동의 1.618배 만큼 상승하는 것이 보통이다.

▶ 상승 4파

상승 4파는 조정파동으로 3개의 파동으로 구성되며 3번 파동의 38.2% 정도 되돌리는 게 보통이다. 주의할 점은 4번 파동의 저점은 1번 파동의 고점과 겹칠 수 없고 반드시 1번 파동의 고점보다 높아야 한다. 또 4번 파동은 2번 파동과 함께 조정파동으로 조정의 형태가 지그재그나 플랫홈으로 번갈아 나타나는데, 흔히 4번 파동은 삼각형 패턴을 취한다.

▶ 상승 5파

상승 5파는 충격파동으로 추세의 마지막 국면에서 나타난다. 간혹 3번 파동보다 길이가 길 수 있으나 거래량은 3번 파동보다 적다. 5번 파동의 길이는 통상 1번 파동의 길이와 같거나, 또는 1번 파동의 0.618배, 그리고 1번에서 3번 파동 길이의 61.8% 만큼 형성되는 경우가 많다. 5번 파동에서도 갭이 나타나는데, 이를 소멸갭이라 한다.

(2) 하락파동

▶ 하락 A파

하락 A파는 하락추세의 충격파동으로 5개 파동으로 구성된다. 만약 A파가 3개 파동으로 구성되면 이것은 하락 A파가 아니라 상승 5파가 연장되어 진행 중인 것으로 본다.

▶ 하락 B파

하락 B파는 하락추세의 조정파동으로서 3개 파동으로 구성된다. 이때 B파는 상승파동 중에 매수한 주식의 마지막 매도 기회로 보며 통상 하락 A파의 고점을 돌파하지 못한다.

▶ 하락 C파

하락 C파는 하락추세의 충격파동으로 5개 파동으로 구성되며, 상승 5파의 3파와 같이 그 영향력도 대단히 크다. 흔히 주식시장의 장기간 하락추세 후 투매현상이 나타나는 국면으로 보면 된다.

엘리어트 파동의 이론가들은 피보나치 급수라는 것을 이와 접목해 파동의 목표치를 계산할 수 있도록 하였다.

여기서 피보나치 급수라고 하는 것은 다음과 같이 이루어져 있다.

1, 1, 2, 3, 5, 8, 13, 21, 34, 55, 89,
144, 233, 377, 610, 987 ······

이 급수의 특징은 하나의 숫자는 앞의 두 숫자를 합하면 된다는 것이다. 즉 1+1=2, 1+2=3과 같은 식이다. 또한 앞의 숫자가 뒤에 오는 숫자의 61.8% 가량 된다는 것이다. 이를 황금비라고 하는데, 예로부터 자연계의 가장 안정된 상태를 나타내는 것으로 알려져 왔으며, 수학·음악·미술·건축 등의 분야에서 매우 중요하게 다루어졌다.

우리들이 알고 있는 팔등신미인도 이러한 황금비를 갖춘 이상적인 몸매를 가진 여인을 말한다. 위의 피보나치급수를 이용해서 엘리어트 파동이론을 공부하던 사람들은 2번 파동은 1번 파동의 38.2% 또는 61.8%의 조정을 받는다고 하였고 3번 파동은 1번 파동의 1.618배의 길이가 된다는 식으로 목표치를 계산하는 방법을 제시했던 것이다.

하지만 이 엘리어트 파동이론도 이것이 성립되기 위해서는 절대로 어겨서는 안 되는 절대불가침의 원칙이 있다. 이 원칙은 다음과 같다.

① 2번 파동의 저점이 1번 파동 저점보다 반드시 높아야 한다.
② 3번 파동은 제일 짧은 파동이 될 수 없다.
③ 4번 파동의 저점은 1번 파동의 고점과 겹칠 수 없다.

그러나 엘리어트 파동이론은 미래 주가의 목표치를 계산할 수 있는 유용성을 가지고 있음에도 불구하고 다음과 같은 한계점을 가진다.

① 각 단계의 전환점을 확인하기 어렵다.
② 투자자가 각 단계의 전환점을 파악했다 하더라도 그것이 시장

의 주요 흐름을 반영하는 것인지, 세부적 흐름을 반영하는 것인지 구분하기가 어렵다

③ 한 파동이 어디서 끝나고 어디서 시작하는지를 알 길이 없다.

④ 파동이 언제 올지 전혀 예측할 수 없다.

⑤ 파동의 개념이 불명확하고 융통성이 너무 많다.

따라서 엘리어트 파동이론은 변종이 너무 많고 자의적인 해석의 가능성이 너무 많았다.

모든 기술적 분석이 다 그렇듯이 엘리어트 파동이론도 상황에 맞게 해석을 해야 하는 그저 그런 하나의 파동이론으로 남을 뻔했던 것이다. 바로 그 순간 세간의 관심이 다시 엘리어트 파동이론으로 모여지는 사건이 발생했는데 그것은 바로 카오스(Chaos) 이론 때문이었다.

1960년대 이후 기상학, 물리학, 화학, 인류학, 생물학 등 모든 학문분야에 걸쳐 카오스를 연구하는 열풍이 불기 시작했다. 카오스는 혼돈스러운 상태를 말하는 것으로 조금 지난 일이긴 하지만 가전제품 중에서도 이 이름을 따서 만든 것이 있었다. 그 제품의 원리가 바로 규칙적으로 회전운동을 하던 기존의 방식을 벗어나 불규칙적인 회전운동을 시킴으로써 사용효과를 높인 것이었다.

카오스를 설명하기 위해서는 먼저 성서를 인용하지 않을 수 없다. 성서의 창세기를 보면 처음에 신이 빛과 어둠을 가르고, 하늘과 땅을 나누고, 또 땅과 바다를 가르는 천지창조작업에 대해서 설명하고 있다. 카오스를 설명하는 사람들은 이러한 과정을 바로 세상이 질서를 잡아가는 과정으로 이해하고 있다.

그러면 카오스는 어떠한 상태인가? 카오스는 바로 창세기 이전의 상태, 즉 세상에 질서가 잡히기 이전의 상태를 말하는데 그 상태는 지극히 무질서하고 혼돈스럽기 그지없다. 하지만 그런 무질서한 상태에서도 세상을 움직이는 질서가 있다고 보고 바로 그 원리를 찾아가는 것이 카오스 이론인 것이다.

카오스 이론은 대단히 다양한 분야에서 연구되고 있는데, 그 연구 내용을 통해 살펴보면 대체로 다음과 같은 특성들을 가진다.

(1) 초기값 민감성

카오스 이론의 동적구조는 초기값에 매우 민감하게 반응을 한다. 출발점에서는 아주 미세한 차이에 지나지 않지만 시간이 지남에 따라 매우 상이한 양태의 동적구조가 만들어진다는 것이다. 이렇게 본다면 카오스 이론은 단기적인 예측은 가능하지만 중장기적인 예측은 불가능하다. 이 원리는 1960년대 미국의 기상학자인 로렌츠라는 사람에 의해 발견되었는데 만약 우리가 카오스 이론을 이해한다면 기상대에서 전해주는 기상예보가 중장기적으로는 맞지 않는다는 것을 이해할 것이다.

(2) 주기배가성(Bifurcation)

카오스 이론의 동적구조는 초기값에 매우 민감할 뿐만 아니라 그것이 전달되는 과정에서도 주기가 배가되는 특성을 가지고 있다. 이로써 북경에서 나비가 날갯짓을 하면 미국에서는 토네이도가 불어 닥친다는 사실이 설명된다. 즉 처음에는 미미한 사건일지라도 나중에는 아무도 상상할 수 없는 엄청난 결과가 나타날 수 있다는 것을 보여준다.

(3) 자기유사성(Self-similarity)

자기유사성이란 부분의 모습이 전체 모습과 유사한 성질을 갖는 것을 말한다. 이 자기유사성의 예는 우리 주변에서 쉽게 발견할 수 있다. 예를 들어 소나무 숲의 전체 모습은 소나무를 닮았고 소나무 가지를 하나 꺾어 보면 그 가지가 소나무의 모습을 닮은 것이 그것이다. 이것은 사회적인 현상에서도 발견할 수 있다. 가령 대학생 전체는 공부 잘하는 대학생과 중간 정도하는 학생, 그리고 날라리 학생으로 나눌 수 있다. 그리고 공부 잘하는 학생들은 그 분류 안에서 다시 공부 잘하는 학생과 중간 정도하는 학생 그리고 날라리 학생으로 나눠볼 수 있다. 이렇듯 사회 현상에서도 내부적으로 자기 분열을 계속 해나갈 수 있는 것이다. 이것은 다른 분야에서도 설명될 수 있으며, 자기유사성의 증거는 무수히 많은 다른 분야에서도 찾아볼 수 있다. 이 만델브로트라는 사람의 프랙탈(fractal) 이론[2]은 그 상태를 잘 설명해주고 있다.

이밖에도 카오스 이론의 동적구조를 나타내는 사례는 많다.

미국의 주식시장에서는 1980년대부터 카오스 이론에 대한 많은

---

2) 프랙탈이란 작은 구조가 전체 구조와 비슷한 형태로 끝없이 되풀이 되는 구조를 말한다.
　즉, 부분과 전체가 똑같은 모양을 하고 있다는 "자기유사성(self-similarity)"과 "순환성 (recursiveness)"이라는 속성을 기하학적으로 푼 것으로, 프랙탈은 단순한 구조가 끊임 없이 반복되면서 복잡하고 묘한 전체 구조를 만드는 것이다. 프랙탈(fractal) 구조를 바라보고 있으면 그 아름다움과 황홀감으로 인해 마음속이 흔들리는 것을 느낄 수 있다. 겉으로는 불규칙해 보이는 현상에서도 자세히 관찰해보면 어떤 규칙성을 찾을 수 있다는 것이 카오스 이론이라면, 그 혼돈된 상태의 공간적 구조에서 기하학적이고도 규칙적으로 나타난 모형이 프랙탈 구조로서, 프랙탈은 혼돈계의 불규칙성과 비예측성을 기술하고 분석할 수 있는 새로운 기하학으로 볼 수 있다. 프랙탈이란 말은 "영국 해안선의 길이 측정" 문제를 냈던 프랑스의 "만델브로트"가 만든 말로 라틴어의 fractus(부서진)에서 유래한다.

연구가 활발히 이루어졌다. 만약 주식시장에 카오스 구조가 존재한다면 그 원리를 이용하여 수익을 낼 수 있다고 믿었던 것이다. 그리고 1987년 발생한 블랙먼데이도 주식시장에 카오스 이론이 존재하는 것이 아닌지 의구심을 던져주었다. 하지만 지금까지의 연구결과는 외환시장에는 미약하게나마 카오스 이론이 존재하지만 아직 주식시장에는 그 존재여부에 대해 단정을 내리지 못하고 있다.

어쨌든 카오스 이론이 이렇게 자본시장에까지 퍼지게 되자 제일 흥분한 사람들은 바로 엘리어트 파동이론의 분석가들이었다. 엘리어트 파동이론이 바로 카오스 이론을 함축하고 있다는 것이었다.

엘리어트 파동이론은 초기 파동이 시작되면 상승 5파와 하락 3파의 주기가 생겨나게 된다. 그리고 그 과정에서 주기배가성이 개입될 여지가 큰데다 무엇보다도 큰 파동 안에 작은 파동이 존재하고 작은 파동 안에는 더 작은 파동들이 존재하는 자기유사성도 명확하게 존재한다. 실제로 현재 많은 사람들이 엘리어트 파동이론과 카오스 이론과의 관계를 설명하기 위해 연구를 하고 있다. 하지만 아직 이렇다 할 연구결과가 나온 것은 아니다.

물론 주식시장 내에서도 부분적으로 카오스적인 현상이 종종 나타나기는 한다. 왜냐하면 우리 주식시장에서도 아주 미세한 요인에 의해 주가가 크게 움직이는 것을 볼 수 있기 때문이다. 만약 시장이 이렇게 카오스 구조를 가지고 있다면 시장을 중장기적으로 예측하는 것은 매우 무의미해질 것이다. 마치 기상학자들이 중장기 기상예보를 할 수 없듯이 말이다.

그럼 어떻게 해야 할까? 실제로 주가라는 것은 불규칙보행(random walk)을 한다고 하지 않던가. 작은 충격에도 크게 출렁이는 시장을 보면 실로 무서움을 느끼지 않을 수 없다. 한없이 잔잔할 것만 같던 시장이 마치 태풍이 몰아치듯이 그리고 무서운 파도가 일렁이듯 움직일 때, 시장은 모든 투자자들을 위험의 도가니로 몰아넣는 괴력을 가진 것처럼 느껴진다. 그 원리를 정확하게 알아서 마치 파도타기 선수가 파도에 몸을 싣고 균형을 잡듯이 시장에 적응해 나가지 못한다면 우리는 파도에 휩쓸려 순식간에 깡통을 차게 될 것이다. 시장은 이처럼 혼돈스러운 것이다. 이렇게 혼돈스러운 상황이 벌어질수록 우리는 더욱더 위험관리에 철저히 나서야 한다.

떨어지는 칼을 손으로 잡아내는 사람은 없을 것이다. 만약 그런 사람이 있다면 그는 서커스단의 곡예사일 가능성이 크다. 떨어지는 칼을 손으로 잡으려 하면 자칫 손을 베이거나 큰 상처를 입을 수 있다. 주식시장에서도 이는 마찬가지다. 시장이 이처럼 혼란스럽게 움직일 때, 주가는 오를 때도 무섭게 올라가고 떨어질 때도 무섭게 떨어진다. 주가가 떨어질 때는 가급적 주식을 그대로 보유한다거나 신규매수를 하는 행동은 삼가는 것이 좋다.

주식매수청구권이란 합병, 영업의 양도 등 주주총회의 특별결의에 반대하는 주주가 소유한 주식을 회사에 매입해 달라고 요구할 수 있는 권리를 말한다. 주식매수청구권의 기원은 미국이다. 이는 1858년 미국 펜실베이아주에서 처음으로 법제화되었고, 우리나라에서는 1982년 증권거래법을 개정하면서 상장법인에 한해서 적용해왔다. 이 제도는 비상장법인에 더 유용한 제도임에도 불구하고 10년이 넘는 기간 동안 상장사에 대해서만 적용되어 오다가 1995년 12월 상법 개정으로 비상장법인의 주주도 주식매수청구권을 행사할 수 있게 되었다.

상장법인과 비상장법인의 주주가 주식매수청구권을 행사할 수 있는 요건은 비슷하다. 비상장법인의 경우는 영업양도의 전부 또는 중요한 일부의 양도, 영업 전부의 임대 또는 경영위임, 타인과 영업의 손익전부를 같이하는 계약, 기타 이에 준하는 계약의 체결, 변경 또는 해약, 다른 회사의 영업 전부의 양수, 합병승인결의, 그리고 주식양도승인거부의 통지를 받은 때에 주주에게 매수청구권을 인정한다. 상장법인은 간이합병, 그리고 분할합병의 경우에 주주에게 매수청구권을 인정한다. 단, 회사 정리법상의 정리계획의 일환으로 이루어질 경우에는 주식매수청구권이 인정되지 않는다. 이러한 경우에는 주주총회의 결의가 필요 없기 때문이다. 회사는 영업양도와 합병 등의 특별결의를 위하여 주주총회 소집의 통지 또는 공고를 하는 때에는 주식매수청구권의 내용 및 행사방법을 명시하여야 한다. 주주총회 특별결의 사항에 반대하는 주주는 주주총회 전에 회사에 대하여 서면으로 그 결의에 반대하는 의사를 통지하여야 한다. 반대주주의 서면 통지를 요구하는 것은 매수청구를 요구함으로써 회사로 하여금 의안제출이나 결의성립을 위한 대책을 강구하게 하고, 다른 한편으로는 반대주주의 수를 예측함으로써 현금의 준비 등과 같은 매수의 준비를 미리 할 수 있도록 하기 위함이다. 그리고 다른 주주들에 대해서는 주주총회에 있어서 자신의 태도를 미리 결정하도록 유도하기 위함이다.

결의에 반대하는 의사통지를 했음에도 불구하고 주주총회에서 가결되었을 때에는 반대의사통지를 한 사람에 한하여 주식매수청구를 인정한다. 반대의사를 통지한 주주는 20일 이내에 소유하고 있는 주식의 종류와 수를 기재하여 서면으로 회사에 매수를 청구할 수 있다.

다우가 말하고 싶은 것은

> 강세장은 비관 속에서 태어나 회의 속에 자라고
> 낙관 속에서 성숙하여 행복감 속에 사라진다.

　사람들은 자신이 가지고 있는 주식은 모두가 좋다고 생각한다. 고슴도치도 자기 자식은 이쁘다고 하듯이 말이다. 하지만 주식이라는 것이 큰 추세를 따라 움직인다는 것을 알지 못한다면 '내가 가진 주식은 그렇지 않을 거야' 라는 아집에 빠지게 된다.

　이처럼 주식시장은 항상 큰 추세를 먼저 판단해야 하는데, 그 추세를 알려주는 것 중에서 대표적인 것이 다우이론이다.

　다우이론은 미국의 '월스트리트저널'의 편집장이던 찰스 다우(C. Dow)가 1900년에 고안한 것으로 1929년의 세계공황에 따른 미국증시의 붕괴를 예측하여 유명해진 장세분석 방법이다. 이 다우이론은 초기에는 매우 간단한 내용이었지만 이후에 매우 다양하게 변형되었다. 이 이론은 미래 증권시장의 전반적인 동향이 호황국면인지 아니면 불황국면인지를 예측하는 데 그 목적이 있었다.

　다우이론의 일반원칙은 다음과 같은 내용들로 구성되어 있다.

▶ **평균치는 시장의 모든 요소를 반영한다.**

개개의 주가는 주식시장에서 알려진 모든 것을 반영한다는 것이다. 즉 새로운 정보가 발생하면 시장 참여자들은 재빨리 그 정보를 퍼뜨리고 따라서 주가도 상승하거나 조정을 보인다는 것이다. 따라서 시장평균치는 대부분의 시장 참여자들에 의해 알려져서 모든 요소가 반영된다고 본다.

▶ **시장은 3개의 추세로 구성되어 있다.**

주식시장은 크게 3개의 힘이 반영되는데 장기추세, 중기추세, 단기추세로 구성된다.

▶ **장기추세는 3개의 국면을 가진다.**

다우이론에 의하면 장기추세는 3개의 국면으로 구성되는데, 그 첫 번째 국면은 경기회복과 경기의 장기 성장국면을 기대하는 투자자들에 의해 공격적인 매수세로 구성된다. 이 국면에서 대부분 투자자들은 침울하고 투자의욕이 나지 않는 암울한 상태에 빠져 있으며 경기회복은 거의 기대하기 어려운 상태로 여긴다. 바로 이때 공격적인 매수자들은 비탄에 빠진 매도자들로부터 매수를 시작한다.

두 번째 국면은 경기 상황이 좋아지고 소득이 증가하기 시작하는데, 투자자들은 서서히 경기가 개선됨에 따라 주식의 매집을 시작한다.

세 번째 국면은 소득과 경기상태가 호조를 보이며 지난 첫 번째 국면의 상황을 잊은 대다수의 일반투자자들은 주식시장을 긍정적으로 여기고 지속적인 상승을 확신하게 된다. 그 결과 주식매수를 더욱 확대시켜 과열현상까지 보이게 된다. 이 시기에 첫 번째 국면에서 공격적인 매수를 시작하던 일부 투자자들은 하락 국면을 예상하여 보유 주식을 처분하기 시작한다.

▶ 평균치는 각각을 확인해야 한다.

다우는 추세의 확인을 위해 의미 있는 강세 혹은 약세시장의 전환 신호는 두 평균이 동일한 신호를 보이지 않으면 유효성이 없다고 보았다. 즉 시장이 강세로 전환되기 위해서는 이전의 고점이 다소 시간 차이는 있더라도 같이 돌파되어야 한다는 것이다. 만약 이 두 평균치가 다른 기울기를 보인다면 서로간에 이전 추세가 아직 유효하다고 보는 것이다.

▶ 거래량은 추세를 확인시킨다.

다우는 주가 차트에서 발생되는 신호를 확인하기 위해 중요한 지표를 거래량으로 본다. 즉 거래량을 주요추세의 방향을 확대시킨 것으로 보았다. 그는 주요추세가 상승이라면 거래량은 주가가 점차 높아짐으로써 증가 혹은 확대되고 주가가 하락하면 거래량은 감소한다고 보았다. 반대로 주요추세가 하락하고 주가가 하락하면 거래량은 늘어나고 주요추세가 하락하는데 주가가 상승하면 거래량은 감소한다고 보았다. 여기서 거래량은 주가 다음으로 중요한 요소이다.

▶ 추세는 명확한 반전신호를 보일 때까지 변하지 않는다.

상승추세란 고점도 점차 높아지고 저점도 따라서 높아지는 추세를 말한다. 이러한 상승추세가 반전되려면 고점과 저점 중 하나는 낮아져야 한다. 반대로 하락추세란 고점도 점점 낮아지고 저점도 점점 낮아지는 추세를 말하는데, 이러한 하락추세가 반전되려면 고점과 저점 중 하나는 높아져야 추세의 반전이라 할 수가 있다.

위에서 살펴본 것처럼 다우는 주가의 추세를 단기추세, 중기추세, 장기추세로 구분했다. 여기서 단기추세는 주가의 일일변동을, 중기추세는 몇 개월간의 시장의 추세를, 그리고 장기추세는 몇 년 동안 계속되는 추세를 말한다. 이때 그가 중요시한 것은 단기추세는 무시하고 중기추세를 관찰하여 장기추세의 흐름을 찾아내는 방법이었다.
그렇다면 장기추세의 흐름은 과연 어떻게 알 수 있을까?
그 방법은 다음과 같다.

(1) 새로운 중기추세의 최고점이 장기추세의 최고점을 갱신하지 못하면 주식시장은 약세국면에 접어들었다는 신호이다.

(2) 새로운 중기추세의 최저점이 이전의 장기추세의 최저점보다 높아지면 장기추세는 상승국면에 접어들어 강세장이 진행되고 있다는 것을 나타내주는 신호이다.

이러한 장기추세를 찾아내는 방법을 통하여 그 추세의 진행과정을 설명하였다. 다우이론에 의하면 강세시장은 매집국면, 상승국면, 과열국면으로 나눌 수 있고, 약세시장은 분산국면, 공포국면, 침체국면으로 나눌 수 있는데, 이 장기추세의 진행과정을 그림을 통하여 살펴보면 다음과 같다.

〈 주 추세의 진행과정 〉

[강세시장]   [약세시장]

매집국면(강세1국면) ← 침체국면(약세3국면)

상승국면(강세2국면)   공포국면(약세2국면)

과열국면(강세3국면) → 분산국면(약세1국면)

그럼 강세시장의 각 국면별 특징을 살펴보기로 하자.

(1) 강세시장의 3국면

① 매집국면

   강세시장의 초기단계로 경제 상황 및 시장여건이 불리한 상황으로 주가가 수평적으로 움직인다. 기업의 경영환경이 회복되지 못하여 장래에 대한 전망이 어둡다는 특징이 있으며, 경제지표에 실망한 다수의 투자자들은 오랫동안 지속된 약세시장에 지쳐서 매입자만 있으면 매도해 버리고자 한다. 그러나 전문투자자들은 일반투자자들의 실망매물을 매입하려는 활동이 일어나게 됨에 따라 거래량은 조금씩 증가하게 된다.

② 상승국면

주가가 지속적으로 상승하는 국면으로 경제지표와 같은 통계수치가 호전되면서 일반투자자들의 투자심리가 개선되어 주가가 상승하고 거래량도 증가하게 된다. 이 국면에서는 기술적 분석에 따라 주식투자를 하는 사람이 가장 많은 투자수익을 올릴 수 있는 국면이다.

③ 과열국면

상승국면을 지나 많은 일반투자자들이 시장에 군집하여 거래를 하기 때문에 주가가 지나치게 상승하여 과열국면을 보이는 국면이다. 이 국면에서는 경제상황 및 기업수익 등이 호조를 보임에 따라 유상증자가 많아지고 이에 따라 거래량이 급격하게 증가하는 현상을 보인다. 보통 주식투자에 경험이 없는 사람들은 이때 확신을 가지고 적극 매입에 나서는데, 이때 매수자는 흔히 손해를 볼 수 있으므로 각별히 조심할 필요가 있다.

⑵ 약세시장의 3국면

① 분산국면

과열국면에 시장의 과열을 감지하고 경제활동의 둔화에 대비해 전문투자자는 보유하고 있는 주식을 점진적으로 처분하는 국면이다. 분산국면에 접어들면서 주가 추세선의 기울기가 점점 완만해지고 주가가 조금만 하락해도 거래량이 증가하는 현상을 보인다.

② 공포국면

공포국면에서는 일반투자가의 매입세력이 크게 위축되고, 매도세력이 늘어나면서 주가가 크게 하락한다. 이 국면에서는 경제지표 등 통계수치가 점차 나빠짐에 따라 일반투자자들이 보유하고 있는 주식을 처분하기 때문에 거래량이 크게 줄고 주가도 급락하는 모습을 보인다.

③ 침체국면

침체국면에서는 주가추세선의 기울기가 매우 완만하게 하락하지만 매도세력이 여전히 시장을 지배하고 있어서 주가가 크게 하락하거나 상승하지 않는 침체상태를 보인다. 공포국면에서 미처 처분하지 못한 일반투자자들의 실망매물이 시장에 나오기 때문에 투매가 나타나는 것이 특징이며, 투매현상이 나타남에 따라 주가는 계속 하락하지만 시간이 경과할수록 주가의 낙폭이 작아지게 된다.

이상의 내용이 각 국면에 대한 설명이다. 한데 위 국면을 살펴보다 보면 각 국면에서 전문투자자와 일반투자자의 행동양식이 달라지는 것을 볼 수 있는데 그것을 정리해 보면 다음과 같다.

〈 각 국면별 전문투자자와 일반투자자의 심리상태 〉

시장국면	강세시장			약세시장		
투자자	매집국면	상승국면	과열국면	분산국면	공포국면	침체국면
일반투자자	두려움	두려움	자신감	자신감	자신감	두려움
전문투자자	자신감	자신감	두려움	두려움	두려움	자신감

위 표에서 살펴보면 일반투자자들은 각 국면에서 전문투자자들과 다소 다른 심리상태를 보이게 된다. 시장에는 공포와 탐욕이 존재한다고 했던 것처럼 일반투자자들은 시장의 각 국면에서 공포-탐욕의

상황에 빠져드는 반면 전문투자자들은 비교적 장세분위기에 합당한 이성적인 투자심리를 보인다.

결국 다우이론을 통해서 우리가 알아야 하는 것은 장기추세가 상승국면에 있는가 하락국면에 있는가도 중요하지만 각 국면에서 일반투자자들이 극복해야 하는 심리상태가 어떤 것인지 아는 것이 더 중요하다.

그러나 이와 같은 다우이론에도 한계점은 존재한다.

첫째, 추세반전이 너무 늦게 확인되기 때문에 실제 투자활동에 그다지 도움이 되지 않는다는 것이다. 즉, 주가의 흐름이 상당기간 진행된 후에 비로소 시장의 약세와 강세를 확인할 수 있기 때문에 매매시점 포착이 상당히 늦어지는 단점이 있다.

둘째, 다우이론은 분석자의 능력이나 경험에 따라 달라질 수 있기 때문에 하나의 결론을 가지고 다양한 해석이 가능해 정반대의 결과를 도출할 수 있는 단점이 있다.

셋째, 다우이론은 주로 장기추세에 역점을 두고 있어 중기추세를 이용하고자 하는 투자자에게는 별로 유용성이 없다. 따라서 중기 투자전략에는 결정적인 역할을 하지 못하고 중기추세의 흐름은 그저 장기추세를 확인하는 보조적인 역할에 그친다는 한계가 있다.

넷째, 다우이론은 평균적인 주가흐름을 파악하는 데는 도움이 되지만 위험을 고려하고 있지 않아서 포트폴리오를 위한 어떠한 정보도 얻을 수 없다는 결정적인 단점이 있다.

이와 같이 다우이론은 대표적인 기술적 분석도구이므로 기술적 분석이 가지고 있는 단점들을 고스란히 가지고 있다. 그럼에도 불구하고 앞에서도 살펴보았듯이 각 국면에서 나타나는 인간의 심리적

압박감을 이해하고 어떻게 극복할 것인지에 대해 해법을 가질 수 있는 좋은 지표임에는 분명하다.

월가의 유명한 격언 중 "강세장은 비관 속에서 태어나 회의 속에 자라고 낙관 속에서 성숙하여 행복감 속에 사라진다"라는 말이 있다. 다우이론을 정확히 설명하는 격언이 아닌가 싶다.

그럼 일반적으로 개인투자자들은 언제 은행에서 대출을 받는가? 바로 추세의 끝물에 행복감을 느끼기 위해 돈을 빌려 투자에 나서는 것이 아니겠는가?

시장은 사람을 공포에 떨게 하기도 하고 탐욕스럽게 하기도 한다. 이처럼 시장이 만들어가는 그 심리적 압박을 잘 이겨내는 지혜를 길러야만 하겠다.

【 증권용어 】
* 공개매수(Take Over Bid) (?)

공개매수란 주로 경영권을 장악하기 위해 주식의 매입 희망자가 매입기간·주식수·가격을 공표해서 증권시장 밖에서 공개적으로 매수하는 방법이다.

특정 기업을 인수하기 위해 주식을 공개적으로 매입한다는 의사를 밝히고, 현 시가보다 비싼 가격으로 살 테니 주식을 팔라는 형식으로 제의하게 된다.

주주들은 시가(時價)보다 비싼 가격에 팔 수 있기 때문에 선뜻 매도의사를 표시, 매입자는 단시일 내에 경영권을 행사할 수 있게 된다.

공개매수를 하려고 하는 사람은 빠른 시간에 원하는 주식을 확보하려고 하는데 이 경우 사용하는 방법 중 2단계 공개매수가 있다.

이는 공개매수방법의 하나로서 일정한 최대한도의 주식수에 대해서는 일정한(1단계) 가격으로 공개매수하고, 잔여주식은 지배권을 획득한 후의 합병 시에 보다 낮은(2단계) 가격으로 취득할 것을 공개매수 발표와 동시에 천명한다.

2단계 공개매수 방법은 주주들의 무임승차 시도로 인한 기업매수의 실패를 방지하기 위하여 사용되는데 주주들은 2단계의 낮은 가격을 회피하기 위하여 공개매수에 응하게 된다.

그랜빌의
투자법칙이란 무엇인가?

> *거래량은 주가의 그림자이다.*

　고무줄이나 스프링은 주식투자를 하는 우리들에게 많은 시사점을 주는 물건들이다. 고무줄이나 스프링은 모두 원상태로 돌아오려고 하는 성질을 가지고 있다. 이처럼 주가도 지나치게 오르거나 지나치게 내리면 다시 원상태로 돌아오는 성질을 가지고 있다.

　1960년대 미국의 투자분석가인 조셉 그랜빌은 이러한 주식시장의 원리를 일찍이 간파한 사람 중 한 사람이었다. 영국이나 미국 등 소위 금융선진국에서는 역사적으로 투기가 많았다.

　현재 우리나라에서 이루어지고 있는 작전이나 주가조작 같은 것이 미국에서는 1800년대와 1900년대에 엄청나게 기승을 부렸다. 이 주가조작에 정치인이나 전문투기꾼이나 할 것 없이 끼어들어 돈을 버는 데 혈안이 되었던 것이다. 그러다 보니 시장에는 루머는 물론이고 역정보, 그리고 신문기자들을 매수한 신문기사, 애널리스트를 매수한 엉터리 분석보고서 등이 판을 치게 되었다. 최근 우리나라에서 벌어지는 일들은 예전에 미국과 같은 금융선진국에서 일어났던 것에 비하면 아무 것도 아닌 일처럼 여겨질 정도였다.

그래서 그랜빌은 주식시장이 '머니게임의 장소'이며, 그 시장의 생리상 "뉴스는 믿을 만한 것이 못 된다", "기본적 분석가들의 분석 내용은 쓰레기와 같다"라는 말을 하면서 주식시장에서 믿을 수 있는 것은 오직 그 시장이 생산해내는 주가 자료와 거래량 자료 등을 이용해서 만드는 지표들밖에 없다고 생각했다.

그 중에서 그는 이동평균선이라는 개념을 바탕으로 주가를 분석했는데 이동평균선이란 주가의 평균적인 가격을 말한다. 그는 이동평균선을 구하는 기간이 길면 길수록 이동평균선이 완만해지고 또 장기추세를 반영하는 것이라고 생각했다. 그리고 그중에서도 그는 200일 이동평균선을 가장 신뢰했다.

그는 이것을 기본적 분석과 연결하여 결국 이동평균선 자체가 기업의 내재가치를 따라서 움직일 가능성이 크다고 생각했다. 그래서 현재의 주가수준이 이동평균선에 비해 지나치게 높거나 낮으면 이동평균선을 향해 수렴할 것이라는 생각을 했고, 이를 통해 이격도라는 개념을 고안해냈다. 이격도란 주가가 이동평균으로부터 떨어져 있는 정도를 말하는 것으로 그는 주가가 지나치게 과열되어 이격도가 높아지면 이동평균선을 향해 내려오고 주가가 지나치게 침체되어 이격도가 낮아지면 주가가 이동평균선을 향해 올라올 것이라고 생각했다.

그리고 그랜빌은 이러한 장·단기 이동평균선들의 관계를 가지고 주식의 매수시점과 매도시점을 찾는 방법을 말했는데 그것을 정리해보면 다음과 같다.

1) 매수신호

▶ 이동평균선이 하락에서 보합 또는 상승국면으로 진입 시 주가가
이동평균선을 상향돌파하는 경우

▶ 이동평균선이 상승하고 있을 때 주가가 이동평균선 아래로 하락
하는 경우

▶ 주가가 이동평균선 위에 있고 이동평균선을 향해 하락하다가 하
향돌파하지 않고 상승하는 경우

▶ 주가가 이동평균선 밑에서 급속히 하락하여 갭이 크게 생기는 경우

그는 이와 같은 경우 이동평균선까지 자율적으로 회복할 가능성
이 있다고 말했다.

위 내용을 다시 살펴보면 다음과 같다.

① 매수신호 1

이동평균선이 하락세에서 벗어나 횡보하는 상황에서 주가가 이동
평균선을 상향돌파 할 때, 하락하던 이동평균선의 횡보는 최근 주
가가 반등한다는 의미다.

② 매수신호 2

주가가 상승세인 이동평균선을 하향돌파할 때, 반락장세에서의
매수신호이다. 평균선의 하향돌파는 반락이 마무리단계에 이르렀
다는 의미이므로 매수신호로 받아들인다.

③ 매수신호 3

이동평균선을 향해 하락하던 주가가 하향돌파하지 않고 다시 오
르는 때, 주가는 하락하고 있으나 평균선이 주가하락을 지켜주는

지지선 역할을 하고 있다는 얘기다. 따라서 주가가 이동평균선에 접근할 때가 매수신호가 된다.

④ 매수신호 4

이동평균선보다 낮은 주가가 급속히 하락한 후 평균선으로 접근할 때, 이동평균선에서 멀어졌던 주가가 다시 이동평균선으로 다가서고 있다는 이야기다. 이동평균선과 주가와의 거리가 멀어질수록 평균선으로 접근할 가능성이 높다.

2) 매도신호

▶ 이동평균선이 상승한 뒤 평행 또는 하락으로 전환 시 주가가 위에서 아래로 이동평균선을 하향돌파하는 경우

▶ 이동평균선이 계속 하락할 때 주가가 이동평균선을 상향돌파하는 경우

▶ 주가가 이동평균선 밑에서 계속 상승하다가 이동평균선을 상향돌파하지 못하고 다시 하락하는 경우

▶ 주가가 상승하는 이동평균선을 넘어서 급등하여 크게 갭이 생길 경우

이와 같은 경우에 그는 이동평균선을 향하여 하락할 가능성이 있다고 말했다.

이를 다시 살펴보면 다음과 같다.

① 매도신호 1

이동평균선이 상승한 후 횡보하다가 하락으로 전환하고 주가가

위에서 아래로 평균선을 하향돌파하면 중요한 매도신호이다.

② 매도신호 2

이동평균선이 하강하고 있는데 주가가 평균선을 아래에서 위로 상향돌파하여 상승했을 때 매도신호로 본다.

③ 매도신호 3

주가가 이동평균선보다 아래쪽에서 이동평균선을 향하여 상승했으나, 이동평균선까지는 미치지 못하고 그 직전에서 다시 하락으로 전환되었을 때는 매도신호로 본다.

④ 매도신호 4

이동평균선이 상승하고 있는 경우라도 주가가 이동평균선으로부터 크게 벗어나는 경우는 이동평균선을 향하여 자율반락할 가능성이 있으므로 매도신호로 본다.

이상의 내용이 이동평균선을 이용한 매매타이밍을 잡는 방법이다. 그리고 그랜빌은 주식시장에서 우리가 주의 깊게 살펴보아야 하는 몇 가지 지표들을 더 제시하고 있는데 그것들을 살펴보면 다음과 같다.

1. 등락주선 (ADL)

1) 등락주선의 개념

등락주선(ADL : Advance Delicine Line)은 일정 기준일 이후 상승종목수와 하락종목수의 차수를 누계한 등락지수를 선으로 연결한 것이다. ADL은 주가가 전체적으로 보아 상승추세에 있는지 아니면 하락추세에 있는지를 거시적인 관점에서 판단하는 지표로 사용된다.

2) 등락주선 작성 방법

① 어느 특정일을 기준일로 정한다.

② 기준일의 상승 종목수와 하락 종목수의 차수를 누계한 등락지수를 선으로 연결한 것이다.

③ 기준일 이후 상승 종목수와 하락 종목수의 차수를 전일 ADL에 가산한다.

④ 매일의 ADL을 선으로 연결하여 도표화한다.

3) ADL과 주가와의 관계

① 주가상승에도 불구하고 ADL이 하락하면, 주가는 조만간 하락전환한다.

② 주가하락에도 불구하고 ADL이 상승하면, 주가는 조만간 상승전환한다.

③ 주가가 하락전환할 경우, ADL이 상당기간 동안 큰 폭으로 하락했다면 주가하락추세는 지속될 가능성이 높고 하락 폭도 의외로 클 수 있다.

④ 주가가 상승전환할 경우, ADL이 상당기간 동안 큰 폭으로 상승했다면 주가상승추세는 지속될 가능성이 높고 상승 폭도 의외로 클 수 있다.

⑤ 주가가 이전 고점에 접근하는데 ADL이 이미 그 당시 수준보다 위에 있으면, 주가는 하락할 가능성이 높다. OBV(On the Balance Volume)

⑥ 주가는 이전 저점에 접근하고 있는데 ADL이 아직 그 당시 수준
   보다 위에 있으면, 주가는 반등할 가능성이 높다.

⑦ 주가는 이전 저점에 접근하고 있는데 ADL이 이미 그 당시 수준
   보다 아래에 있으면, 주가는 이전 저점을 경신할 가능성이 높다.

2. OBV(On the Balance Volume)

1) OBV의 개념

주가와 이동평균선 간의 움직임으로 매매시점을 파악하는 지표로
거래량이 주가에 선행하는 특징을 이용한 것이다. OBV 지표는 시장
이 매집상태인지 아니면 분산상태인지를 파악하는 데 유용하다. 특
히 주가가 정체양상을 보일 때 시장변화를 예측하기 위해 많이 사용
된다.

2) OBV의 작성방법

① 주가가 전일에 비하여 상승한 날의 거래량은 전일의 OBV에 가산
   한다.

② 주가가 전일에 비하여 하락한 날의 거래량은 전일의 OBV에서 차
   감한다.

③ 주가가 변동이 없는 날의 거래량은 무시한다.

3) OBV의 이해 및 OBV를 이용한 매매방법

① 주가가 상승하는 강세장에서 거래는 증가한다. 따라서 OBV의 고
   점이 이전 고점보다 높아진다. 주가가 하락하는 약세장에서 거래

가 줄면 OBV는 떨어져 저점이 이전 지점보다 낮아진다. OBV의 상승은 사자세력이 강해 시장이 매집상태라는 말이다. 하락하면 매도세가 우세해 분산상태가 된다.

② OBV 선이 상승하고 있는데도 주가가 상승하면 조만간 반락이 이뤄진다. OBV 고점이 이전 고점을 넘어설 때 상승을 의미하는 U(up)마크가 발생했다고 해석한다. 그리고 OBV 저점이 이전의 저점을 하회하게 되면 D(Down)마크가 발생하였다고 해석한다.

③ OBV에 의한 기본적인 매수신호는 U마크가 나타날 때이다. D마크는 매도신호가 된다. 이 밖에 상승추세선에서 처음으로 U마크가 나타나거나 D마크 이후 OBV 선이 지지받을 때도 매수로 간주한다. 하향추세 중 최초로 D마크가 출현하거나 U마크 이후 지지받을 때는 매도신호로 본다.

〈 OBV를 이용한 장세판단 〉

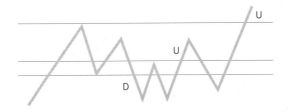

3. 클라이맥스지표

1) 클라이맥스지표의 의의

클라이맥스지표는 OBV지표를 분석하는데 보조적인 지표로 이용되는데 단기적인 주가예측에 사용되는 지표이다. 이 지표는 단기적인 주가예측을 위해 고안된 지표로 원래는 시세가 지나친 매도 지배 상태에 있는지, 또는 지나친 매입 지배상태에 있는지를 측정하기 위한 것이었다. 이 지표는 매도의 클라이맥스를 판단하기 위해 만들었다고 해서 클라이맥스 지표라는 이름을 붙이게 되었는데, 최근엔 시세의 최고, 최저를 나타내주는 지표로서 뿐만 아니라 매일매일의 종합주가지수의 움직임에 대한 타당성을 검증하기 위한 지표로서 매우 유용하게 사용되고 있다.

2) 클라이맥스 지표의 작성방법
① 매일 시장에서 지수를 구성하는 전 종목의 종목별 OBV를 산출한다.
② 전 종목의 OBV 중에서 U마크를 나타낸 종목수와 D마크를 나타낸 종목수를 산출한 다음 U마크 종목과 D마크 종목수의 차이를 구해서 이를 이동평균으로 계산하여 도표화한다.

3) 클라이맥스 지표를 이용한 장세분석
① 종합주가지수가 상승할 때 클라이맥스 지표가 같이 상승하면 시장의 강세가 유지되고 있다고 해석한다.
② 종합주가지수가 상승하고 있지만 클라이맥스 지표가 하락세를 보이면 조만간 시장이 약세로 반전될 것이라고 해석한다.
③ 종합주가지수가 하락하는 경우 클라이맥스 지표가 상승하면 시장이 조만간 강세로 전환될 것이라고 해석한다.
④ 종합주가지수가 하락하고 클라이맥스 지표가 동시에 하락하면 조만간 시장이 약세를 유지하고 있다고 해석한다.

4. 공매비율(Short Interest Ratio)

1) 공매비율의 의의

신용거래에 있어서 공매 주식수는 일반적으로 주가가 상승국면에 있을 때 감소하고 하락국면에 있을 때는 증가하는 경향을 보인다.

그리고 공매비율은 다음과 같이 구한다.

$$공매비율 = \frac{대주잔고\ 수}{6일\ 이동평균거래량} \times 100$$

이것은 향후 주가전망이 어둡다는 견해로 공매 자체의 물량이 크게 증가하여 시세가 하락으로 전환되기 때문이다. 그러나 공매에 따른 연계매도를 제외하면 공매는 장래의 매입세력이 되는 것으로 본다.

2) 공매비율을 이용한 시장분석

과거의 통계에 의하면 주가는 공매비율이 40~60%이면 보통 수준이고, 100%를 초과하면 바닥 수준이며, 20% 아래가 되면 시세가 천정권이 되는 것으로 해석한다.

이상의 내용들이 그랜빌이 시장을 분석하는 데 사용했던 지표들이다.

이기심은 순진한 일반투자자들을 실패의 구렁으로 밀어 넣는다. 따라서 시세는 시장에서 형성되는 시세에게 물어보라는 말이 나오는 것이다. 하지만 시장에서 형성되는 가격은 항상 속임수가 있게 마련이다. 소위 눌림목[3]이라든지 하는 용어들이 바로 그것을 단적으로 보여주는 것이다.

그러나 누구도 속일 수 없는 것이 있다. 그것은 바로 거래량이다. 사는 사람이든 파는 사람이든 가격은 속일 수 있지만 그들의 마음이 드러나는 거래량은 누구도 속일 수 없는 중요한 지표가 된다. 따라서 투자에 임할 때 주가의 분석이나 거래량 지표의 분석에 노력을 기울이는 것이 중요할 것이다.

---

3) 눌림목: 바닥을 확인한 주가가 거래량 증가와 함께 수일 혹은 수주간 단기급등한 다음에는 차익매물을 소화하기 위한 일정 폭의 단기조정을 거치는데 이를 '눌림목' 또는 '되돌림' 과정이라고 말한다

삼선전환도는 주가가 상승에서 하락으로 또는 하락에서 상승으로 전환하는 시점을
포착하는 데 널리 활용되는 기법이다. 이는 주가상승이 이전의 하락선 3개를 전환
돌파하는 경우에 상승선을 그리고, 주가하락이 이전의 상승선 3개를 전환 돌파하는
경우에 하락선을 그려 이를 각각 상승과 하락의 신호로 본다. 상승선이 그려질 때를
상승전환 또는 양전환이라 하여 매입신호로 보고 하락선이 그려질 때를 하락전환
또는 음전환이라 하여 이를 매도신호로 본다.

하지만 삼선전환도는 주가의 잔파동을 무시하고 있어 매매신호가 너무 늦게 발생하
는 단점을 가지고 있어 이의 보완을 위해 10% 비율법을 병용하고 있다. 즉 주가가
고점에서 10% 이상 하락하면 음전환이 되지 않았어도 매도를, 그리고 저점에서
10% 이상 상승하면 양전환이 되지 않았어도 매수를 하는 것이다.

삼선전환도의 예를 삼성전자를 통해서 살펴보자.

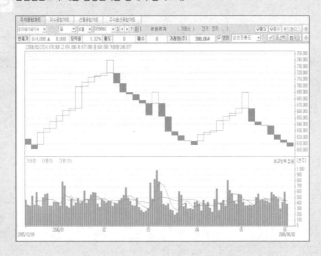

M&A가 시작되면
주가는 오를까?

> 중요한 정보는 접근하는 데 한계가 있다.

요즘 증권시장에서 이슈가 되고 있는 것 중에서 사모M&A
(Merger & Aquisition : 기업매수합병)펀드가 있다. 이는 M&A가
비교적 활발하지 않은 우리 주식시장에서 M&A를 활성화시키고 또
증시도 아울러 부양시켜 보자는 숨은 의도가 있었다. 어찌되었든 우
리나라 주식시장에서도 상시적으로 M&A 열풍이 불어 닥칠 것이다.
따라서 투자자에게 M&A가 일어날 경우 어떻게 행동해야 하는지 알
아보는 것은 매우 중요한 일이 될 것이다.

우리나라 증권시장의 초기 발전 과정은 시장의 자생적인 발전 형
태보다는 정부주도의 계획적인 발전의 형태를 띠고 있었다. 정부수
립 이후 자본주의를 표방한 우리경제에서 자본주의의 꽃이라는 증
권시장이 필요하다는 것을 정부는 절감하였지만 경영자들은 자신들
이 애써 키워놓은 기업을 외부의 사람들과 공유한다는 것이 무척 싫
었던 모양이다.

그래서 정부는 '자본시장육성의 관한 법률'이라는 법을 제정해서

기업들의 공개를 유도하게 되었는데 하기 싫어하는 일을 시키기 위해서는 당근이 필요했다. 그래서 기업을 공개하는 회사에 대해서는 세금상의 우대를 해주고 또 자금을 조달하는데도 특혜를 주었다. 그리고 기업의 경영자들이 우려하는 경영권의 안정을 확보할 수 있는 장치를 마련해 주었다. 이렇게 발전된 우리나라의 주식시장에서 기업을 빼앗는 것으로 인식되었던 M&A는 태생적으로 활발해질 수 없는 구조를 가지고 있었다.

그러나 우리나라도 1997년에 증권거래법 200조를 개정하여 M&A가 자유롭게 이루어질 수 있는 환경을 만들어 놓았다. 앞으로는 미국이나 서방의 금융선진국들 만큼 M&A가 점차 활기를 띨 것이다. 특히 외환위기 이후 우리 금융시장이 미국 등 선진국의 금융시스템을 받아들이는 속도를 감안한다면 그 파고는 상당히 높을 것으로 전망된다. 이미 미국에서는 1900년대 초와 1920년대 그리고 1960년대 말과 1980년대 초에 걸쳐 4번의 M&A 열풍을 경험했고, 현재는 산업의 구조조정이 상시적으로 이루어지고 있다. 그리고 현재 M&A 시장도 매우 활기를 띠고 있다.

그러면 이론적으로 볼 때 M&A는 어떠한 동기를 가지고 나타나게 되는 것일까?

첫째, 시너지 효과(synergy effect)를 노린다.

시너지 효과란 '1+1 = 2보다 크다'는 뜻으로 원래는 약제학에서 나온 개념이다. 이를 M&A 시장에 도입해 보면 두 기업이 합쳐진 후 기업의 가치가 합병 이전의 두 기업의 가치를 더한 것보다 커지는 현상을 말한다. 구체적으로 시너지 효과는 수익의 증대효과, 비용의 절감효과, 세금절감효과 그리고 재무 분야의 효과 즉, 자본조달 시의 비용이 절감되는 효과 등을 겨냥한다.

둘째, M&A 대상기업이 저평가 된 것으로 본다.

기업을 인수하려고 하는 사람들은 당연히 여러 가지 계산을 해 볼 것이다. 지금 돈을 출자해서 새로운 기업을 만들 것인지 아니면 기업을 만들 돈을 투입해서 기존의 회사를 사들이는 것이 더 나을지 고민하게 될 것이다. 이때 만약 기존회사를 사들이는 것이 기업을 새로 만들 때보다 비용이 적게 들어간다면 적극적으로 M&A를 시도하게 될 것이다.

셋째, 전문경영자의 이기심 때문에 발생한다.

우리나라는 기업을 소유자들, 즉 오너들이 지배하고 있지만 미국 등과 같은 선진자본주의 국가들은 전문경영자들이 지배한다. 그런데 이 전문경영자들의 보수라는 것이 기업의 규모에 따라 결정되는 경향이 있다. 따라서 전문경영자들이 보다 많은 보수를 받기 위한 방법 중 하나로 M&A를 한다.

그리고 기업의 경영자들도 때때로 과소비와 경영자원의 잘못된 분배와 같이 기업의 효율과 동떨어진 행동을 하고는 한다. 경영자의 이러한 행동은 자연스럽게 비효율을 일으키게 되는데, 이때 동일한 경영자원을 보유하고 있음에도 불구하고 그 기업의 가치는 떨어지게 된다. 상대 회사의 경영자는 비효율이 큰 기업들을 매수하여 기업을 효율적으로 만들면 주가가 상승하게 되므로 적극적으로 인수합병을 시도하게 된다.

M&A는 기업을 인수하려고 하는 측이 피인수기업의 입장에서 우호적인가 그렇지 않은가에 따라 우호적 M&A와 적대적 M&A로 구분된다. 우호적 M&A는 일반적으로 지금보다 그 기업경영을 더 잘

할 것으로 생각되는 경우나 두 당사자 간의 합의에 의해 이루어진다. 그렇기 때문에 M&A 이후 기업의 효율이 높아지는가만 따져보면 합병 이후의 주가를 예측할 수 있다.

하지만 적대적 M&A는 주식시장이라는 구조를 이용하여 이루어진다. 그렇기 때문에 주가에 미치는 영향이 복잡하게 나타난다.

즉, 기업을 인수하려고 하는 입장에서는 어떻게 해서든 기업을 인수하려 할 테고 기업을 방어하려는 입장에서는 무슨 수를 써서라도 M&A를 저지하려고 할 것이기 때문이다.

그럼 먼저 기업을 인수하려고 하는 입장에서 사용할 수 있는 방법에 대해 알아보자.

주식회사는 주주총회에서 다수결의 원칙에 의해 경영권을 획득할 수 있는 구조를 가지고 있다. 따라서 기업을 인수하려고 하는 입장에서는 주주총회에서 다수의 입지를 굳히기만 하면 된다. 그렇게 할 수 있는 대표적인 방법으로는 위임장대결과 공개매수를 들 수 있다.

(1) 위임장대결(Proxy Fight)

위임장대결이란 주주총회에서 주주권을 대신 행사할 수 있도록 다른 주주로부터 위임을 받는 것을 말한다.

(2) 공개매수(Tender Offer)

공개매수는 시장에서 주주들에게 공개적으로 매수를 선언하는 것이다. 공개매수는 일반적으로 시장에서 형성되고 있는 주가보다 높은 가격에 매수할 것을 선언하고 여기에 동참하는 주주들로부터 주식을 매수하여 표대결에 나서는 것이다. 인수하려는 측이 공개매수에 나서고 또 이를 막으려는 측에서 역공개매수에 나서게 되면 일반적으로 주가는 올라가게 된다.

그렇다면 반대로 적대적 M&A로부터 회사를 방어하는 방법에는 어떤 것이 있을까? 이것을 살펴보면 다음과 같다.

(1) 회사 정관에 명시하는 방법

회사 정관에 '반공개매수조항'을 문서화함으로써 M&A를 저지시키는 방법이다. 예를 들어 합병을 승인하는 사항에 대해 의결정족수의 80% 이상의 동의를 받아야 한다든지, 이사의 임기를 차별화시켜 새로운 대주주가 이사회를 장악하는 것을 어렵게 만드는 것과 같은 방법이 그것이다. 연구결과에 따르면 이러한 방법은 주가에 좋지 않은 영향을 미치는 것으로 나타나고 있다.

(2) 상장폐지 또는 사기업화

거래소시장에서 공개적으로 주식이 거래되면 시장을 통해서 적대적 M&A의 대상이 될 수 있으므로 아예 상장폐지를 통해서 주식거래를 공개적으로 하지 못하게 만드는 방법을 말한다. 이렇게 되면 주주들의 입장에서는 투자금액의 현금화가 어려워지게 되므로 상당한 손해를 감수하지 않을 수 없다.

(3) 독약먹이기(Poison Pill)

M&A를 하려는 측에서 보면 이를 통해 합병에 따른 효과나 수익이 있기 때문에 이를 선택했을 것이다. 따라서 M&A를 당하는 쪽에

서는 이러한 효과나 수익을 희석시키기 위해 부채로 자금을 조달하여 재무상태를 엉망으로 만든다든지, 합병이 되면 우선주가 높은 가격의 보통주로 전환되도록 조건을 달아놓는 방법과 같이 기업의 가치를 훼손시키는 의사결정을 하게 된다. 이렇게 되면 인수회사 입장에서는 합병으로부터 기대하는 이익이 사라지게 되므로 인수를 포기하게 될 것이다. 이런 경우에도 기업의 주가는 당연히 나쁜 영향을 받게 될 것이다.

(4) 황금낙하산(Golden Parachutes)

황금낙하산이란 만약 인수를 당하게 되면 인수대상 기업의 경영자들이 자신들에게 엄청나게 많은 퇴직금을 지급한다든지, 아니면 다른 어떤 방법으로든 자신들의 향후 거취에 대해 금전적 보상이 따르도록 만들어 놓는 것을 말한다. 이런 조항으로 주주들의 이익보다는 경영자의 이익을 챙겨버리는 것이다.

(5) 황금알 빼먹기(Crown Jewels)

합병당할 위기에 처한 기업이 회사의 알짜 자산을 미리 처분하는 것을 말하는 것이다. 이러한 전략은 독약먹이기와 같이 기업의 가치를 스스로 떨어뜨려 합병으로부터의 이익을 없애버리는 전략을 말한다.

이상의 내용이 M&A와 관련된 주요 내용들이다. 실제로 M&A가 시작되면 인수를 하려는 기업보다는 피인수기업, 즉 인수를 당하는 기업의 주가가 올라가는 것이 일반적이다. 하지만 위의 M&A 방어

전략에서도 보았듯이 어떠한 전략을 사용하느냐에 따라 기업의 주가는 떨어질 수도 있고 올라갈 수도 있다.

실제로 승자의 저주(winner's curse)라는 것이 있다. 이는 인수기업이 M&A를 통해 피인수기업을 인수하는 데 너무 많은 출혈을 해서 성사 후 M&A 효과가 없을 뿐만 아니라 오히려 인수기업의 기업가치가 떨어지는 것을 말한다.

그러니 M&A가 시작되었다고 해서 반드시 주가가 올라간다는 생각은 버려야 한다. 주식시장에서 '반드시'나 '항상'이라는 말은 성립될 수 없다. M&A가 시작되었다면 그 진행상황을 면밀히 파악해서 매매에 임하는 것이 필요할 것이다.

하지만 그러한 정보를 일반인이 취득한다는 것은 사실 어려운 일이다. 중요한 정보는 접근하는데 한계가 있게 마련이다. 실제로 돈이 되는 정보는 일반인이 쉽게 접근하지 못하는 것이 주식시장의 현실이다. 그 정보를 가진 사람의 입장에서 그 정보가 공개되면 자신에게 주어질 실익이 없어지기 때문이다.

시장에는 온갖 역정보와 허위정보가 난무한다. 실제로 우리는 그러한 역정보, 허위정보의 파도 속을 매일매일 헤매고 있는 것이다. M&A와 관련된 정보들도 마찬가지다. 실제로 M&A가 시작되는지 그리고 어떻게 진행되는지 하는 정보들은 많은 관심과 노력이 들어가야 비로소 얻을 수 있다.

그리고 정보를 가졌다고 반드시 돈을 버는 것은 아니다. 하지만 정말로 중요한 정보를 취한다면 주식투자에서 성공할 확률은 그만큼 높아질 것이다. 그러니 정보를 취득하고, 이를 분석하려는 노력을 절대 게을리 하지 말아야 한다.

【 증권용어 】

* Tobin의 Q비율

토빈의 Q비율이란 회사의 부채 및 자기자본의 시장가치를 그 보유자산의 대체비용
으로 나눈 것을 말한다. 그런데 기업의 시장가치는 미래 현금흐름이 반영된 주식의
시가총액으로 계산되는 반면 기업의 자산가치는 기존자산의 대체비용으로 산출된
다. 따라서 Q비율이 장기적으로 1에 수렴되는 것이 타당하지만 단기적으로는 1에서
이탈하는 것이 일반적이다. 대체로 Q비율이 1 이상이면 주가는 기업의 실제 자산가
치에 비하여 고평가되어 있고, 1 이하이면 저평가되어 있다고 판단한다. 이를 식을
통해 살펴보면 다음과 같다.

$$토빈의\ Q비율 = \frac{기업의\ 시장가치}{기업의\ 자산가치}$$

$$= \frac{부채의\ 시장가치 + 주식의\ 시가총액}{보유자산의\ 시가평가액}$$

토빈의 Q비율은 기업의 인수합병 때 합병대상 기업을 판단하는 자료로 많이 사용된
다. 즉, 특정 기업의 자산가치가 시장가치보다 클 경우 토빈의 Q비율은 1보다 작게
되는데, 이는 피합병기업이 시장에서 자신의 자산가치에 비해 저평가되어 있음을 의
미하기 때문에 합병의 표적이 된다.

하지만 기업의 시장가치에 비해 과다한 자산을 보유한 경우 Q비율은 낮아지지만 보
유자산을 효율적으로 이용하고 있지 못할 수도 있으므로 투자자들은 다른 투자지표
를 보조지표로 이용하여 의사결정을 하여야 한다.

Q비율에 대해 예를 들어 설명해보자. 가령 어떤 사람이 5억 원의 자본금을 들여 회
사를 만들었는데 이 회사의 주식 시가총액이 10억 원이 되었다면 Q비율은 2가 될
것이다. 하지만 이 회사의 주식 시가총액이 3억 원에 불과하다면 Q비율이 0.6은 될
것이다.

그렇다면 M&A를 하려는 사람의 입장에서 보면 회사를 새로 만들지 않고 3억 원을
투자해 5억 원짜리 회사를 가질 수 있으니 그 회사는 M&A의 표적이 될 것이다.

유보를 할 것인가,
배당을 할 것인가?

배당보고 투자하지 마라.

한번은 신문에서 이런 글을 읽은 적이 있다.

"중국 사람은 사회주의에 살면서 자본주의적 사고를 하고 우리나라 사람은 자본주의에 살면서 사회주의적인 사고를 한다."

이 글을 접하는 순간 뒤통수를 한 대 맞은 것 같이 큰 충격을 받았었다. 자본주의의 꽃이라고 하는 증권시장과 인연을 맺은 지도 어언 10년이 훌쩍 넘었건만 필자 스스로도 '과연 자본주의적인 사고를 하고 있는가?' 하는 반성도 하게 되었다.

증권시장은 주식회사가 발행한 주식을 사고파는 곳이다. 그러나 이는 단순히 주식을 사고파는 곳이라는 의미를 넘어 기업의 입장에서는 필요한 자본을 장기·안정적으로 조달하는 곳이기도 하다. 그리고 투자자의 입장에는 자신의 소중한 재산을 투자하는 곳이기도 하다. 어쩌면 바로 앞에서 말한 것 이상의 가치를 증권시장은 가지고 있는지도 모른다.

서구 자본주의는 많은 풍파를 거치면서 발전한 반면 우리나라 자본주의는 정부의 일정한 계획 아래 발전되어 왔다. 그러나 우리나라에서 자본주의가 이렇게 뿌리를 내리는 동안 그 제도는 접목되었을지 모르지만 그 철학은 제대로 접목되지 못한 것 같다. 물론 하나의 제도가 한 민족의 고유한 사고체계까지 바꾸는 데는 지금보다 훨씬 더 많은 시간이 필요할지도 모른다.

우리나라 기업들은 주식시장을 통해 주주들로부터 필요한 자본을 조달했음에도 불구하고 실제로는 주주들의 이익을 위한 경영을 하고 있는지 때로 의구심이 든다. 주식회사 운영의 기본목표는 무엇보다도 경영을 잘해서 주주에게 많은 이익을 남겨주는 것이 되어야 한다. 그럼에도 불구하고 주주의 몫은 간데없이 오너의 이익만을 생각하는 것 같아 안타깝기 그지없다.

우리나라 기업들의 지배구조에 문제가 있다는 것도 사실은 주주들의 이익보다 회사를 지배하고 있는 오너 일가의 이익을 중요시하고 있기 때문이다. 그렇기 때문에 우리나라 기업들의 주가가 저평가되어 있다고 주장하는 사람들도 나오는 것이다.

하지만 만약 기업들이 주주의 이익을 위해 의사결정을 한다면 과연 어떻게 주주들의 몫을 챙겨줄 수 있을까?

그 방법은 크게 두 가지로 요약할 수 있다.

첫째는 기업경영을 잘해서 많은 이익을 내고 그 이익을 바탕으로 많은 배당을 해주는 것이다. 그럴 경우 그 기업의 주식을 가지고 있는 주주는 배당을 통해서 자신의 부를 증가시킬 수 있기 때문이다.

둘째는 기업경영을 잘해서 생긴 이익을 배당을 통해 돌려주기보다는 회사에 유보시켜 재투자에 나서는 것이다. 그렇게 재투자를 통해 기업경영이 잘 되면 주가가 올라가고 주주는 자신의 몫을 챙길 수 있기 때문이다.

그럼 배당과 유보, 이 두 가지 중에서 과연 어떤 것이 주주에게 더 큰 이익이 될까?

아직 이 문제에 대해서 결론이 난 것은 없다. 하지만 대체로 지금까지 주변에 회자되고 있는 내용들을 정리해 보면 다음과 같다.

(1) 배당을 하건 유보를 하건 기업의 가치에는 영향이 없다.
(2) 배당을 적게 하면 기업의 가치가 높아진다.
(3) 배당을 많이 하면 기업의 가치가 높아진다.

위와 같은 세 가지의 의견들이 치열한 논쟁을 벌이고 있는데, 여기서 기업의 가치란 바로 주가를 의미하는 것으로 보면 될 것이다.

그러면 위의 세 가지 의견을 하나씩 구체적으로 살펴보자.

⑴ 배당을 하건 유보를 하건 기업가치에는 영향이 없다.

이러한 주장을 하는 사람들의 논리는 기업이 주주들에게 배당을 하면 그만큼의 배당락[4]이 이루어지기 때문에 받은 돈의 가치와 낮아진 주가가 정확히 상쇄되어 결국 주주의 부에는 변동이 없다는 것이다.

만약 기업이 배당을 많이 하면 사람들은 그 돈으로 다시 주식을 살 것이고, 배당을 적게 하면 주식을 매도해 사실상의 배당효과를 거둔다는 것이다. 따라서 배당을 하건 하지 않건 기업의 가치는 변하지

---

4) 배당락(ex-dividend) 결산기말(決算期末)이 지나서 당기(當期) 배당을 받을 권리가 없어진 주가(株價)의 상태. 당해회사가 지정한 날짜에 배당수령 권리확정을 위한 명의개서(名義改書) 정리를 실시하는데 이 날을 지나서 주주가 된 자는 배당금을 받을 권리가 없으며, 따라서 결산일 다음날의 주가는 전날보다 배당에 상당한 몫만큼 하락한다.

않는다는 것이다.

(2) 배당을 적게 하면 기업가치가 높아진다.

기업이 배당을 하지 않으면 그 돈은 자연스레 회사의 유보자금으로 사용하게 될 것이다. 그런데 만약 추가적으로 회사가 자금을 조달할 때 높은 자본조달비용이 들어가게 된다면, 기업의 입장에서는 유보된 내부자금으로 자금조달을 하는 것이 훨씬 유리할 것이다. 이런 상황이 일어나면 기업 입장에서는 당연히 배당을 적게 하는 것이 기업의 가치를 높이는 것이 될 것이다. 그리고 주주 입장에서는 주가가 상승함으로써 자신의 몫을 챙길 수 있을 것이다.

(3) 배당을 많이 하면 기업 가치가 높아진다.

여기에는 두 가지의 가설이 존재한다. 이를 통해 배당과 기업가치의 상관관계를 한번 보도록 하자.

① 손안에 든 새 가설(bird-in-hand hypothesis)

이 주장의 근거는 내 손안의 새 한 마리가 숲 속의 새 두 마리보다 가치가 크다는 데 있다. 즉 기업이 현재의 배당을 유보하고 그 자금으로 투자를 해서 미래에 더 큰 수익을 거둘 수 있다는 것은 현재의 시점에서 보면 무척 불확실하다. 미래는 누구도 예측할 수 없기 때문이다. 따라서 주주들도 유보된 미래의 배당보다는 현재의 배당을 선호하게 된다는 것이 바로 '손안에 든 새 가설'이다. 이는 어떤 기업이 배당을 다른 회사보다 많이 해주면 그 기업의 주식을 투자자들이 매수하게 될 것이므로 주가가 상승하게 된다는 것이다.

② 신호가설

기업의 경영자와 일반투자자들 사이에는 항상 정보의 비대칭현상이 존재한다. 그런데 여기서 기업이 배당을 많이 해준다면 이것 자체가 기업내부의 사정을 전해주는 일종의 신호가 될 수 있다는 것이다. 즉 기업이 배당을 늘려 가면 향후 기업의 실적전망을 좋게 본다는 것이 되고 오히려 배당을 줄여간다면 향후의 실적전망을 좋지 않게 본다는 뜻이 된다.

이렇게 판단해보면 투자자들은 배당을 많이 해주는 회사의 전망은 긍정적으로 판단해 주식을 매수하고 그렇지 않은 회사의 주식은 매도하게 되는 것이다.

이상의 내용들이 바로 배당과 주가에 대한 내용들이다.

하지만 우리나라에서는 이런 판단근거를 가지고 매매를 결정하는 사람은 거의 없다. 그 첫 번째 이유는 우선 경영자가 주주의 이익을 위해 의사결정을 하지 않는다고 생각하기 때문이다. 그리고 두 번째 이유는 우리나라 기업들의 배당정책이 액면가 배당을 하고 있기 때문이다.

자본주의의 근간이 되는 기업들이 이런 식으로 주식시장의 투자자들을 대하고 있으니 투자자들의 투자에 임하는 자세도 원칙에 벗어나는 것은 당연하다.

투자는 본인의 의사에 따라 모든 것을 결정하기 때문에 투자의 책임도 스스로 지는 것이다. 그럼에도 불구하고 우리나라 사람들은 구조적으로 돈을 잃게 되면 누군가에게 사기를 당했다고 생각한다. 그래서 1980년대와 1990년대 초, 주가가 떨어지면 투자자들은 한 곳에 모여 피케팅을 하면서 주가를 올리라고 진풍경을 벌였다. 그도 그럴 것이 투자자들로부터 조달한 자금을 올바로 사용하는 기업이 손에 꼽을 정도였기 때문에 이는 당연한 일이었다.

주식시장에서 벌어지는 투기는 주식시장이 안고 있는 필요악(必要惡)이라고 보아야 한다. 지금 우리에게 필요한 것은 우선 주식시장을 건전한 상태로 만드는 것이다. 그것이 자본주의의 틀 안에서 생겨난 것이라면 이제는 서로 자본주의의 룰을 지켜야 한다. 기업은 주주들의 이익을 위해서 노력하고 투자자들은 자신의 책임 하에 투자하고 그 결과에 승복하는 룰 말이다. 이런 점에서 본다면 정부나 기업의 책임이 얼마나 막중한지를 알 수 있다.

당장은 실현되기 어렵겠지만 조만간 그런 날이 올 것이다. 그때를 대비해서 우리는 스스로 어떤 상황에서 주식을 사야 하고 팔아야 하는지 판단력을 키워야 할 것이다.

* 자기주식(自己株式)

자기주식이란 회사가 자기의 재산으로 발행한 주식을 취득해 보유한 주식을 말한다. 원래 상법에서는 자기주식의 취득을 원칙적으로 금지하고 있다. 그러나 97년부터 상장법인 주식의 대량 취득제한을 철폐하여 상장법인들이 경영권을 보호할 수 있도록 자기주식 취득을 예외적으로 허용하였다.

상장법인의 자사주 취득은 발행주식 총수의 5% 이내에서 가능하다. 또 자사주를 취득하려면 상법상 배당가능이익이 있어야 한다. 자사주를 취득하려는 상장사는 증권관리위원회와 거래소에 자기주식 취득신고서를 제출해야 한다. 자사주 취득기간은 신고서 제출 뒤 3일이 경과한 날로부터 3개월 이내이다.

그러나 자기주식을 취득하고자 하는 기간 중에 투자자의 투자판단에 영향을 미칠 중요한 기업정보가 있는 경우 그 정보가 공개되기 전에는 자사주 취득을 할 수 없도록 하고 있다.

자사주를 취득한 회사는 그 취득결과보고서를 제출한 날로부터 6개월 이내에는 유가증권시장을 통해 이를 처분할 수 없다.

우리 주식시장은 왜 미국의 영향을 받는가?

> 시장의 힘은 아무도 거스를 수 없다.

주식을 조금이라도 한다는 사람들이 잠자리에서 일어나 제일 먼저 하는 일은 무엇일까? 아마도 밤새 미국의 주식시장이 어떻게 끝났는가를 살펴보는 일일 것이다. 그리고 미국의 주식시장이 올랐다면 안도의 숨을 내쉬면서 오늘 하루 좋은 일이 있을 것이라고 생각할 것이다. 반대로 미국의 주식시장이 떨어졌다면 마치 하늘이 무너질 것처럼 한숨을 쉬면서 '오늘도 죽었구나' 라고 생각할 것이다. 왜 우리는 이처럼 미국의 주식시장 동향에 일희일비(一喜一悲)하는 것일까?

외환위기 이후 많은 사람들의 우려처럼 미국의 52번째 주로 전락해 버린 것일까?

1990년대 초 증권업계와 증권 관련 학자들에게 초미의 관심사는 1992년에 외국인들에게 우리나라 주식시장을 개방하면 시장에 과연 무슨 일이 일어날까 하는 것이었다. 당시 논의되었던 것들은 크게 긍정과 부정으로 나뉘었는데 이를 살펴보면 다음과 같다.

긍정적이라는 첫 번째 이유는 우선 외국인들의 선진투자기법이 도입되어 투자의 선진화가 이루어진다는 것이었다. 그리고 두 번째 이유는 외국인 투자자금이 대거 유입되어 주가가 상당 폭 올라간다는 것이었다.

반면에 부정적이라는 이유로 가장 손에 꼽았던 것은 핫머니(Hot Money)와 같은 자금의 빈번한 유·출입으로 우리의 주식시장과 외환시장이 유린을 당한다는 것이었다.

이처럼 많은 사람들의 기대와 우려 속에 1992년 1월 우리는 마침내 외국인들에게 주식시장을 10% 개방하면서 세계시장에 자신의 존재를 드러내게 되었다. 그리고 외환위기 이후 우리 주식시장은 일부 기업을 제외하고 외국인들에게 거의 완전히 개방되었다. 그와 함께 외국인들이 주식시장에 미치는 영향력도 그 투자한도가 확대되는 비율만큼 커져갔다.

그러나 여기서 한 가지 더 살펴보아야 하는 것은 환율제도의 변화이다. 우리나라는 1990년부터 외환위기 이전까지 시장평균환율제도를 채택하고 있었다. 시장평균환율제도란 환율은 기본적으로 외환시장에서의 수요와 공급에 의해 결정되도록 하되, 급격한 환율변동에 의한 외환시장 교란과 경제에 미치는 부작용을 막기 위해 환율의 일중변동폭을 법적으로 제한하는 제도를 말한다. 이렇게 시장평균환율제도를 채택하고 있던 시기에는 외국인 자금의 급격한 자금 유·출입이 크지 않았다. 그러나 외환위기 이후 환율제도를 변동환율제도로 변경함으로써 자본시장 개방 이전 많은 사람들이 우려했던 외국인의 시장교란 현상이 벌어지게 되었다.

그렇다면 왜 우리나라 시장이 미국시장에 마치 종속된 것처럼 움직이는 것일까?

사실 요즘은 자본시장 자체가 복잡하게 얽혀 있어 환율이나 이자율, 혹은 경기와 같은 많은 변수들의 영향을 받는다. 따라서 한 가지 요인만으로 이런 현상을 설명하는 것은 사실 여간 어려운 일이 아니다.

하지만 이렇게 생각해 볼 수는 있다.

미래는 항상 불확실한 것이다. 우리는 미래라는 시간을 대상으로 투자를 하기 때문에 모든 사람들은 미래의 불확실성, 즉 시장의 위험에 노출되어 있다. 여기서 말하는 모든 사람들 중에는 외국인도 포함되어 있음은 물론이다. 외국인들이라고 해서 위험이 일렁이는 바다에서 살아남을 뾰족한 수는 없다. 이런 것을 잘 알고 있는 그들이 죽음을 무릅쓰고 위험의 바다에 뛰어들 리는 없다. 그들은 단지 나름대로 기본적인 포트폴리오를 구성해서 위험을 관리하는 방법을 알고 있을 뿐이다.

모건스탠리지수를 들어본 적이 있을 것이다. 소위 이 MSCI(Morgan Stanley Capital International)지수가 변함에 따라 우리나라에 외국인 자금이 얼마나 들어오고 나갈 것인지 예측하는 기사들이 신문에 자주 나오지 않던가?

그렇다면 과연 MSCI지수란 무엇일까?

그것은 바로 미국 등 기관투자가들이 세계를 대상으로 자산을 배분하는 기준을 나타내주는 지표, 즉 포트폴리오의 구성기준인 셈이다. 외국인 투자자들 특히 미국이나 유럽에 근거를 두고 있는 투자자들은 세계시장을 몇몇 권역으로 나누고 있다. 물론 회사에 따라 다르겠지만, 미국을 중심으로 한 북미, 남미, 유럽, 아프리카, 아시아, 일본시장과 같이 세계시장을 분류해놓고 각 권역별로 투자비중을 정해 놓는다. 그리고 자신들이 정한 그 비중에 맞추어 투자를 조정하는 것이다.

그 비중을 시가총액 기준으로 한다면 시가총액이 가장 큰 나라는 미국이 될 것이다. 만약 가장 큰 미국시장의 주가가 떨어지면 그 비중을 맞추기 위해 나머지 국가들의 주식을 매도해 미국의 주식을 사는 것이다. 반면에 미국시장이 주가가 상승하면 다른 나라의 주식도 매수해 그 비율을 맞추게 된다. 이러한 원리에 따라 투자를 하기 때문에 미국시장의 동향이 우리나라에 직접적인 영향을 주는 것이다.

그러면 모든 외국인 투자자들이 이와 같은 방법으로 투자를 하는 것일까?

미국은 기관투자가를 크게 두 가지로 분류한다고 한다. 하나는 뮤추얼펀드(mutual fund)이고, 다른 하나는 헤지펀드(hedge fund)이다. 이러한 분류는 미국의 증권거래위원회, 즉 SEC의 규정에 의해 분류가 된다. 예를 들어 100명 이상의 투자자들로부터 자금을 모집하여 투자하는 펀드는 투자기간, 투자대상, 투자방법 등에 대하여 SEC의 감독을 받게 된다. 그러나 그 이하의 투자자들로부터 자금을 모집하여 투자하는 펀드는 SEC의 집중적인 관리 대상에서 제외된다. 여기서 100명 이상으로부터 자금을 모집한 펀드는 뮤추얼펀드를 말하는 것이고, 100명 미만 즉 최대 99명까지의 투자자들로부터 펀드를 조성하여 투자를 하는 펀드는 헤지펀드를 말한다.

위에서 설명한 것처럼 뮤추얼펀드에 비해 헤지펀드는 투자행태가 보다 자유롭기 때문에 돈이 많은 사람들이 대체로 고객이 된다. 따라서 금액상의 전체 규모 면에서 보면 헤지펀드의 규모도 뮤추얼펀드에 비해 결코 적지 않다. 외환위기 이후 우리나라에 잦은 방문을 했던 조지 소로스도 바로 헤지펀드를 운용하는 사람이다. 이렇게 본다면 투자비중을 지속적으로 관리해나가는 외국인들은 뮤추얼펀드로 보면 되고 우리나라 시장과 다른 외국시장을 드나들면서 시장을 교란하고 다니는 외국인들은 헤지펀드로 보아도 큰 무리는 없겠다.

이와 더불어 한 가지 더 고려해야 하는 것은 바로 환율이다. 사실 주식시장에 투자하고 있는 외국인 자금에 비해 외환시장을 돌아다니는 자금이 더 큰 상황이고 또 주가의 등락보다는 환율의 변동양상이 투자에 많은 영향을 주고 있다는 것은 이미 알려진 사실이다. 따라서 환율의 변동과 주식시장의 상관관계를 살펴보는 것은 매우 중요하다.

일반적으로 외국인들에게 주식과 환율시장이 개방되어 있지 않은 상태에서는 환율과 주가의 방향이 동일한 방향으로 움직이는 모습을 보인다. 즉 환율이 상승하면 주가가 상승하고 환율이 하락하면 주가가 하락하게 되는 모습을 보이는 것이다. 하지만 외국인들에게 주식과 환율시장이 개방된 상태에서는 환율과 주가는 반대로 움직이게 된다. 즉 환율이 상승하면 주가가 하락하게 되고 환율이 하락하면 주가가 상승하는 모습을 보이는 것이다.

이를 자세히 살펴보면 다음과 같다.

자본시장이 개방되지 않은 상태에서는 환율이 다음과 같은 경로를 통하여 주식시장에 영향을 미치게 된다.

(1) 환율상승(원화가치하락) → 수출단가인하/수입단가인상 → 무역수지흑자 → 주가상승
(2) 환율하락(원화가치상승) → 수출단가인상/수입단가인하 → 무역수지적자 → 주가하락

그러나 자본시장이 완전히 개방된 상황에서는 환율의 상승, 즉 원

화가치가 하락할 경우 외국인들은 원화를 매도하고 상대적으로 가치가 높아지는 달러화로 바꾸려고 할 것이다. 따라서 주가는 단기적으로 하락하는 모습을 보이게 된다. 반면에 환율의 하락 즉, 원화가치가 상승할 경우 외국인들은 달러화를 원화로 바꾸기 위해 원화매수에 나서 주가가 단기적으로 상승하는 모습을 보이게 된다.

사실 우리가 생각하는 것처럼 외국인들이 항상 돈을 버는 것은 아니다. 외국인들은 대체로 돈을 벌고 우리나라 사람들은 돈을 잃는 것처럼 보이지만 실상은 돈을 버는 외국인도 있고 돈을 잃는 외국인도 있게 마련이다.

하지만 그들이 대체로 돈을 버는 것처럼 보이는 것은 왜 그럴까?

그 이유는 그들이 확률 높은 투자를 하기 때문이다. 우선 그들은 투자기간이 우리나라 사람들보다 훨씬 길다. 물론 투자기간의 길고 짧음만을 가지고 잘하고 못하고를 논할 바는 아니다. 하지만 적어도 거래 비용이라는 측면에서 보면 매매기간이 짧을수록 실패할 가능성이 큰 것은 사실이다. 그리고 우리는 소위 몰빵이라고 하는 소수 종목 집중투자를 하는 반면 그들은 철저히 포트폴리오를 구성해서 분산투자를 한다. 즉 우리는 관리할 수 있음에도 불구하고 위험을 제대로 관리하지 못하는 반면 그들은 철저히 위험을 관리하면서 시장에서 수익을 낸다는 것이 커다란 차이점이다.

우리나라 주식시장이 개방체제를 유지하는 한 우리 주식시장은 미국의 주식시장이나 다른 나라의 주식시장과 밀접한 관계를 가리고 움직일 것이다. 이는 우리 주식시장이 다른 나라 주식시장에 종속되어서가 아니라 우리 주식시장에 참여하고 있는 외국인들의 투자행동 원칙 때문인 것이다. 물론 그 이외에도 경기나 국가위험 등과 같이 다른 요인이 있는 것도 사실이지만 말이다.

좋던 싫던 아침에 일어나서 미국시장을 열어보는 것은 이런 점에서 본다면 우리시장의 향방을 점쳐볼 수 있는 중요한 지표가 된다. 이는 우리가 취할 수 있는 아주 중요한 투자지표 중 하나이기 때문이다.

누구든 시장의 힘은 거스를 수 없다.

또 누구든 시장이 만들어내는 현상도 거스를 수 없다. 시장이 흘러가는 반대방향으로 움직인다면 상처만 있을 뿐이다. 시장의 현상을 잘 받아들이고 그 힘을 내게 유리한 방향으로 사용할 줄 아는 지혜를 갖는 것이 중요하다. 외국인의 매매동향을 파악하는 것도 그런 내용을 파악하는 중요한 지표 중 하나이다.

가장 현명한 것은 시장이다. 모든 것을 시장에서 찾는 노력을 게을리 하지 않도록 하자.

【 증권용어 】
* 핫머니(hot money)

국제금융시장을 이동하는 단기자금을 말하는 것으로 각국의 단기금리의 차이, 환율의 차이에 의한 투기적 이익을 목적으로 하는 것과 국내 통화불안을 피하기 위한 자본도피 등 두 종류가 있다.
핫머니의 특징으로는 첫째, 자금이동이 일시에 대량으로 이루어진다는 점이다. 둘째, 자금이 유동적인 형태를 취한다는 점을 들 수 있다. 따라서 핫머니는 외환의 수급관계를 크게 동요시켜 국제금융시장의 안정을 저해한다. 최근에는 유러달러(Euro-dollars)가 전형적인 머니의 성격을 나타내 보이며 거액의 투기자금으로서 국제금리 및 통화안정에 큰 영향을 주고 있다. 또한 국제 금융시장뿐 아니라 투기적 이익을 노리고 국내시장을 이동하는 단기자금도 핫머니라 일컬어진다.

어떤 무릎에서 사고
어떤 어깨에서 팔아야 하나

마지막 1원까지 취하지 마라.
다 먹으려다가는 체하기 쉽다.

주식투자를 하다보면 큰 시세차익을 내는 주식을 보게 된다. 하지만 일반투자자들은 그 큰 시세차익을 제대로 향유하지 못하는 경우가 허다하다. 보통 300~400% 정도의 수익이 나는 경우에도 기껏해야 몇 십% 정도의 수익을 내고 마는 경우가 많다. 이는 바로 시세차익에 대해서 조급증을 가지고 있기 때문이다.

우리나라의 대표적인 주식인 삼성전자는 외환위기 때 주가가 3만 원대에 머물러 있었다. 하지만 수년이 지나고 나서 삼성전자는 70만 원대까지 상승했다. 과연 일반투자자들은 그 삼성전자 주식을 가지고 얼마의 수익을 남겼을까?

확인할 길은 없지만 엄청난 시세를 가져다준 삼성전자를 통해서도 그다지 큰 수익을 내지 못했을 것이다.

투자자들이 범하는 오류는 수도 없이 많지만 다음과 같은 경우가 허다하게 많다. 즉, 처음에는 삼성전자와 같은 우량주에 투자한다. 그리고 조금 수익이 나면 냉큼 팔아버린다. 그런데 시간이 조금 지나고 나면 삼성전자는 판 가격보다 올라간다. 그러면 다시는 그 주식을 사지 못하고 단가가 낮은 종목으로 이동한다. 그 후 이와 같은 오류를 몇 번 범하고 나면서 수중에 가지고 있는 주식이란 단돈 몇 천 원 또는 몇 백 원인 쓰레기 같은 주식뿐이다. 처음에는 귀족주에 투자하다 나중에는 쓰레기만 수집해서 결국 투자원금을 고스란히 날리고 마는 것이다.

유럽의 전설적인 투자가 앙드레 코스톨라니에 의하면 주식시장에는 소수의 살만한 주식과 대다수의 쓰레기로 구분된다고 한다.

그렇다면 우리는 먼저 살만한 주식과 쓰레기를 구분해야만 한다. 주식을 산다는 것은 그 기업의 일부를 사는 것이다. 따라서 장사를 잘하는 기업의 주식만이 주식으로써 가치가 있는 것이다. 아무리 뛰어난 기술을 가진 회사라 해도 그 회사가 그 기술을 바탕으로 돈을 벌어들이지 못한다면 그것은 회사로서의 가치 즉, 주식으로서의 가치가 있다고 보기는 어렵다.

특히 기업은 본래의 영업영역 즉, 본업에서 경쟁력과 수익성이 확보되어야 한다. 신발을 만드는 회사는 좋은 신발을 만들어서 잘 팔아야 한다. 신발 만드는 회사가 부동산을 많이 보유했다는 이유로 주가가 오른다면 이는 큰 시세차익을 거둘 수 없다. 그 회사는 부동산을 하는 회사가 아니기 때문이다. 무엇이든 본업에서 경쟁력을 갖추지 못한다면 기업으로서 계속 살아남을지도 의심스럽게 된다.

이렇게 살만한 주식을 골랐다면 이제는 실제로 어떤 식으로 매매를 해야 하는지 살피는 것도 중요하다.

흔히 주식은 무릎에서 사서 어깨에서 팔라는 말을 자주 듣는다. 여기에는 매우 중요한 사실이 들어 있다. 도대체 주가가 무릎에 있는지 허리에 있는지 어깨에 있는지를 어떻게 알 수 있단 말인가? 우리가 보는 주식시세표에 무릎표시나 허리표시 그리고 어깨표시가 되어 있다면 얼마나 좋을까? 하지만 시세표 어디에도 그런 표시는 없다.

결국 우리들 스스로가 무릎, 허리, 어깨를 찾아내야 하는 것이다. 그럼 단도직입적으로 어느 무릎과 어느 어깨를 말하는 것인지부터 규정하고 나가야 할 것이다.

〈 시세가 흘러가는 방향 〉

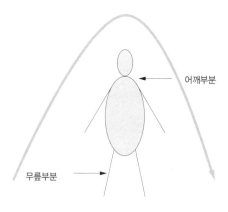

일반적으로 시세는 위 그림과 같이 움직여 나간다. 즉, 그림의 왼쪽 무릎부분에서 시작해서 머리부분, 즉 상투를 친 뒤 오른쪽 어깨를 지나 시세는 끝나게 된다.

흔히들 주식을 '오를 때 사고 내릴 때 파는 것'인지 아니면 '내릴 때 사고 오를 때 파는 것'인지를 두고 논쟁이 많다. 우리는 오를 때 사고 내릴 때 파는 것을 순투자전략이라 하고 내릴 때 사고 오를 때 파는 전략을 역투자전략이라고 한다. 그리고 많은 사람들이 역투자전략을 제대로 된 전략이라고 보는데 이는 잘못된 것이다. 주가가 충분히 떨어지면 사람들은 서서히 매수에 들어간다. 하지만 그 곳이 바닥이라는 것을 어떻게 알 수 있단 말인가? 혹시 바닥인 줄 알고 매수했는데 주가가 더 떨어진다면 큰 낭패를 보게되는데 말이다. 그래서 일반투자자들은 역투자전략보다는 순투자전략 즉, 주가가 오를 때 사고 내릴 때 파는 전략을 따르는 것이 옳다.

순투자전략에서 투자자들이 가장 신경을 써야 하는 것은 손절매(loss cut)를 항상 염두에 둬야 한다는 것이다. 왜냐하면 주식을 매수했을 때의 시점이 발목인지, 무릎인지 어깨인지 알 수 없기 때문이다.

내가 매수한 가격이 상투부분이라면 그 주식은 아무리 기다려도 오르기는커녕 떨어지기만 할 것이다. 그러니 자신이 감당할 수 있는 손절매 원칙을 세우고 있어야 한다. 예를 들어 '난 매수한 가격에서 10%가 떨어지면 무조건 매도한다' 와 같은 원칙을 세우고 그대로 실천해야 한다. 흔히 사람들은 결정적인 순간에 자신에게 관대해진다. "10%나 떨어졌는데 내일이면 오르겠지"라고 생각하는 순간 그 사람은 이미 투자에 실패한 것이다. 그런 경우에는 "내일 더 비싼 가격에 다시 사는 한이 있더라도 오늘 내 원칙은 지켜나간다"는 마음을 가지고 있어야 한다.

이렇게 손절매에 대한 원칙이 수립되면 그때부터는 큰 수익을 내기 위한 작업을 시작할 수 있다. 그 원칙이란 다음과 같다. 처음 10%의 수익을 올리게 되면 이게 웬 떡이냐는 듯이 냉큼 팔 것이 아니라 느긋하게 난 본전에 팔겠다는 마음을 가지라는 것이다. 그리고 50%가 오르면 난 40%만 챙기겠다. 100%가 오르면 난 90%만 챙기겠다와 같은 마음을 먹는 것이다. 그리하면 커다란 시세를 내는 주식의 모든 시세를 향유할 수 있게 된다.

즉, 머리 윗부분인 상투를 확인하고 시세가 내려오는 과정에서 수익을 실현한다는 전략이다. 이런 전략이 있어야 찔끔찔끔 수익을 내고 한 입에 몽땅 털어먹는 과오를 범하지 않게 된다.

주식투자는 고도의 심리게임이다. 특히 남들과 벌이는 심리게임보다 자신과의 심리게임에서 이기지 못한다면 주식투자로 성공하는 것은 어렵다고 봐야 한다.

다시 한 번 "주식은 무릎에서 사고 어깨에서 판다"는 의미를 곱씹어 보도록 하라.

【 증권용어 】
* 포트폴리오 관리

?

같은 위험 수준에서는 보다 높은 수익률을, 또는 같은 수익률 수준에서는 보다 작은 위험을 가져다 주는 투자구성을 모색하는 투자전략을 총칭하는 것이다. 따라서 포트폴리오 관리란 넓은 의미에서는 ① 포트폴리오의 수익과 위험을 평가분석하는 포트폴리오 분석(portfolio analysis), ② 항상 최적의 포트폴리오를 유지할 수 있도록 여건변동에 따라 포트폴리오의 구성을 수정해가는 포트폴리오 수정(portfolio revision), ③ 포트폴리오의 성과를 평가하는 포트폴리오 성과측정(portfolio performance evaluation) 등의 세 가지 영역을 모두 포함하는 종합관리라고 할 수 있다. 그러나 일반적으로 말하는 협의의 포트폴리오 관리는 포트폴리오 분석의 이론은 별도로 취급하고, 포트폴리오 수정과 포트폴리오 성과측정의 두 가지 영역만을 가리키는 것이 보통이다. 일반적으로 포트폴리오 관리는 자본시장의 효율성 가정 여부에 따라 적극적 투자관리와 소극적 투자관리로 나뉘어진다.

전설이 된 사나이 피터린치

피터린치는 1944년 보스턴에서 수학자의 아들로 태어났다. 그가 일곱 살 되던 해 아버지가 세상을 떠나면서 가정형편이 어렵게 되자, 열한 살 때부터 골프장 캐디로 일하면서 학비와 용돈을 벌어야 했는데 당시는 미국 증권시장이 초호황을 구가하던 시절이었다. 골프장을 찾은 손님들은 주식이야기에 열을 올렸고, 이미 어린 피터린치는 이때부터 증권시장에 깊은 관심을 갖기 시작했다. 보스턴 대학을 졸업한 후 그는 1969년 피델리티사에 화학업종 분석가로 정식 채용되었고, 펀드매니저가 되기 전까지 조사 분석가로 성실히 일했다.

피터린치가 마젤란펀드를 운용하기 시작한 것은 1977년부터인데 그가 공식적으로 은퇴를 선언한 1990년까지 연평균 20% 이상의 수익률을 기록했다. 펀드운용을 담당했던 13년 동안 단 한 해도 손실을 기록하지 않았고, S&P 500지수보다 높은 수익을 올리지 못한 적은 단 두 해뿐이었다. 뿐만 아니라 1,800만 달러에 불과했던 운용자산이 그가 은퇴할 무렵에는 140억 달러 규모로 불어났고, 미국 전체

100가구 중 1가구는 마젤란펀드에 투자했을 정도로 큰 인기를 누렸다. 그는 1만5,000개가 넘는 주식을 매입했으며 1년에 200여 개 이상의 기업을 방문했고, 700개 이상의 연차보고서를 직접 검토했다. 주식투자의 성공은 시간과 노력 없이는 이룰 수 없다는 평소의 투자 신념을 철저히 지킨 것이다.

그는 1990년 5월 31일 "인내를 가져라. 계속 주목하는 주식은 실패가 없다", "어떤 기업에 대한 연구를 하지 않고 주식을 사는 것은 포커 게임에서 카드를 보지 않고 돈을 거는 것과 같다"라는 말을 남기고 부사장직을 마지막으로 피델리티사를 떠났다. 그의 은퇴는 갑작스러운 것이어서 투자자들에게 충격적인 사건으로 받아들여졌지만, 그는 부와 명예를 뒤로 한 채 한 가족의 가장으로 돌아갔다.

마젤란펀드를 떠난 그의 이름 앞에는 지금도 '월가의 살아 있는 전설', '월가 역사상 가장 성공한 펀드매니저', '세계 최대의 뮤추얼펀드인 마젤란펀드의 살아 있는 신화'와 같이 많은 수식어들이 따라다닌다. 때론 이런 미사여구가 오히려 그의 능력을 제한하는 거추장스러운 말로 들릴 만큼 그는 여전히 우리시대 최고의 펀드매니저로 평가받고 있다.

이번 주제에서는 실제적인 투자의 지침을 주는 피터린치의 주식투자 방법을 한번 살펴볼 것이다.

먼저 피터린치는 기업을 6개의 범주로 나누었다. 피터린치는 특정 산업 내에서 투자하고자 하는 기업을 그 업종의 다른 업체들과 비교해서 규모를 파악한 다음 저성장기업, 대형우량기업, 급성장기업, 경기변동형 성장기업, 자산형기업 및 전환형기업의 6가지 일반적인 범주로 분류하였다.

여기서 말하는 성장이란 판매, 생산, 수익면에서 작년보다 올해 더 많은 것을 이루는 것을 말한다. 반면 급성장기업은 연간 20~30 % 정도의 속도로 성장하는 기업을 말하는데 위의 6가지 분류 중 성장과 관련된 것은 저성장기업, 중간 성장기업(대형우량주), 그리고 급성장기업이다.

1) 저성장기업(Slow Grower)

저성장기업은 초기 고도 성장기를 거쳐 성장률이 떨어진 업체를 말한다. 이 기업들은 자신들의 역량을 소진하였거나 더 이상의 성장 기회를 찾지 못하는 기업인데 대체로 산업전반이 저조해지면 그 산업 내의 대부분 기업 성장률이 떨어지는 것이 일반적이다. 저성장기업은 일반적으로 해당국가의 GDP성장률과 비슷한 성장을 하는 기업을 말한다.

이런 저성장기업들의 특징은 비교적 고율의 규칙적인 배당을 지급하는데 그 이유는 더 이상 사업 확장을 위해 자금을 사용하지 않기 때문이다.

(1) 저성장종목 매수 시 체크포인트

① 저성장종목은 배당에 관심을 둔 투자이므로 배당이 항상 지급되는지 그리고 그 배당금이 일정한 비율로 상향조정되고 있는가를 확인해야 한다.

② 배당성향을 살펴보는 것도 중요하다. 만약 이익에서 배당을 주는 비율이 작다면, 즉 유보율이 많다면 이들 기업은 불황에 견딜 수

있는 여력이 크고 불황에도 배당을 할 수 있는 능력이 있는 기업으로 볼 수 있다.

(2) 저성장종목의 매도판단 시점

① 기업의 시장점유율이 2년 연속 하락하고 있으며 추가로 광고대행사를 하나 더 고용하였다.

② 신규 개발되는 신제품이 하나도 없고 연구개발에 대한 지출을 삭감하고 있으며 기존의 성과에 만족하고 있다.

③ 최근 두 번에 걸친 비관련분야로의 사업다각화는 시너지효과가 전혀 없으며 향후 기술적으로 선두위치에 있는 기업을 추가로 인수할 계획을 가지고 있다.

④ 신규사업을 위한 지나친 지출로 많은 현금을 보유한 부채가 없는 기업에서 현금 없이 많은 부채를 지게 되는 기업으로 바뀌었다. 이런 기업의 특징은 주가가 하락해도 자사주를 사들일 여력이 없는 기업이다.

⑤ 주가가 저가에 있음에도 불구하고 투자자들의 관심을 끌 만큼의 배당수익이 높지 않다.

2) 대형우량기업(Stalwart 중간 성장기업)

대형우량기업은 대형주 중에서 빠른 급성장을 보이지는 못하지만 저성장기업보다는 빠른 성장을 보이는 기업을 말한다. 일반적으로 연간 10~12% 정도의 성장률을 보이는 기업들이다. 이들 기업은 언제 얼마에 매수하였는가에 따라 상당한 수익을 주기도 하고 그렇지 않기도 하다. 하지만 이들 대형우량기업들은 경기후퇴기나 주가침 체기에 상당히 좋은 안전판 작용을 한다. 왜냐하면 이들 기업들은 어지간해서는 파산하지 않으며 위기가 지나면 곧바로 재평가되어 가치가 회복될 것이기 때문이다.

(1) 대형우량종목 매수 시 체크포인트

① 대형우량종목은 부도에 대한 위험이 크지 않으므로 저평가된 주 식을 찾는 것이 중요하다. 따라서 PER지표 등을 이용하여 과대 평가 내지는 과소평가여부를 판단해야 한다.

② 장래의 이익을 감소시킬 수 있는 사업다각화(Diworseification)[5] 의 가능성은 없는지 살펴보아야 한다.

③ 해당기업의 장기성장률을 살펴보고 그 같은 성장세가 유지되어 왔는가를 점검해야 한다.

④ 만약 대형우량종목을 장기적으로 보유할 계획이라면 그 회사의 주식이 불황기와 주가 하락기에 어떤 모습을 보였는지를 살펴야 한다. 즉 불황기에 주가가 큰 폭으로 하락했는지 아니면 상대적 으로 적은 폭의 하락을 보였는지 그리고 주가가 급변하는 경우에 도 안정적인 움직임을 보였는지 아니면 시장에 따라서 급등락을 보였는지를 살펴보는 것이 중요하다.

(2) 대형우량종목의 매도판단 시점

① 주가가 목표수익을 달성하였거나 PER이 정상수준 범위에서 지

---

5) 사업다각화란 기업의 사업 확장을 하는 과정에서 시너지 효과는 없이 오히려 기업의 가치가 훼손되 는 것을 말한다.

나치게 멀어진 경우다.

② 지난 2년간 시판된 신제품들은 엇갈리는 결과를 보여왔고, 시험 단계에 있는 다른 제품들을 시장에 내놓으려면 아직도 1년은 더 있어야 한다.

③ 그 주식의 PER이 유사한 동종업체의 PER에 비해 높은 수준에 있다.

④ 지난해 자사주식을 매입한 간부나 이사들이 아무도 없다.

⑤ 이익의 25%를 차지하는 주요 사업부문이 경기위축으로 타격을 입을 가능성이 크다.

⑥ 성장률이 부진해지고 있으며 비용절감으로 경영이 유지는 된다 고 하더라도 향후 비용절감의 기회가 크지 않은 경우다.

3) 급성장기업(Fast Grower)

연간 20~25%의 성장을 하는 작고 진취적인 신규 기업들이 이 범주에 속한다. 이들 기업은 적게는 10배 내지는 40배, 많게는 200배까지의 수익을 남겨주기도 한다. 여기서 주의해야 할 것은 급성장기업이라고 해서 반드시 고도성장산업에 속하는 것은 아니다. 저성장산업에서도 사업 확장이 제대로 이루어지는 기업은 급성장기업으로 분류할 수 있다.

일반적으로 급성장기업은 많은 위험이 내포되어 있는데 의욕은 과다하지만 재정적 뒷받침이 부실한 초창기 기업체들은 특히 그렇다. 급성장기업 중 소규모의 기업은 부도의 위험을 안고 있고 대규모의 급성장기업은 흔들리기 시작하면 주가가 급락하는 특징을 가지고 있다. 하지만 이들 기업들이 성장을 계속해 나갈 수만 있다면 대단한 성공을 거둘 수 있다. 따라서 이들 기업에 투자를 하기 위해서는 대차대조표를 면밀히 검토해서 재무구조가 양호한 기업에 투자해야 하며, 이들 기업이 언제 성장을 멈추게 될 것인지 그리고 성장을 위해서는 얼마가 투자되어야 하는지를 가늠해 내는 것이 성공의 비결이다.

(1) 급성장종목 매수 시 체크포인트

① 그 회사에 큰 수익을 안겨줄 수 있는 제품이 주요한 사업품목인 지를 확인해야 한다. 만약 인기 있는 상품의 매출비중이 작다면 피해야 한다.

② 최근 수년간 수익성장률이 고속성장을 하고 있는지를 확인해야 한다.

③ 그 회사는 1개 지역 이상에서 똑같은 성공을 거둠으로써 사업 확장이 가능한지도 확인되어야 한다.

④ 아직도 성장잠재력이 충분한지 확인하여야 한다.

⑤ 그 주식이 합리적인 PER수준에서 매매되고 있는지를 확인하여 야 한다.

⑥ 만약 사업 확장이 이루어지고 있다면 그 확장의 추세가 상승세에 있는지 아니면 하락세에 있는지를 확인해야 한다. 만약 하락세에 있다면 이는 성장의 동력이 감소되고 있는 것으로 봐야 한다.

⑦ 그 업체의 주식을 보유하고 있는 기관이 거의 없고 그 업체의 담당 애널리스트들이 많지 않다면 그 종목에는 긍정적인 요인으로 작용하는 것으로 판단한다.

⑵ 급성장종목 매도판단 시점

① 기업이 신규점포개설을 중지했고 기존 점포들도 매출이 지난분기에 비해 3% 이상 떨어졌다.

② 많은 애널리스트들이 그 주식에 대해 최고의 점수를 부여하고 있다.

③ 해당 기업 주식의 60% 이상을 기관투자자들이 점하고 있다.

④ 많은 잡지에서 해당기업의 CEO에 대한 기사를 싣고 있다.

⑤ 터무니없이 높은 PER수준을 기록하고 있다.

⑥ 2명의 고위간부 및 수 명의 중요 직원들이 라이벌업체로 자리를 옮겼다.

⑦ 기업이 최근 2주 동안 많은 도시에서 기관투자가들을 대상으로 긍정적인 영업상황을 설명하는 어설픈 IR을 마치고 돌아왔다.

⑧ 그 주식의 PER은 30에 팔리고 있는 반면, 가장 낙관적인 향후 2년간의 수익성장률 전망치는 15~20% 수준이다.

4) 경기변동형(주기형) 성장기업(Cyclical)

경기변동형 성장기업이란 일정한 형태로 매출 및 수익이 변동하는 업체를 말한다. 성장산업은 사업이 확장되기만 하면 되지만 경기변동형 성장산업은 사업확장과 축소가 반복되는 모습을 보인다. 대표적인 경기변동형 산업은 자동차, 철강, 항공, 화학산업이 있다. 이러한 유형의 산업에 속하는 기업들은 경기침체기를 벗어나 회복기로 진입하게 되면 기업의 영업환경이 호전되어 이들의 주식가격은 대형우량기업보다 훨씬 빨리 상승하는 경향을 보인다. 하지만 경기가 하강국면으로 들어가면 경기변동형 성장기업들은 고전을 면치 못하게 되고 투자자들은 다음번 경기 활황 때까지 기다려야 하는 경우도 있다.

일반적으로 경기변동형 성장기업의 주식에 대한 인식이 잘못되어 있는 경우가 많은데 많은 사람들이 그 기업의 주식이 안전하다고 믿는 데 문제가 있다. 왜냐하면 주요 경기변동형 성장기업들은 흔히 잘 알려진 대형기업들이 많기 때문에 그런 오해가 생기게 되는 것이다.

경기변동형 성장산업에 투자를 하려면 그 기업이 속한 산업이 현재 침체기에 있는지 아니면 회복기로 접어들었는지를 알 수 있어야 한다. 그것이 바로 경기변동형 성장기업에서 성공하는 비결이다.

(1) 경기변동형 종목 매수 시 체크포인트

① 재고상황과 수급관계를 살펴야 한다.

② 신규업체의 시장참여 여부도 관찰대상이다.

③ 사업이 회복되면서 투자가들의 극대수익이 성취되는 경기변동주기의 정점에 대한 기대를 걸고 있을 때 축소되는 주가수익률을 추정해 봐야한다.

④ 만약 사업의 주기를 알 수 있다면 주가예측에 유리하다. 따라서 산업의 주기에 대한 정보를 찾아야 한다. (예를 들어 자동차산업의 주기가 3~4년이라는 것 등)

(2) 경기변동형종목 매도판단 시점

① 기업의 비용이 증가하기 시작한다.

② 기존의 공장이 완전 가동되고 있으며, 생산능력 확대를 위해 돈

을 투자하기 시작한다.

③ 재고가 증가하고 있으며 기업은 재고를 제대로 처분하지 못하고 있다.

④ 신규경쟁업체의 진입으로 제품가격이 하락하고 있다.

⑤ 향후 12개월 내에 두 가지 주요한 노무계약이 만기가 되었고, 노조지도자들은 지난 번 계약 때 포기했던 임금 및 복지혜택의 완전한 복구를 요구할 뜻을 비치고 있다.

⑥ 상품에 대한 최종수요가 감소하고 있다.

⑦ 기업은 기존 공장을 저렴한 비용에 현대화시키는 대신 고급수준의 신규 공장을 세움으로써 자본의 지출을 두 배로 늘렸다.

⑧ 경비를 절감하려고 했으나 그렇게 되면 외국상품과 경쟁할 수 없다.

5) 전환형기업(Turnaround)

전환형기업은 흔히 전환이 이루어지기 전에는 잠재적 사양기업으로 분류된다. 따라서 경기변동형 성장기업보다 못한 취급을 받는 기업들로 이들은 스스로 회사를 경영하기도 벅찬 기업들이다. 하지만 이러한 기업들이 구조조정을 통해서 회생하게 되면 상당히 빠른 회복세를 보이는 것이 특징이다.

(1) 전환형기업 매수 시 체크포인트

① 적어도 도산하지 않을 만큼의 현금을 보유하고 있는지 부채의 규모는 얼마나 되는지 등을 확인해야 한다.

② 만약 회사가 도산한 상태라면 주주들에게 무엇을 남겼는지 살펴

야 한다.

③ 그 기업이 전환의 전기를 마련하기 위해 비수익사업을 적극적으로 매각하고 있는가?

④ 주력 사업의 호황이 다시 올 수 있을 것인가?

⑤ 비용절감은 제대로 이루어지고 있는가? 만약 이루어지고 있다면 그 효과는?

(2) 전환형기업 매도판단 시점

① 해당 기업이 회생된 후 그 회생사실을 모든 사람들이 알게 되었을 때

② 5분기 이상 연속 감소해온 부채가 최근 분기보고서에서는 상당폭 증가하였다.

③ 재고가 매출증가율의 2배 속도로 상승하고 있다.

④ 주가수익률이 수익전망에 비해 과대 계상되어 있다.

⑤ 해당기업의 가장 유력한 사업부문이 생산품의 50%를 단일 고객에게 팔고 있으며, 그 주요 고객에 대한 매출이 부진을 보이고 있다.

6) 자산형기업(Asset Plays)

자산형기업이란 일반적으로 투자분석가들이 발견하지 못한 가치를 지니고 있는 기업을 말한다. 이런 숨겨진 자산의 예로는 광산을 보유하고 있다든지, 아니면 보유하고 있는 부지가 뜻지 않게 개발되는 등의 부동산과 관련된 자산형 기업이 있고 또한 회사의 한 사업부가 가진 가치가 뜻하지 않게 커지는 경우도 있다. 방송사업과

같이 진입장벽이 높은 사업부를 보유하고 있는 기업이 대표적인 예이다. 또한 프랜차이즈나 영업권도 같은 맥락에서 이해될 수 있는 자산이다.

⑴ 자산형종목 매수 시 체크포인트

① 그 회사가 가진 자산가치는 어느 정도인가?

② 숨겨진 자산은 있는가?

③ 자산가치를 희석시킬 수 있는 부채를 차입하고 있는가?

④ 주주들이 보유주식을 팔아서 이익을 얻을 수 있도록 부추기는 기업사냥꾼이 있는가?

⑵ 자산형종목 매도판단 시점

① 기업사냥꾼들이 나타나 주가가 급등하고 있다.

② 주식이 실제가치에 비해 할인된 가격에 매매되고 있음에도 불구하고 경영진에서는 사업다각화계획을 지원하기 위해 발행주식수를 10% 이상 증가시킨다는 발표를 했다.

③ 사업부문의 매각 시 실제 기대했던 금액의 60% 이하의 금액에 매각되었다.

④ 법인세율의 하락이 세금공제 이월분의 가치를 감소시켰다.

⑤ 기관투자가들의 보유비중이 5년 전 25% 수준에서 현재 60%로 상승하였으며 많은 펀드들이 그 주식을 매수하고 있다.

피터린치처럼 주식을 범주별로 나눠 놓고 나면 그 상황에 맞춰서 주식을 골라낼 수 있게 된다. 무엇이든 정리하고 분류하다보면 보다

체계적으로 주식투자를 할 수 있는 아이디어가 생긴다.

가치투자의 아버지,
그레이엄의 투자방법

벤자민 그레이엄은 1894년 5월 영국 런던에서 태어났다. 하지만 어린 시절 부모님의 미국 이민으로 뉴욕의 브루클린에서 학창생활을 시작했고, 20세 되던 해에 콜롬비아 대학을 최우등으로 졸업한다. 그레이엄은 경영학을 전공하지는 않았지만 특히 수학과 철학에 깊은 관심을 보였다. 그는 처음에 월스트리트에 있는 '헨더슨 앤드 로엡 증권회사'에서 주급 12달러를 받고 증권 시세판을 작성하는 일을 시작한다. 그 후 조사보고서를 작성하는 일을 하게 되었고 곧 이어 그 회사의 임원으로 승진하게 된다. 그리고 그의 나이 불과 25세인 1919년에 이미 연봉이 60만 달러를 넘었다고 한다.

마침내 1926년 그는 제롬 뉴먼(Jerome Newman)과 더불어 그레이엄-뉴먼 펀드를 조성한다. 1934년에는 콜롬비아 대학의 동료교수인 데이비드 도드(David Dodd)와 함께 월스트리트 투자 철학의 근원이자 바이블로 평가받는 『증권분석(Security Analysis)』을 발간하였다.

이 책의 요지는 합리적인 가격대에 있는 주식들을 면밀히 선택해서 이들 종목에 분산투자하는 것이 진정한 투자방법이라는 것이었다. 그레이엄은 또한 이 책에서 투자와 투기의 정의를 다음과 같이 내리고 있다.

"투자란 세밀하게 검토한 이후에 원금의 상환이 보장되고 만족할 만한 대상에 자금을 투입하는 것이며, 투기란 이러한 조건에 미치지 못하는 것을 말한다."

그레이엄은 평생 투자를 하는 데 있어 두 가지 원칙을 지켰다. 그 첫째는 "절대로 손해 보지 말 것"이고, 그 두 번째는 "절대로 손해 보지 말아야 한다는 원칙을 절대로 잊지 말 것"이었다. 그레이엄은 주식시장에서 주가가 종종 왜곡되는 경우가 많다고 믿었고, 결국 주식가격은 정상으로 돌아간다고 믿었다.

그레이엄은 현명한 투자자란 가장 높은 수익성을 달성하는 사람이라는 것을 알리려고 노력한 사람이었다. 이 주제에서는 벤자민 그레이엄의 투자원칙을 깊게 살펴보도록 하겠다.

1. 초보투자자를 위한 증권분석

1) 주식분석

그레이엄은 가장 이상적인 주식분석은 해당 종목이 매력적인 투자대상인가를 결정하기 위해 현재 주가와 비교할 수 있도록 가치평가를 하는 것으로 판단하였다. 미래의 수익성을 측정하기 위한 기본적인 절차는 규모, 가격, 영업마진에 대한 과거의 평균자료를 바탕으로 계산한다. 또한 미래 매출액의 산출근거는 과거의 실적과 비교해 규

모나 생산제품의 가격변화를 바탕으로 한다. 하지만 이들 예측결과
는 먼저 국민총생산을 바탕으로 한 경제예측, 그리고 해당회사와 산
업에 적용될 수 있는 산업분석과 기업분석을 통해서 이루어진다.

2) 투자수익률에 영향을 미치는 요인

(1) 전반적인 장기예측

누구도 미래를 정확히 예측할 수 없다. 하지만 투자자들은 나름대
로의 전망을 가지고 있으며, 이들은 기업의 PER에 영향을 미치게
된다.

(2) 경영

기업의 경영능력을 객관적이고 계량적으로 분석할 수 있는 틀은
없다. 하지만 뛰어난 경영성과를 나타내는 기업에는 훌륭한 경영자
가 있다는 것도 부인할 수 없는 일이다. 이렇듯 경영요인을 계량화
해서 그 중요성을 보여줄 수는 없지만 경영자의 경영능력을 과대평
가하거나 과소평가하는 경우 잘못된 투자의사결정을 하게 될 수도
있다.

(3) 재무건전성과 자본구조

유보율이 매우 높고 또한 보통주 이외에 우선주나 채권의 발행이
없는 기업은 주당순이익이 같을 경우 부채나 우선주를 발행한 기업
에 비해서 더 나은 투자대상이 된다. 하지만 부채나 우선주가 있다
고 해서 반드시 나쁜 것은 아니다. 만약 기업에 레버리지 효과가 발

생한다면 이들 기업도 큰 이익을 얻을 수 있는 여지는 있다. 하지만 레버리지가 너무 높다면 부도 위험도 고려하여야 한다.

(4) 배당실적

여러 해에 걸쳐 배당실적이 있는 기업은 투자대상으로 좋은 기업이다. 예를 들어 한 기업이 20년 동안 지속적으로 배당을 했다는 것은 투자의사결정 시에 중요한 요인이라기보다는 결정적인 요인이라 할 수 있다.

(5) 현재의 배당률

일반적으로 기업들은 배당평준화정책을 사용한다. 즉 이익이 많이 나도 일정한 배당을 해주고 손실이 나더라도 배당을 유지할 수 있는 정책을 사용한다. 또한 표준배당정책을 사용하는 경우도 있는데 이익의 일정부분을 지속적으로 배당을 해주는 것이다.

만약 투자자들이 표준배당률을 투자의사결정의 기준으로 삼는다면 배당을 많이 주는 기업을 택하면 될 것이다. 하지만 최근에는 배당을 하지 않고 유보를 해서 이를 기업의 사업 확장의 자금으로 사용하는 기업들에 대해서도 투자자들의 관심이 높아지고 있는 것이 사실이다.

3) 성장주의 투자수익률

그레이엄은 다음과 같은 성장주 평가공식을 만들었다.

> 가치 = 현재경상수익 × (8.5 + 연간 예상성장률의 2배)

여기서 예상성장률은 7~10년 동안 예상되는 수치를 의미하는 것으로 보면 되겠다.

4) 산업분석

기업의 전망은 주가에 상당한 영향을 미치기 때문에 애널리스트는 경제 전반에 해당 산업의 위치와 산업 내에서 개별기업의 위치에 많은 관심을 갖는다. 문제는 산업분석을 충분히 자세하게 진행할 수 있지만 때로는 현재의 투자자들이 눈여겨보지 않고 있는 요소들이 미래에 중요한 요인으로 부각되는 경우도 있다는 점이다.

일반적으로 개인들이 산업분석을 하는 것은 참으로 어려운 일이다. 개인들이 자료를 수집했다고 해도 그 정보는 이미 주가에 반영된 경우가 많으며 증권사들이 발간하는 자료에서도 남들이 파악하지 못한 새로운 내용을 발견하기란 어려운 일이기 때문이다.

하지만 최근에는 기술의 발전 속도가 빨라지고 있고 또 산업의 분화가 지속적으로 나타나고 있어 현장검증, 인터뷰, 철저한 기초조사 등이 이루어질 경우 전망이 좋은 산업분야를 찾을 수도 있을 것이다.

5) 벤자민 그레이엄의 7가지 종목선택 기준

(1) 적정한 회사규모

(2) 건실한 재무상태

(3) 최소 20년간 지속적인 배당

(4) 최근 10년간 적자가 없을 것

(5) 최소한 10년간 EPS의 1/3 이상의 성장

(6) 주가가 주당 순자산가치의 1.5배를 넘지 않을 것

(7) 주가가 최근 3년 평균 EPS의 15배를 넘지 않을 것

2. 보수적인 투자자의 종목선택

보수적 투자자는 고급채권과 우량주식에만 분산투자를 하는 사람들을 말한다. 또한 투자기준으로 볼 때 매입가격이 너무 높은지 아닌지 확인해 보는 투자자이다. 만약 그들이 매수할 종목을 선택한다면 다음과 같은 원칙을 따라야 한다.

1) 적정규모

보수적인 투자자들은 기업규모를 살펴볼 때 산업의 경기변동보다 더 심하게 변동할 수밖에 없는 소규모기업들은 일단 투자 리스트에서 제외하여야 한다. 일반적으로 본다면 대형주를 중심으로 투자에 나서야 하는 것이다.

2) 재무구조

제조업체의 경우 유동비율[6]은 최소한 200%는 되어야 하고 장기부채가 순운전자본(유동자산 - 유동부채)보다 적어야 한다. 또한 유틸리티기업인 경우 부채가 자기자본의 2배 미만, 즉 부채비율이 200% 미만이어야 한다.

3) 수익의 안전성

과거 10년 동안 지속적으로 수익을 냈어야 한다.

---

6) 유동비율은 (유동자산 / 유동부채)로 기업의 단기지급능력을 보여주는 지표이다.

4) 배당성향

최근 20년 동안 지속적으로 배당을 실시했어야 한다.

5) 수익의 성장

최근 10년 동안 EPS 증가가 그 기간의 시작 3년과 마지막 동안의 평균 EPS의 1/3은 되어야 한다.

6) 적정 PER 수준

현 주가가 최근 3년 평균 EPS의 15배를 넘어서는 안 된다.

7) 적정 PBR

현 주가는 최근 결산기를 기준으로 PBR이 1.5배를 넘어서는 안 된다.

따라서 만약 보수적인 투자자들이라면 기업규모가 너무 작은 회사, 상대적으로 취약한 재무구조를 가진 회사, 최근 10년 중 영업적 자를 기록한 적이 있고 지속적인 배당실적이 없는 회사들은 피해야 할 것이다.

3. 공격적인 투자자들의 종목선택

1) 비우량 종목의 매수

비우량 종목(Secondary Companies)은 과거 실적은 좋지만 지금은 인기를 끌지 못하는 종목들을 말한다. 예를 들어 상장기업분석책자를 사용해서 찾을 수 있는데 그 방법을 살펴보면 다음과 같다.

첫째, PER을 기준으로 선정한다. 즉 PER이 9 이하인 종목들을 먼저 찾아낸다.

둘째, 추가적인 재무자료를 분석해 본다.

① 재무상태 : 유동자산이 유동부채보다 최소한 150% 많고, 부채가 순유동자산의 110%를 넘지 않을 것(제조업의 경우).

② 수익안정성 : 지난 5년 동안 적자가 없을 것.

③ 배당기록 : 이번 회계기간 동안에 약간의 배당이 있을 것.

④ 이익성장 : 이익이 성장하고 있을 것.

⑤ 주가 : 순유형자산가치의 120%보다 작을 것.

셋째, 신용등급이 평균 신용등급 이상이어야 한다.

2) 순유동자산대비 저평가 종목

장부상 순유동자산의 가치에 비해 주가가 낮게 형성된 주식을 많이 편입한다. 즉 공장 등 고정자산과 다른 자산은 제외하고 순유동자산만으로 비교분석하는 것이다. 대체로 주가가 순유동자산의 가치보다 낮거나 순유동자산가치의 2/3 수준에 머물 때 매입한다.

벤자민 그레이엄의 경우 일반적인 기준은 매력적이지만 주가가 운전자본의 가치보다 높은 자산에 투자한 결과 그 성과가 별로 좋지 않았다는 점을 강조하고 있다.

4. 투자의 안전거리(Safety Margin)

벤자민 그레이엄은 기업의 본질적인 가치를 측정하기 위해 많은 노력을 기울였다. 하지만 그는 한 사업 또는 한 기업의 정확한 내재가치를 측정하는 것은 불가능하다고 생각했다. 그래서 최선의 방법은 합리적인 가정에 근거하여 내재가치의 합리적인 범위를 계산하는 것이라고 결론내렸다. 따라서 그레이엄은 평가된 추정치의 최저가격보다 훨씬 낮은 가격을 지불해야만 수익을 올릴 수 있다고 생각했다. 그래서 그는 투자에 있어 안전마진이란 개념을 도입했다. 안전마진이란 이처럼 추정치의 최저가격과 현재 시장에서 거래되고 있는 주가의 차이를 말한다. 그레이엄은 안전마진을 투자의 중심개념으로 생각했는데 그 이유는 안전마진이 있을 경우 미래의 정확한 추정을 하지 않아도 되기 때문이다. 즉, 합리적인 내재가치의 범위를 확보하고 있으면 정확한 위험 프리미엄이나 이익 또는 할인율을 결정하기 위해 무리한 가정을 하지 않아도 되기 때문이다.

그는 "투자의 실패가 좋은 주식을 너무 높게 사는 데 있다"라기보다는 "경제 활황기 즉, 주식시장이 활황을 보일 때 나쁜 주식을 사는 데 있다"고 생각했다. 그는 안전마진의 원칙이 궁극적으로 투자와 투기를 구분하는 시금석이 된다고 생각했고 가격과 가치 사이의 안전마진을 확보하지 못하는 사람은 투자가 아닌 투기를 하고 있다고 주장했다. 그레이엄은 투자의 안전마진을 주가가 기업의 순자산가치의 2/3 이하인 주식, 그리고 PER이 낮은 주식으로 인식했다.

주가가 순자산가치 이하로 거래되는 주식을 매입하려면 주식시장이 약세가 되기를 기다려야 한다. 하지만 기업의 가치가 확보된 기업의 경우 PER이 낮은 기업을 택하게 되면 주식시장이 약세국면으로 들어가는 것을 기다리지 않아도 된다는 것이 그의 주장이였다.

1974년 증권거래법 개정 때부터 도입된 제도로서 신규발행 된 유가증권이 원활하게 거래되고 적정한 주가형성을 도모하기 위하여 사업설명서에 이를 행할 뜻을 기재한 경우에만 가능하도록 되어 있다.

안정조작 기간은 당해 유가증권의 모집 또는 매출 청약기간 종료일 전 20일부터 청약기간 종료일까지이며 시장조성기간은 당해 유가증권이 유가증권시장에 상장된 날로부터 6개월 이내의 날로서 발행인과 인수인이 정하는 날까지의 기간이다.

대체로 주간사 증권회사가 안정조작을 행하여 증권회사는 관련 증권사의 주소, 안정조작의 개시한 날 관련 유가증권의 종목과 성립가격, 안정조작기간 등을 기재한 안정조작신고서를 증권관리위원회와 증권거래소에 제출하도록 되어 있다.

시장조성을 행할 때에도 마찬가지로 시장조성 신고서를 제출하도록 되어 있다. 증권관리위원회나 거래소는 안정조작신고서와 시장조성신고서를 접수한 날로부터 1개월간, 안정조작보고서와 시장조성보고서는 시장조성이나 안정조작이 종료된 다음날로부터 1개월간 비치하고 공중에게 열람하도록 되어 있다.

오마하의 현자
워렌 버펫의 가치투자방법

워렌 버펫(Warren Edward Buffett)은 1930년 8월 30일 미국의 네브라스카주 오마하에서 태어났다. 버펫의 부친 하워드 버펫(Howard Buffett)은 공화당소속 연방회의 의원이었으며 주식 브로커 일을 하고 있었다. 버펫은 11살에 그의 부친이 근무하던 '헤리스업햄(Harris Upham)' 증권회사 객장에서 시세판을 적는 일을 했고 그때 처음으로 시티 서비스(Cities Service)사의 주식을 매입하기도 했다. 13살에는 '워싱턴 포스트' 와 '워싱턴 타임즈–헤럴드' 신문을 배달하였고 그 일로 번 돈을 모아서 35달러짜리 중고 핀볼 게임기를 이발소에 설치했다. 그리고 이는 곧 7대로 불어나 일주일에 50달러의 수입을 올릴 수 있게 되었다. 이후 그는 친구와 함께 돈을 모아서 롤스로이스를 구입해서 차량임대업을 해서 하루에 35달러씩을 벌 수 있었다. 버펫은 고등학교를 졸업할 즈음에는 6천 달러를 모을 수 있었다.

워렌 버펫은 네브라스카 대학 4학년 때 벤자민 그레이엄의 '현명한 투자자'를 읽고 감동을 받아 대학 졸업 후에는 그레이엄이 근무하는 콜롬비아대학의 경영대학원에 진학하였다.

콜롬비아 경영대학원을 졸업한 버펫은 고향인 오마하로 돌아와 아버지가 근무하는 증권회사에 잠시 근무하였다. 하지만 이후 스승인 그레이엄의 권유에 따라 1954년 '그레이엄-뉴먼' 사에 입사하게 된다. 그리고 버펫은 이 회사에 근무하는 동안 스승의 투자기법을 완전하게 이해하게 된다. 1956년 '그레이엄-뉴먼' 사가 해체하게 되자 스물다섯의 버펫은 고향으로 돌아와 7명의 주주를 모아 10만5천 달러로 투자 펀드를 시작한다. 투자 펀드를 시작한 이후 버펫은 13년 동안 연평균 29.5%의 수익을 올렸다. 이렇게 좋은 수익을 올리게 되자 점점 많은 사람들이 그에게 자산관리를 의뢰하게 되었고 1965년에는 펀드 금액이 2,600만 달러로 불어났다.

워렌 버펫은 섬유업을 하던 버크셔 해서웨이를 인수했고 이후 오마하에 본점을 두고 있는 '내셔널 손해보험'과 '내셔널 화재해상보험'이라는 두 회사의 주식을 사들여 보험업에 본격적으로 뛰어들었다. 버펫이 보험업을 인수하게 된 이유는 이들 회사가 자산운용을 위해 주식에 많은 투자를 하고 있기 때문이었다. 당시 인수한 두 회사의 경우 모두 2,470만 달러 상당의 채권과 720만 달러 상당의 주식을 보유하고 있었다. 1965년 워렌 버펫이 버크셔 해서웨이에 처음 투자했을 때 순자산은 2,200만 달러에 불과했지만 29년이 지난 후에는 104억 달러로 불어났다. 이는 복리로 계산 했을 때 매년 23.3%의 수익률을 거둔 것이다.

이렇게 엄청난 수익을 올리고 또한 지금까지도 그 명성을 떨치고 있는 20세기 최고의 투자가 워렌 버펫의 투자원칙과 방법을 이번 주제에서는 살펴보도록 하자.

1. 워렌 버펫의 7가지 핵심 투자비법

워렌 버펫은 투자를 결정할 때 미래에 얻게 될 수익을 예측하는 데 초점을 두었다. 만약 미래 수익을 예측할 수 없다면 미래가치에 대한 어떠한 계산도 억측에 불과한 것이었기 때문이다. 버펫은 미래 수익의 예측이 가능한 기업에 한해 장기투자를 한다. 그런 버펫의 투자원칙의 핵심은 다음 일곱 가지로 정리할 수 있다.

① 장기투자는 합리적으로 미래 수익을 예측할 수 있는 기업에 한 정한다.
② 합리적으로 미래 수익을 예측할 수 있는 기업이 안정적인 경제 성을 가지고 있는지 확인한다. 이러한 안정적인 경제성은 더 큰 수익을 창출하여 기업이 자유롭게 자금을 운용하여 새로운 기 업을 매수하거나 무엇보다도 한 기업이 운영하고 있는 우수한 사업의 수익성을 더욱 향상시키는 데 기여한다.
③ 우수 기업은 일반적으로 주주의 자본에 대해 지속적으로 높은 이익률을 보이고 또한 상당한 이익을 창출하며 소위 소비자 독 점이라고 부르는 시장 지배적 위치를 차지하고 있고, 주주의 경 제적 이익을 중요시하는 경영진에 의해 운영된다는 등의 특징 을 가지고 있다.
④ 매수가격은 투자에 따른 기대수익률에 의해 결정된다. 즉, 주 식의 가격이 낮으면 낮을수록 수익률은 높아진다.

⑤ 먼저 소유하고 싶은 기업을 고른 이후에 주식의 가격, 그에 따른 기대수익률을 살펴보고 매수여부를 결정한다.

⑥ 안정적인 수익구조를 가지고 있는 기업일지라도 연복리수익률이 15% 이상인 기업에 투자한다.

⑦ 전문적인 투자지식이 있는 경우 다른 사람의 돈을 이용하여 수익을 낼 수 있어야 한다. 즉 합자회사 등을 설립하여 이익을 극대화시킬 수 있다.

2. 워렌 버펫의 기업분류

워렌 버펫의 기업분류는 비교적 명쾌하다. 그는 기업을 대부분의 쓸모없고 가치 없는 기업들과 소수의 가치가 있는 기업으로 분류한다. 대부분의 쓸모없고 가치 없는 기업들은 필수품형 생산기업으로 이들의 경쟁력은 단지 가격경쟁에 의한 출혈만을 무기로 삼는다. 이들 기업들은 하루하루를 살아가는 것이 벅찬 기업들인 것이다.

반면에 소비자독점형 기업은 지속적으로 이익을 낼 수 있는 기업이다. 그는 이들 기업을 일컬어 톨브리지(Toll Bridge)형 기업이라 한다. 톨브리지란 만약 한강에 다리가 딱 하나만 존재한다면 사람들은 한강을 건너기 위해서 반드시 그 다리를 건너야 한다. 톨브리지 기업이란 그 다리 한가운데 톨게이트를 설치해 요금을 받는 기업으로 그냥 앉아서 돈을 버는 기업인 셈이다.

그리고 이 기업의 또 다른 한 가지 특징은 영업을 하기 위해 추가적인 자금이 투입되지 않는다는 것이다. 즉 환경미화를 위해서 톨게이트 건물에 페인트칠을 새로 하는 것을 제외하면 추가적인 비용이

들어가지 않는 그런 기업인 것이다. 이러한 기업은 안정적으로 돈을 벌면서도 기업을 영위하기 위해 추가적으로 자금이 필요치 않은 대표적인 우량기업이다.

버펫은 길을 가면서 뚱뚱한 사람과 마른 사람을 구분하기 위해 모든 사람을 체중계 위에 올려놓지 않아도 대충의 눈대중으로도 마른 사람과 뚱뚱한 사람을 구분할 수 있는 것처럼 가치 있는 기업과 가치 없는 기업을 구별하는 기업분류 기준을 제시하고 있다.

1) 필수품형 생산기업

필수품형 기업이란 기업이 소비자의 구매결정에 영향을 미치는 요인이 단지 가격밖에 없는 기업을 말한다. 흔히 필수품형 기업이라고 부를 수 있는 기업은 섬유제조회사, 철강회사, 가스와 정유회사, 목재회사, 제지회사 등이 있다.

이런 기업들은 모두 일상용품을 판매하고, 시장에 다수의 경쟁자들이 있으며, 오직 가격만이 소비자의 구매결정에 영향을 미치는 요인이다. 따라서 필수품형 기업은 생산비용이 적게 드는 기업이 경쟁에서 이기기 마련이다. 왜냐하면 생산비용이 적게 드는 기업이 가격결정에서 주도적 위치에 있기 때문이다. 즉 비용이 낮아지면 낮아질수록 이익이 커진다는 것이다.

하지만 여기에는 깊이 생각해야 할 것이 있다. 생산비용이 적게 드는 기업이 된다는 것은 기업이 지속적으로 생산기술을 향상시켜 기업의 경쟁력을 유지해야 한다는 것이다. 그러기 위해서는 추가적인 자본지출이 있어야 한다는 것인데 이렇게 되면 기업의 가치를 증대시킬 수 있는 새로운 제품을 개발하거나 새로운 기업을 인수하는

데 사용할 수 있는 유보수익은 잠식되게 된다.

또한 필수품형 기업이 수익을 발생시킬 수 있느냐의 여부는 전적으로 제품의 질과 경영진의 능력에 달려 있다. 만일 경영진의 예측이 빗나가거나 비합리적으로 자원을 사용한다면 기업의 경제적 손실이 커질 수 있는 것이다.

이런 점에서 본다면 생활필수품 생산기업은 장래에 더 큰 가치를 지니게 될 가능성이 거의 없다고 볼 수 있다. 왜냐하면 첫째, 가격경쟁 때문에 기업의 이익이 항상 낮을 수밖에 없다. 따라서 사업을 확장하거나 수익력이 더 높은 새로운 기업에 투자할 여유가 없기 때문이다. 둘째, 만약 경영을 잘해서 돈을 번다 할지라도 그 자본이 항상 경쟁에 뒤쳐지지 않도록 공장과 설비를 보수하는 데 쓰이게 되기 때문이다.

필수품형 생산기업의 특징은 다음과 같다.

① 적은 판매수입 : 적은 판매수입의 원인은 가격 경쟁에 기인한다. 한 회사가 가격을 내리면 다른 회사도 경쟁을 위해 가격을 내리기 때문이다.
② 낮은 자기자본이익률 : 자기자본이익률이 낮다는 것은 시장여건과 가격문제로 발생하는 취약한 재정상태를 반영한다.
③ 변별력 없는 상표 : 구매하는 제품의 이름에 큰 의미가 없다.
④ 다수의 생산업자 : 다수의 생산자는 경쟁을 부추기고, 경쟁은 가격인하를 부르며, 가격인하는 낮은 이익률을 가져와 결국 주주에게 낮은 수익을 가져다준다.
⑤ 생산시설 과잉 : 한 사업의 생산시설이 과잉이라면 수요가 초

과된 공급량보다 많아질 때까지 누구도 이익을 얻을 수 없다. 초과수요가 생기게 되면 이들 회사는 다시 생산량을 늘리고 이는 다시 초과공급 상태에 빠지게 된다. 즉 시설과잉은 가격 전쟁을 의미한다. 그 결과는 낮은 영업수익과 이익률이다.

⑥ 일정하지 않은 수익 : 일정하지 못한 이익은 미래 이익을 예측하는 것을 불가능하게 만든다. 이런 회사의 미래를 합리적으로 예측하려고 하는 것은 매우 어리석은 일이 될 것이다.

⑦ 유형자산을 활용하는 경영진의 능력에 의한 수익성 : 회사의 수익성이 특허권, 저작권 그리고 상표권과 같은 무형자산에 의해 좌우되는 것이 아니라, 전적으로 경영진이 공장이나 설비와 같은 유형자산을 얼마나 효율적으로 활용하는가에 달려 있다면 이는 필수품형 기업의 전형이다.

2) 소비자독점형 기업

소비자독점형 기업을 톨브리지형(Toll Bridge) 기업이라 부른다. 톨브리지형 기업이란 앞에서 살펴본 바와 같이 소비자들에게 독점력을 행사하는 기업을 말하는데 톨브리지형 기업에는 다음과 같은 3가지 기본적인 유형이 있다.

(1) 상표가치가 높고 단기간에 소모되는 제품을 생산하는 기업

만약 어떤 상품의 공급업자가 한 곳이고 그 회사가 판매하는 상품의 상표에 대해 많은 소비자들이 충성심을 가지고 있다면 유통업자는 돈을 벌기 위해 그 제품을 가지고 있어야만 한다. 이런 경우 어떤 일이 벌어질까? 유통업자들은 좀 더 높은 가격에라도 서로 그 물건을 확보하기 위해 가격경쟁을 하게 될 것이다. 이렇게 되면 유통업자 입장에서는 가격경쟁이 벌어질지 몰라도 그 물건을 판매하는 회사의 입장에서는 아무런 피해도 없게 되는 것이다. 따라서 특정상표에 대해 소비자들의 충성심이 높아지면 이런 기업은 일종의 톨브리지형 기업이 된다.

제조업체가 광고를 하는 이유는 소비자가 그 제품을 구매하도록 하고, 유통업자들이 더 많은 이익을 얻기 위해 가격이 저렴한 다른 회사의 제품으로 대체하지 못하도록 하기 위해서이다.

(2) 대중 광고매체

최근 제조업자는 자산의 제품을 선전하기 위해 TV, 신문, 잡지 등을 이용하여 광고를 하고 있다. 바로 이런 광고매체들이 소비자에게 영향을 주어 판매수익을 증가시키게 되는 것이다. 결국 광고시장은 제조업자들이 서로 경쟁하는 경쟁의 장이 되었다.

광고는 잠재고객과 제조업자 사이를 이어주는 교량역할을 한다. 이것이 바로 광고의 톨브리지 효과인 것이다.

특히 광고매체가 지역적인 독점력을 가지고 있다면 더 좋은 기업이 될 것이다. 또한 전 세계를 무대로 활동하는 광고 대행사는 지구촌 전역에 걸쳐 제품을 판매하는 다국적 기업으로부터 광고를 수주해서 높은 수익률을 올릴 수 있다.

(3) 사람들에게 꼭 필요한 서비스를 제공하는 기업

자본의 소비가 거의 없고 또 고임금이나 고학력의 노동력도 필요 없지만 소비자들에게 꼭 필요한 서비스를 제공하는 기업이 있다. 경영진과 기본설비만 갖추어지면 수요에 따라 종업원을 해고할 수 있고, 재고도 없으며, 제품을 향상시키거나 신제품을 개발하기 위해 돈이나 에너지를 소모할 필요도 없는 기업, 또 벌어들인 돈은 그대로 회사에 쌓이게 되고 그 돈을 영업을 확장하거나 배당금을 지급하기 위해 또는 자기주식을 매수하기 위해 사용할 수 있는 기업, 이런 기업이 사람들에게 꼭 필요한 서비스를 제공한다면 이 또한 톨브리지형 기업의 하나가 된다.

이런 기업의 예로는 해충방제, 청소, 가정부파견, 잔디관리, 신용카드회사, 경비파견업체 등을 들 수 있다.

3. 우량기업을 판단하기 위한 9가지 질문

앞에서 살펴본 소비자독점형 기업을 찾아냈다면 이제는 실제로 그 기업이 투자를 할 만한 기업인지 진단해 보아야 한다. 그리고 그 진단을 위해서는 다음과 같은 아홉 가지 질문을 던져 볼 필요가 있다.

① 소비자 독점적인 사업인가?
② 수익성이 높고 상승세인가?
③ 보수적으로 자산을 운용하는가?
④ 주주자본에 대해 지속적으로 높은 이익을 내는가?
⑤ 수익을 유보하는가?
⑥ 영업활동에 쓰는 비용은 어느 정도인가?
⑦ 유보수익을 자유롭게 재투자하는가?
⑧ 물가상승 시 자유롭게 제품가격을 인상할 수 있는가?

⑨ 유보수익이 그 기업의 시장가치를 상승시킬 수 있는가?

워렌 버펫은 이처럼 9가지의 기준을 가지고 우량기업을 판단해 투자했다. 그럼 이를 좀 더 자세히 살펴보도록 하자. 그리고 현명한 투자를 위한 기업분석을 해보자.

1) 소비자독점적인 사업인가?

소비자독점적인 사업은 유명상표의 제품일 수도 있고, 일반 대중이나 기업이 꼭 필요로 하는 핵심적인 서비스일 수도 있다.

유명상표의 제품이란 장사를 하는 사람들이 그 물건을 구비해 놓지 않으면 장사를 할 수 없다고 생각하는 제품이다. 그리고 핵심적인 서비스란 서비스를 제공함으로써 소비자에게 독점력을 행사하는 기업을 말한다. 그 예로는 텔레비전 네트워크와 광고대행사, 신용카드 회사와 같은 금융서비스 기업이 여기에 속한다.

2) 수익성이 높고 상승세인가?

기업이 소비자독점력을 가지고 있다고 해도 주당이익의 등락폭이 크다거나 경영진의 경영능력이 떨어지는 경우가 있다. 따라서 기업의 연간 주당이익이 높고 지속적으로 상승하는 경향을 보이는 기업을 찾아야 한다. 꾸준한 상승세를 보이는 기업의 주당이익은 예측이 가능하다. 하지만 만약 기업의 주당이익의 흐름이 불규칙적이라면 미래를 예측하는 것이 불가능할 것이다. 미래를 예측하는 데 어려운 기업은 위험이 존재하는 기업이기 때문에 분석을 하는 것이 어려울 수밖에 없다.

3) 보수적으로 자산을 운용하는가?

좋은 기업은 소비자독점력을 가지고 있으면서 보수적으로 투자하는 기업이다. 기업이 소비자독점력을 가지고 있고 또한 현금흐름이 좋다면 장기부채를 조달하지 않아도 될 것이다. 일반적으로 장기부채가 거의 없는 기업은 안정적이게 마련이다. 하지만 소비자독점력을 가진 기업이 다른 기업을 인수할 때 엄청난 부채를 이용하는 경우가 있다. 이때 중요하게 살펴야 하는 것은 인수대상 기업 역시 '소비자독점력을 가지고 있는가?' 이다. 만약 그렇지 않다면 주의해야 한다. 장기부채로 다른 기업을 인수할 때 지켜야 하는 규칙은 다음과 같다.

① 소비자독점력을 가진 두 기업이 결합한다면 가장 이상적인 결합이 된다. 소비자독점력을 가진 기업의 엄청난 초과이윤으로 산더미 같은 빚도 얼마 지나지 않아 다 해결될 것이기 때문이다.
② 만약 소비자독점력을 가진 기업이 필수품형 기업과 결합한다면 결과는 대개 실패로 끝나게 된다. 왜냐하면 필수품형 생산기업의 취약한 재무구조를 개선하기 위해 우량기업으로부터 자금이 빠져나갈 것이기 때문이다. 그러나 반대로 필수품형 생산기업이 소비자독점력을 가진 기업을 인수하는 경우는 다르다. 결합 후 경영진은 필수품형 생산기업의 취약한 재무구조를 개선할 수 있을 것이기 때문이다.
③ 필수품형 생산기업이 다른 필수품형 기업을 인수하는 것은 재앙과도 같은 일이다. 왜냐하면 두 기업 모두 빚을 갚을 수 있는 충분한 수익을 창출할 수 없기 때문이다.

4) 자기자본에 대해 지속적으로 높은 이익을 내는가?

자기자본에 대해 지속적으로 높은 수익률을 보이는 기업은 경영진이 사업에서 이익을 내고 있을 뿐 아니라, 유보수익을 투자해서 주주에게 더 큰 부를 가져다주는 훌륭한 기업이다. 여기서 지속적이라는 말은 가끔 이익을 내는 것이 아니라 말 그대로 오랫동안 지속적으로 이익을 낸다는 것이다.

5) 수익을 유보하는가?

기업의 주식가치가 상승한다는 것은 기업 활동의 확장에서 얻은 잉여이익의 재투자를 통해 축적된 자산가치의 증가를 의미한다. 하지만 여기서 중요한 것은 기업이 유보한 수익에 대해서 장기간에 걸쳐 평균 이상의 수익률을 얻을 수 있어야 한다는 것이다.

좋은 기업이란 유보수익을 공장이나 설비를 개선시키는데 혹은 신상품을 개발하는데 사용할 필요가 없는 기업으로 오히려 그 유보수익을 새로운 기업을 인수하거나 이미 이윤이 나고 있는 핵심사업의 확장을 위해 쓸 수 있는 소수의 기업이다.

일반적으로 배당을 하는 기업보다는 배당으로 주주가 얻을 수 있는 수익률보다 더 높은 수익을 유보수익으로부터 돌려줄 수 있는 기업이 좋은 기업이다.

6) 영업활동에 쓰는 비용은 어느 정도인가?

일반적으로 기업이 자본투자에 너무 많은 돈을 쓰면 주주에게 돌아갈 수익은 거의 없게 된다. 만약 어떤 기업이 연간 100억 원을 벌어서 모두 유보한 다음 2년마다 한 번씩 200억 원을 공장설비의 대체비용으로 사용한다면 유보된 이익은 주주에게 전혀 돌아가지 않을 것이다. 따라서 유보된 자금을 설비대체비용으로 전혀 지불하지 않는 기업이 좋은 기업이다.

즉 유보된 이익을 자본적 지출로 사외에 유출하지 않고 오로지 주주의 이익증대를 위해 쓸 수 있는 기업이 좋은 기업인 것이다.

7) 유보수익을 자유롭게 재투자하는가?

좋은 기업을 정의하는 또 다른 방법은 기업이 유보수익을 사용하여 새로운 사업에 재투자하고 그로 인해 추가로 높은 수익을 얻을 수 있는가이다. 만일 기업이 유보수익을 활용해 평균수익률 이상을 낼 수만 있다면, 유보수익을 기업이 활용하는 것이 주주가치를 증대시키는 것이다.

여기서 한 가지 주의할 점은 만약 어떤 기업이 자본의 추가 요구량이 많지 않더라도 높은 수익률을 가져올 자본증식의 전망이 없다거나, 경영진이 유보수익을 수익성이 낮은 사업에 투자한 적이 있을 경우 경영진은 기업의 수익을 주주에게 배당으로 지급하거나 자기주식을 매입하는 데 사용하여야 한다는 것이다. 기업이 자기주식을 매입하는 것은 결국에는 기업의 미래 주당이익을 증대시키는 결과를 가져온다.

8) 물가상승 시 제품가격을 자유롭게 인상할 수 있는가?

인플레이션은 다른 말로 하면 가격이 지속적으로 상승하는 것을 의미한다. 필수품형 생산기업에 있어서 가장 큰 문제는 임금과 원료의 가격은 오르는 반면, 초과생산이 발생하여 수요를 증가시키기 위해 가격을 낮추어야 한다는 것이다. 이렇게 되면 생산비용이 제품의 가격을 초과하여 손실을 보게 된다.

결국 훌륭한 기업이란 소비자독점력을 지니고 있고 물가가 상승할 때 제품의 가격을 올려도 수요가 줄어들지 않는 기업이다. 이런 기업이야말로 물가상승과 관계없이 이윤을 지속적으로 발생시킬 수 있는 기업인 것이다.

9) 유보수익이 그 기업의 시장가치를 상승시킬 수 있는가?

기업의 순가치가 증가하는 한 기업의 가치는 커지고 주가는 오르게 된다. 단기적인 투자는 비이성적인 분위기에 휩쓸려 주가를 어처구니없이 높게 만들기도 하고 또한 생각도 못할 만큼 낮게 만들기도 한다. 하지만 장기적인 안목으로 보면 시장은 기업의 실질적인 가치 상승을 반영하기 위해 주가를 조정하게 된다.

결국 투자란 주가에 실제적인 기업의 경제적 가치가 반영되는 것을 찾는 작업인 셈이다. 따라서 시장에서의 장기투자성향은 기업이 자신들의 유보수익으로 기업의 가치를 증대시키는 한 주가도 상승시키게 된다는 것이다.

4. 워렌 버펫의 투자조건

워렌 버펫은 우량기업을 뽑아낸 다음 실제로 투자를 하기 위해서 다음과 같은 작업을 했다. 각각의 요소별로 검토해서 투자에 적합한지를 한번 살펴보도록 하자.

1) 기업요소

① 회사의 활동은 단순하고 이해하기 쉬운가?

모든 투자행위의 결과는 투자자가 그 투자행위에 대해 얼마나 잘 알고 있는지에 따라 정비례하여 결정된다. 물론 여기서 자신의 투자행위를 잘 알고 있다는 것은 투기꾼들과 투자가를 구분하는 중요한 척도가 된다.

워렌 버펫은 어떤 경우든 자신이 투자한 기업이 어떻게 움직이는지 정확하게 알고 있었다. 다시 말해 그는 각 기업의 매출액, 제조원가, 자금의 흐름, 노사관계, 가격탄력성, 자금요소 등에 대해 완벽하게 이해하고 있었다.

많은 사람들은 버펫이 자신이 잘 아는 기업에만 투자활동을 국한한 나머지 기술집약 산업과 같이 대규모의 수익을 안겨줄 산업에 대한 투자기회를 놓치고 있다고 비판한다. 하지만 버펫은 투자의 성공여부는 '자신이 얼마나 알고 있는가?'에 좌우되는 것이 아니라 '자신이 모르는 분야가 얼마인지 정확히 아는 데 달려 있다'고 말하고 있다.

② 오랜 역사를 가지고 있는가?

일반적으로 오랜 기간동안 변함없이 같은 제품을 생산해온 기업이 최고의 수익을 올릴 가능성이 크다. 왜냐하면 영업 전략을 바꾼다든가 혹은 사업의 영역을 다른 쪽으로 돌려서 변화를 모색하는 기업은 결정적으로 실수를 저지르게 될 가능성이 크기 때문이다.

많은 투자가들은 기업이 변모하면 높은 수익을 올릴 것이라고 생각하기 쉽지만 그는 오히려 그것이 경영상의 불확실성을 높인다는 점을 지적하고 있다. 버펫은 경험적으로 극적인 전환은 좀처럼 일어나기 힘들다는 것을 알고 있었다. 그래서 우량한 기업체를 합리적인 가격에 매수하는 편이 조악한 기업체를 싼값에 매수하는 것보다 유리하다고 믿었던 것이다.

③ 향후 전망은 밝은가?

기업에는 두 가지 부류가 있는데 그 하나는 소수의 유망기업들이고 나머지는 다수의 매입할 가치도 없는 기업체들이다. 워렌 버펫은 소수의 유망기업체들은 첫째, 꼭 필요한 제품을 생산하고 둘째, 그 회사의 제품 이외에는 다른 대안이 없으며 셋째, 정부의 규제를 받지 않는 기업으로 정의하고 있다.

이들 기업들은 시장점유율이나 매출액을 걱정하지 않고 제품의 가격을 인상할 수 있다. 또한 이들 기업들은 수요도 늘지 않고 설비가 충분히 가동되지 않는데도 가격을 마음대로 인상할 수 있다. 그는 이처럼 가격정책 면에서의 융통성을 가진 기업을 유망기업의 특징으로 꼽았다. 그리고 이들 기업은 다른 기업들보다 고가이면서도 강력한 영업권을 보유하고 있어 인플레이션 기간 중에도 잘 견뎌낼 수 있다고 보았다.

그에 반해 그는 매입할 가치도 없는 다수의 기업들은 다른 경쟁기업 제품과 별 차이 없는 제품들을 생산하고 있으며, 광고비에 막대한 예산을 쏟아 붓지만 특별히 차별화 되지 않는다고 보았다. 그리고 이들은 일반적으로 수익률이 낮고 앞으로 수익에 문제가 있을 여지가 많고 이 기업의 제품들은 타사와의 경쟁에서 이기기 위해 가격을 인하하여 수익을 줄이는 방법 외에는 선택할 방법이 거의 없다고 여겼다.

결국 그가 찾아내어 분석한 유망 기업들은 다음과 같은 장점을 가지고 있다. 첫째 자유롭게 제품가격을 인상할 수 있어 높은 수익을 얻을 수 있다. 둘째, 불황기를 이겨나갈 충분한 여력이 있다. 따라서 경영상의 실수를 저지르는 일이 발생하더라도 여전히 평균 이상의 수익을 올릴 수 있다.

2) 경영요소

(1) 경영자의 합리성

기업경영에 있어 가장 중요한 것 중의 하나가 기업의 재무자원을 어떻게 배분하느냐는 것이다. 효율적인 재무자원의 배분이 수익성 제고로 이어져 주주의 이익을 증대시키는 것과 직결되기 때문이다. 영업활동으로부터 벌어들인 이익을 어떻게 사용할 것인가? 즉, 사내에 유보하여 재투자에 사용할 것인가, 아니면 주주들에게 배당을 할 것인가를 결정하는 것은 경영자의 합리적인 사고를 요구하는 부분이 된다.

수익을 어떻게 처분할 것인가의 문제는 기업의 제품 라이프사이클 중에서 어느 위치에 있는가라는 문제와 직결되어 있다. 왜냐하면 라이프사이클이 진행되면서 기업의 성장률, 매출액, 수익, 자금흐름 등이 급격하게 변화하기 때문이다.

① 개발단계 : 이 단계에서 기업은 제품을 개발하고 시장에 침투

하는 과정을 겪으면서 대체로 손실을 보는 상황이다.

② 성장단계 : 이 단계에서는 수익을 내기 시작하면서 성장이 급속도로 진행된다. 이때 성장의 속도가 너무 빨라 회사가 제대로 따라갈 수 없을 정도일 경우도 있다. 따라서 벌어들인 수익을 유보하고 재투자하는 것으로도 모자라 증자를 하거나 외부차입을 통하여 성장에 따른 자금수요를 충당하는 일도 생긴다.

③ 성숙단계 : 이 단계에 접어들면 성장속도는 서서히 둔화되며 수익만으로도 충분히 자금수요를 충당할 수 있게 된다.

④ 하락단계 : 이 단계에서는 매출액도 감소되고 수익도 줄어들지만 자금이 모자라는 상황은 아니다.

위 4단계 중에서 세 번째 단계의 일부 그리고 네 번째 단계에서 생기는 여유자금을 어떻게 배분할 것인가 하는 문제가 발생하게 된다.

영업활동에서 발생되는 수익을 내부 유보하여 재투자할 경우, 평균 이상의 수익을 낼 수 있다면 당연히 수익은 재투자되어야 할 것이다. 그러나 만약 이익을 재투자할 경우 평균 이하의 수익밖에 기대할 수 없을 경우 그 회사가 취할 수 있는 선택은 대체로 다음의 3가지이다.

첫째, 평균 이하의 수익에 그친다는 사실을 무시하고 이익을 유보하여 재투자하는 방법.

둘째, 다른 성장기업을 매수하는 방법.

셋째, 주주들에게 이익을 배당하는 방법이 그것이다.

이때 경영자가 어떤 결정을 내리는가는 바로 그의 합리성을 판단할 수 있는 자료가 된다. 그렇다면 사내에 유보하여도 높은 수익을 얻을 수 없는 기업이 선택할 수 있는 가장 합리적인 방법은 무엇일까? 그것은 바로 주주들에게 이익을 돌려주는 것이다. 그 방법에는 다음과 같은 2가지 방법이 있다.

첫째, 주주들에게 배당금으로 직접 돌려주는 방법이다.

배당금을 받게 되면 주주들은 보통 보다 높은 수익을 안겨줄 투자 처를 찾아 나서게 된다. 하지만 이때에도 사내에 재투자하는 것보다 더 수익률이 높은 곳에 재투자할 수 있는 기회가 있어야 좋은 결정이 되는 것이다.

둘째, 자기주식을 취득하는 방법이다.

기업이 자기주식을 취득하게 되면 두 가지 측면에서 이익을 볼 수 있다. 먼저 그 회사의 주가가 내재가치 이하로 거래되고 있다면 주식을 사는 일 자체가 높은 수익이 기대되는 투자가 될 것이다. 그리고 이와 같은 거래는 여타 주주들에게 매우 높은 수익을 안겨주는 일이 될 것이다. 그 다음으로 경영자들이 열심히 자기주식을 매입한다면 그 사실을 통해 이들이 쓸데없이 회사를 확장하기보다는 주주들의 이익을 극대화하기 위해 노력하고 있다는 것을 보여주는 셈이다. 이 같은 활동은 결국 주식시장에서 주주들의 이익을 극대화하기 위해 노력하는 회사를 찾고 있는 여타 투자가들의 관심을 유발하여 주가가 상승하는 효과를 거둘 수 있다.

⑵ 경영자의 솔직성

경영자는 주주들에게 회사의 모든 재무적인 실적은 숨김없이 보고하는 솔직한 면모를 갖추어야 한다. 즉, 회계의 기술을 이용하여 회사의 잘못된 일을 숨기거나 주주를 기만하는 행위를 해서는 안 되는 것이다. 경영자들은 영업보고서를 통해서 주주들이 그 기업의 가치를 평가하는데 유용한 모든 정보를 솔직하게 기재하여야 한다. 수많은 경영자들이 저지르는 잘못은 대개 주주들에게 솔직한 고백이 아닌 허황되고 낙관적 전망을 담은 영업보고서를 보고하는 것이다. 이런 경우 단기적으로는 좋은 평가를 받을 수 있을지 모르지만 장기적으로는 누구로부터도 인정을 받지 못할 것이다. 경영자의 솔직함은 주주들에게 이익이 되기도 하지만 경영자에게도 큰 이익이 된다는 점을 잊어서는 안 될 것이다.

⑶ 업계의 관행에 도전할 용기

경영자들은 자신의 실수를 줄이기 위해 다른 경영자들의 행동을 맹목적으로 답습하려는 경향을 가지고 있다.

즉, 첫째, 회사의 현재 영업방침을 바꾸려고 하지 않는 일.

둘째, 시간을 때우기 위하여 일하는 것처럼 단지 회사의 여유자금을 이용하기 위하여 새로운 프로젝트나 다른 회사의 매수합병 등을 추진하는 일.

셋째, 최고경영자의 어떤 경영전략이건 즉시 부하들에 의해 예상수익률 등의 자세한 자료로 포장되는 일.

넷째, 동종업계에서의 선도회사가 계속 확장되건 다른 회사를 매수하건 또는 어떤 일을 하건 무조건적으로 그 회사의 전략을 추종하는 일 등이 바로 업계의 관행을 따르는 대표적인 예가 되는 것이다.

기업의 경영방침을 바꾸는 것은 말처럼 그리 쉬운 일은 아니다. 그러나 지각 있는 경영자라면 향후 기대되는 이익이 클 경우 단기간의 손실을 감수할 것은 주주들에게 인식시키고 동의를 이끌어 낼 수 있어야 한다.

회사의 이익이 감소할 경우 대부분의 경영자들은 현재의 문제를 해결하려고 하기보다는 다른 회사를 흡수 합병하는 쪽으로 의사결정을 하게 된다. 그런 의사결정을 하는 이유는 첫째, 대부분의 경영자들이 자기회사의 활동이 무조건 활발해야 한다고 믿고 있기 때문이며 둘째, 대부분의 경영자들이 자사의 매출이나 순이익 또는 임원에 대한 보수 등을 동종업계의 다른 회사들과 비교하기 때문이다.

그리고 셋째, 대부분의 경영자들은 자신의 경영능력을 과신하기 때문이다.

경영자의 자질을 분석한다는 것은 사실 계량화하기 힘든 주관적 판단이다. 그럼에도 불구하고 경영자의 자질을 알아볼 수 있는 몇 가지 계량적인 분석기법이 있다. 바로 수익률, 자금흐름, 이익률 등 기업의 재무적 실적들을 분석해보는 것이다.

3) 재무요소

① 자기자본이익률(ROE : Return on Equity)

기업 경영실적을 정확하게 알아보기 위해서는 주당순이익보다는 자기자본이익률을 살펴야 한다. 여기서 자기자본이익률을 이용하기 위해서는 몇 가지 조정을 하여야 하는데 첫째, 보유 유가증권은 취득원가로 평가하여야 한다. 왜냐하면 시가로 평가할 경우 주가의 변동에 따라 자기자본이익률이 왜곡될 가능성이 크기 때문이다. 둘째, 특별이익이나 특별손실과 같은 예외적인 손익은 제외되어야 한다. 즉, 오직 회사의 순수한 영업수익만으로 자기자본이익률을 구해야 하는 것이다.

또한 우량한 기업이라면 소규모의 부채를 가지거나 또는 부채가 전혀 없이 높은 자기자본이익률을 기록해야 한다. 일반적으로 많은 기업들이 부채를 증가시키면서 자기자본이익률을 높이는 것을 볼 수 있다. 그러나 이런 기업들은 경기하락 국면에서 과중한 금융비용 때문에 도산할 우려도 있게 된다. 결국 좋은 회사는 부채를 늘리지 않더라도 높은 자기자본이익률을 유지하는 기업이다. 만약 부채를 늘려야 자기자본이익률이 높아지는 기업이라면 조심하여야 한다.

② 주주이익

주당순이익은 기업의 경제적 가치를 알아보기 위한 출발점일 뿐이다. 이후 현금흐름분석 등 다양한 분석이 이어져야 한다. 우리가 흔히 사용하고 있는 현금흐름분석은 세후 순이익에서 감가상각, 분할상환 등 현금이 수반되지 않는 제비용을 합한 것으로 정의된다. 하지만 여기서 한 가지 더 고려하여야 하는 것은 바로 기업의 경제적 가치를 평가하는데 필수적인 요소인 자본적 지출(Capital Expenditure)도 고려대상에 넣어야 한다는 것이다.

첫째는 자본적 지출이란 기계를 신규로 설치하고 설비를 현대화하기 위해 영업활동으로부터 벌어들인 수익으로 투자하는 것을 말한다. 둘째는 향후 소요될 것으로 예상되는 운전자금 소요액이다. 여기서 말하는 운전자본이란 유동자산에서 유동부채를 뺀 것을 말하는데 기업이 영업을 위해 보유하고 있어야 하는 재원인 것이다.

이렇게 세후순이익에서 감가상각 등 현금유출이 수반되지 않는 제비용을 더하고 여기에 자본적 지출 및 운전자본증가액 등을 차감한 것을 워렌 버펫은 주주이익(owner earnings)이라고 하는데 다른 의미에서 보면 잉여현금흐름이 된다. 결국 잉여현금흐름이 많이 발생되는 기업이 주주의 부를 늘리는 기업인 것이다.

③ 매출액이익률

매출액이란 기업의 본질적 영업을 통해서 벌어들이는 자원이다. 결국 매출액이익률이 높다는 것은 영업을 잘하는 기업이고 또한 회사의 비용을 효과적으로 통제하는 기업인 셈이다. 매출을 통해서 이익을 만들어 내지 못하는 회사는 결코 좋은 회사가 아니다. 왜냐하면 기업의 본질적인 영업상황이 좋지 못한 것이기 때문이고 뭔가 회사의 비용통제가 제대로 이루어지지 못하고 있는 기업일 것이기 때문이다.

일반적으로 비용이 과다하게 지출되는 회사의 경영자일수록 비용을 더 늘리는 쪽으로 생각하고 비용이 적게 지출되는 회사의 경영자일수록 오히려 비용을 더욱 줄이는 쪽으로 생각하는 경향을 가지고 있다.

결국 좋은 회사란 수익이 기록적으로 늘어나는 상황에서도 비용을 줄이기 위해 적극적으로 노력하는 회사이다. 그것이 바로 매출액이익률이 높아지는 첩경이다.

④ 유보자금의 수익성

어떤 회사가 실적뿐 아니라 주주이익을 극대화하고 있는지를 한눈에 알 수 있는 지표가 있는데 그것이 바로 그 회사의 주가이다. 주가는 기업의 가치를 장기적으로 반영하기 때문이다.

이를 기업의 유보자금의 수익성 측면에서 볼 수도 있다. 어떤 회사가 오랜 기간동안 유보자금을 비생산적인 곳에 투자했다면 그 회사의 주가는 하락할 수밖에 없을 것이다. 반대로 어떤 회사가 유보자금으로 평균 이상의 수익을 올리고 있다면 당장은 주주들에게 배당금으로 지불되지는 않더라도 장기적으로 주가에 그 실적이 반영될 것이다.

유보자금은 자기자본이익률로 재투자되는 것이다. 그러므로 자기자본이익률이 평균 이상의 수준을 유지하는 기업이라면 좋은 회사라고 판단할 수 있다.

4) 시장요소

(1) 기업의 내재가치평가

기업의 내재가치를 평가하는 방법으로 전통적인 세 가지 방법이 있다. 즉, 청산법, 계속기업법, 그리고 시장가치법이 그것이다.

① 청산법(Liquidation) : 이 방법은 어느 순간 기업을 청산했을 때 잔여자산에서 잔여부채를 차감한 잔액으로 구해진다. 이때 청산법에서는 어느 시점에서 기업을 청산한다는 가정을 하고 있으므로 향후 예상되는 수익을 고려치 않는다.

② 계속기업법(Going Concern) : 향후 예상되는 현금흐름으로 기업의 내재가치를 평가하는 방법이다. 이때 향후 예상되는 현금흐름의 현재가치의 합으로 기업의 내재가치를 평가한다. 다만 미래에 예상되는 현금흐름을 정확히 예상하기 어렵다는 단점이 있다.

③ 시장가치법(Market Value) : 이 방법은 분석대상이 되는 기업과 동종업계의 대표적인 기업을 비교하여 내재가치를 산출하는 방법이다.

　많은 재무분석가들은 위 세 가지 방법 중 계속기업법을 주로 사용하고 있다. 미래 현금흐름을 현가로 환산하는 작업은 마치 채권의 가치를 평가하는 일과 유사하다. 채권마다 표면금리와 만기일자가 서로 다르며 또한 표면금리와 만기를 토대로 미래의 현금흐름이 결정된다. 기업의 경우에는 이 기업이 향후 계속적으로 얻을 수 있는 현금흐름을 표면금리로 생각해서 현재가치화 하면 될 것이다.

　일반적으로 기업의 미래 현금흐름의 현재가치를 알기 위해서는 현금흐름과 적정할인율을 알아야 한다. 그러나 이때 기업의 현금흐름이 불규칙적인 경우에는 정확한 가치를 평가하기 어렵다. 그러므로 그렇게 불확실한 기업은 평가에서 제외한다. 그래서 어떤 기업의 영업활동이 단순하고 이해하기 쉬우며 또 그 기업의 수익이 안정적으로 지속되는 기업이 있다면 그런 기업의 내재가치는 비교적 정확하게 산출될 수 있다.

　그리고 버펫의 경우는 적정할인율로 국채수익률을 사용하였다는 점도 기억해야할 점이다. 많은 사람들에게 무위험이자율로 알려진 국채수익률을 적정할인율로 사용한 이유는 버펫 자체가 위험을 지닌 투자안을 회피하려 했기 때문이다. 버펫은 부채비율이 높은 기업은 매수대상에서 제외함으로써 재무위험을 회피하려 하였다. 그리고 안정적이고 예측 가능한 수익을 내는 기업들을 선별하는 방법을 택함으로써 위험을 최소화 하려고 하였다. 그래서 무위험이자율을 사용해도 별다른 문제가 없는 것이다.

⑵ 내재가치 이하로 주식을 매입할 가능성

이해하기 쉽고, 오랜 역사를 가지고 있으며 또 주주이익을 극대화하려는 경영자에 의해 경영되는 기업을 선별한다 하더라도 이것이 곧바로 성공투자로 이어지는 것은 아니다. 성공투자가 되기 위해서는 그런 기업의 주식을 합당한 가격에 매입하고 또 그 기업이 투자가가 생각한 대로 실적을 올릴 수 있어야 하는 것이다.

만약 투자에 실패했다면 그 이유는 먼저 너무 높은 가격으로 주식을 매입하였거나 둘째, 경영자의 자질이 못 미쳤거나 셋째, 기업의 장래를 잘못 예측했기 때문일 것이다.

결국 성공투자가 되기 위해서는 평균 이상의 수익을 올리는 기업을 선별하는 일도 중요하지만 동시에 그 기업을 내재가치 이하의 가격으로 매입하는 것이다. 주식을 기업의 내재가치 이하로 매입하면 할수록 위험이 그 만큼 줄어들게 되기 때문이다.

주식을 내재가치 이하로 매입하게 되면 두 가지 장점이 있다. 첫째, 주가가 더 이상 하락할 위험이 줄어들게 된다. 둘째, 기업의 내재가치와 해당 기업의 주가와의 차이가 충분히 크거나 설령 기업의 내재가치를 다소간 잘못 산출하는 일이 있더라도 손해를 볼 가능성이 줄어든다. 이처럼 내재가치 이하로 충분히 낮은 가격에 주식을 매입한다면 큰 이익을 볼 가능성은 항상 열려 있다. 왜냐하면 장기적으로 주식은 기업의 내재가치를 찾아 올라갈 것이기 때문이다.

이렇듯 버펫은 철저히 자신이 잘 이해할 수 있는 주식에 한정해서 투자를 함으로써 오랜 기간 여전히 활발한 활동을 하는 투자자 중한 사람이다. 그리고 주식투자를 하는 사람이라면 누구나 닮고 싶어하는 투자자가 되었다.

【 증권용어 】
* 투자은행 [investment bank]

신규 증권발행을 통하여 자금을 조달하려는 수요자와 자금의 공급자인 투자자를 연결하는 중개기능을 주요 업무로 하는 증권인수업자를 말한다. 정부, 민간단체, 기업이 발행하는 증권에 적정한 발행조건을 설정하여 그 일부 또는 전부를 인수하여 이를 투자자에게 매매하는 것이 주업무이다. 이때 일반적으로 단독인수보다는 신디케이트를 결성하여 위험을 분산시키게 된다.
투자은행은 증권의 발행·인수·중개업무 이외에도 기업의 자본구성이나 M&A에 관한 투자상담업무도 수행하고 있으며, 기업의 자금조달 수단이 점차 다양화됨에 따라 그 역할이 점차 증대되고 있다.

강병욱의 전략적 주식투자

초판1쇄 인쇄 2006년 9월 05일
초판1쇄 발행 2006년 9월 10일

지은이 / 강병욱
펴낸이 / 문종오
펴낸곳 / 호이테북스
기획 / 김진성
편집 디자인 / 유레카
교정 교열 / 이현정
관리 / 장재승
주소 / 서울시 마포구 서교동 357-1 서교플라자 619
전화 / 02)323-4421
팩스 / 02)323-7753

값 11,000원
ISBN 89-956439-4-3 03320